探求均衡之治：
基于公民主体性与儒家文化的论述

涂少彬　著

中国社会科学出版社

图书在版编目（CIP）数据

探求均衡之治：基于公民主体性与儒家文化的论述／涂少彬著．
北京：中国社会科学出版社，2012.4
ISBN 978 - 7 -5161 -0844 -4

Ⅰ.①探… Ⅱ.①涂… Ⅲ.①社会主义法制 - 研究 - 中国
Ⅳ.①D920.0

中国版本图书馆 CIP 数据核字（2012）第 084734 号

出 版 人	赵剑英
责任编辑	任　明　陈肖静
责任校对	冯　炜
责任印制	李　建

出　　版	中国社会科学出版社
社　　址	北京鼓楼西大街甲 158 号（邮编100720）
网　　址	http：//www.csspw.com.cn
	中文域名：中国社科网　　010 - 64070619
发 行 部	010 - 84083685
门 市 部	010 - 84029450
经　　销	新华书店及其他书店

印　　刷	北京奥隆印刷厂
装　　订	廊坊市广阳区广增装订厂
版　　次	2012 年 4 月第 1 版
印　　次	2012 年 4 月第 1 次印刷

开　　本	710×1000　1/16
印　　张	13.75
插　　页	2
字　　数	211 千字
定　　价	38.00 元

凡购买中国社会科学出版社图书，如有质量问题请与本社联系调换
电话：010 - 64009791

目　　录

导论：均衡，无处不在

一 博弈论是法治问题的显微镜与望远镜

有关法治的价值、规范与社会实证的研究在法学界已经相当多，本书主要选取公民主体性与儒家文化这两个对象来进行论述，并以演化博弈论为工具将二者联系起来进行深入分析。

以我国法治现代化为背景，以公民主体性与儒家文化为主要论题进行研究时，如若不以法学、经济学及社会学的理论与方法为基础并以演化博弈论为工具来分析，就难以得出精细而有说服力的结论。如果没有分析工具的更新，仅从一种宏大叙事走向另一种宏大叙事，本书所作的分析就易滑向一种空泛的宏大叙事，就会产生后现代主义哲学所讥讽的讲"大故事"（great narrative）。

在本书中，社会学的态度与方法只是基础性的态度与方法，本书最重要的方法是博弈论的方法，尤其是以博弈论发展的新阶段——演化博弈论为中心来对本书的主要论述对象进行分析。在本书中，无论是对宏观问题还是微观问题的分析，演化博弈论的观点与方法从总体上贯彻始终。

在西方，博弈论自 20 世纪 20 年代就开始发展起来。1994 年，三位博弈论学者获得了该年度的诺贝尔奖，这一标志性的事件使得西方法学界更多的学者开始关注并使用博弈论的观点与方法来分析法学问题。然而，在中国，博弈论尤其是其最近的发展阶段——演化博弈论的应用在法学界还非常少见。就连演化博弈论一些经典著作的中文译著如 H. 培顿·扬的《个人策略与社会结构——制度的演化理论》（2004 年中译版）、乔根·W. 威布尔的《演化博弈论》（2006 年中译版）、约翰·梅纳德·史密斯的《演化与博弈论》（2008 年中译版）、肯·宾默尔的

《自然正义》（2010 年中译版）的出版，也都是最近几年的事。尽管如此，建立在实证与数理逻辑上的演化博弈论对社会问题所具有的强大解释力，使我们不得不对它给予足够的关注与应用——演化博弈论应该进入法学研究方法体系的中心。

当然，演化博弈论也是建立在博弈论的一些典型范例与基础模型之上。如果用我们熟悉的语言来解释博弈论，博弈论就是研究人际间的互动策略与行为，并由此类行为形成相互关联的行为的集合及相应的行为规则。用英国经济学家肯·宾默尔的话来讲，所谓博弈，"就是人类或者动物在任何情况之下的互动。参与者所计划采取的行动称为策略（strategy）"①。当然，更多的学者将策略界定为博弈参与人行为选择的规则，而参与人的行为则是策略中的变量。有些博弈论译者将其翻译成"战略"，这容易引发读者的阅读障碍——似乎博弈论研究的都是宏观而影响巨大的"战略"。实际上，博弈论中的策略，在我们日常生活中每个人每天都在用，比如，在中国驾车，你会靠右行，这就是你的策略。又比如，你与一个人相向而行，你们都在悄无声息地协调自身的步行速度、位置与方向而不至于相互碰撞。这种协调行为，也是博弈论中所指的策略。又由于人们的行为与人们所共享的一些符号相关，或者说，人们的很多行为受其自身所知的符号的影响，而这种符号又多与各种文化相关，因此，文化对人们的策略及行为影响非常大。这里的符号含义广泛，它包括人们的精神、理念、知识以及更宏观层面的文化，等等。比如，结合本文论述的对象来举例，中国人在人际交往中为什么那么重视"面子"？用博弈论的观点来看，这是因为千千万万中国人个人的策略选择而促进演化的，一旦社会形成了重视"面子"的均衡，它就是一种文化，一种规则，一种习俗，如果有人偏离它，可能会付出很大的代价，或者不会有额外的收益。均衡，简言之，就是某一活动参与人对该活动的参与行为采取的最优策略或行动的集合。当然，策略，也指重大政治、经济甚至是战争策略。总之，在人类社会中，从宏观到微观，人们的策略行为无处不在，而社会均衡也无处不在：从一个国家特定文化、宗教、道德、惯例、习俗等的形成，到即时通信工具比如 QQ

---

① ［英］肯·宾默尔：《自然正义》，李晋译，上海财经大学出版社 2010 年版，第 10 页。

的使用，某些流行语言的普及使用，都体现了千千万万的个人分散的策略最后达致一个稳定的均衡；而均衡，在演化博弈论中，与一国的文化、宗教、道德、惯例、习俗与流行的规则几乎是等同的，或者说，后者是人们的行为演化均衡的现象与结果。

博弈论作为一种科学的研究方法之所以这么重要，就本书而言，这是因为：

第一，博弈论对宏观社会中个人行为的选择分析入微，它已成为关于人们行为选择模式的一般性理论。博弈论对个人行为选择的研究非常细化，它不仅研究人们的自主理性选择，也研究人们的模仿性选择与机械性反应选择。博弈论对人们行为的研究能周延而又入微地进行解释。这种对人们选择的模式化研究对本书解释公民在权利激励或者是传统文化要求下的行为选择模式非常有用。

第二，博弈论对社会宏观层面的文化、传统、习俗与惯例的解释力及说服力非常强。博弈论不仅解释人们的微观行为，而且通过模型与数理运算来解释千千万万的个人微观行为的集体结果——均衡。均衡，简言之，即不特定个人在给定预期下其优势策略选择的稳定结果状态的集合。经过人们长期的选择与演化，均衡往往形成了某种文化、传统、习俗与惯例，或者是某种法定的制度，等等。

第三，博弈论中的基本范畴"均衡"不仅能够便利地用来解释一些曾经只能模糊解释的法社会学现象，比如习俗，而且能够把这些现象的内涵与外延用数理逻辑描述得更清晰。此外，均衡这一概念不仅能描述静态的法社会学现象，比如一个具体的社会习俗的存在，而且还能够描述动态的法社会学现象，比如一个社会习俗的发展演变趋势。这就使得曾经难以言说或者述而不清的法社会学研究对象得以明晰化，进而能够拓展研究对象的广度与深度。

第四，博弈论中的经典博弈模型，如囚徒困境、驾车博弈、狩猎博弈、情侣博弈等能够很好地解释法治与传统文化之间的宏观关系。类似的，这些博弈模型能将传统法学研究方法中一般性的论述语言无法论述清楚的问题予以明细而细致的论述，这种论述更具有解释力与说服力。

总而言之，对于公民主体性与中国社会的儒家文化问题，引入博弈论来进行细致深入的研究方能避免空泛的宏大叙事，并尽可能地将问题论述得更清楚。

引入博弈论的方法，我们可以发现，原来传统的社会规范、人们精神层次的认识、信念及现实的行为选择并非是贴一个负面的标签式评价——如庸俗、不正之风、落后、封建、无价值等——就会使其自动退出社会文化与规范的舞台，相反，其生命力的强韧可能足以与法治之法展开竞争。同时，当我们引入博弈论，就可以看出，传统社会规范与现代法治之法也并非是一场零和博弈，但如果制度设计不当，它们会使我们陷入囚徒困境；制度设计得当，传统社会规范与现代法治之法之间也会存在帕累托改善的空间①。而且，可以通过程序法治的路子以程序性对话的管道将传统社会规范与法治之法更多地交由制度自发的演进来协调，这不仅可以使儒家传统与法治之法之间的竞争取得双赢的结果，而且也能使得社会规范不致僵化——社会规范和社会发展能够大体上同步进行，不至于出现法律规范与社会生活脱节、法律规范与人们的认同脱节、社会规范与法治规范之间陷入囚徒困境，最后导致社会成本而增大，无法收到良好的法治效果。

对于本文的研究主题来说，无论是主题公民主体性、儒家文化还是次一级的主题儒家"活法"、法治等，本书都力图引入博弈论的观点与方法来进行分析；同时，由于中国目前处于社会转型期，既有的社会均衡与新发展的均衡如儒家文化与法治规范演化速度很快，它们会随着各种社会变量的变化而发生较大的变化。因而，对这些研究对象，进行静态的研究是不够的，必须尽可能地厘清它们与其他变量之间的关系，并给出相应发展的路径预测。

二　反观日常生活

要用博弈论来研究本书的主题，我们的研究视角要切入人们的日常

---

①　帕累托（1848—1923）是法国巴黎出生的意大利经济学家。自从现代经济学家主要关注社会资源的配置以来，经济学界逐渐倾向于接受以帕累托命名的所谓帕累托效率准则：经济效率体现于配置社会资源以改善人们的境况，主要看资源是否已经被充分利用。如果资源已经被充分利用，想再改善我就必须损害你或别的什么人，想要再改善你就必须损害另外某个他人的利益，这时候就说一个经济已经实现了帕累托效率。（参见王则柯《博弈论平话》，中国经济出版社 2004 年版，第 77 页）在纳什均衡中，博弈参与人收益总和最大的均衡为具有帕累托优势的均衡。

行为，反观日常生活是必需的。在当代中国的法学研究借助西方近代法学话语的叙事狂飙突进，在学界内部进行着话语循环生产时，或许，反观一下被宏大叙事忽视的日常生活，我们可能会发现另外一些东西。

据《中国新闻周刊》报道，2006 年，贵州人肖敬明远赴宁波做点小生意，与在当地的贵州老乡打成一片，因得到老乡的照顾，倒也赚了些钱，小日子过得还不错。然而，在这些愿意照顾他生意的老乡中，也有一些在"道上"混的，常常打架斗殴。2008 年，几个老乡因跟一个东北人发生纠纷，杀死了该东北人。肖敬明是这场杀人事件的主要见证人。在公安机关反复做思想工作的情况下，肖敬明愿意出来指认嫌犯。《中国新闻周刊》刊文写道："出于良知，见证一桩斗殴致死案的贵州农民肖敬明，匿名指认了行凶者——自己的亲戚和老乡。他的匿名在法院出乎意料地被曝光。他受到死亡威胁，被迫流亡天涯，在'法律'与'乡党'、'公民作证'与'保护缺失'之间苦苦挣扎。"①

这里姑且不论上述引文中的法律表述错误的问题。② 表面上，这纯粹是法律技术性规范缺失或者是所谓司法系统操作失误造成的。但如果只是这么看，我们可能就会丧失一个反思自己日常生活进而反思我国法治均衡与传统儒家文化的机会——国家构造的法治均衡与传统文化形成的非契约性均衡之间存在什么样的竞争关系吗？我们的法治构建必须对这个问题有明晰的回答。当然，这个问题的讨论留待后文分析。

1999 年，依法治国的原则入宪，这可谓是我们这个民族自 1840 年尤其是"文化大革命"噩梦以来生发在治国战略认识上的一个重要转折点。这一方略，简言之，就是借鉴域外的成功治国经验，以法治的理念、公理、原理、原则与规则来嵌入中国社会的公私领域，并以法治之法来重构社会中人与人之间的关系，形成法治均衡，达到重整中国社会以达到长治久安的目的。

相应的，学术界关于法治的论述也是卷帙浩繁，这些论述的确是起到了法治启蒙的作用——就法治理念而言，的确是构造了一种法治的意识形态；然而，法治均衡是否形成并替代了现实社会生活的相关均衡

---

① 张鹭：《证人肖敬明的恐惧》，《中国新闻周刊》2008 年第 47 期。

② 我国刑事诉讼法并没有规定证人的姓名在法院要保密。

呢？这恐怕又是另外一回事。

　　法治规则能否进入生活，在学界许多人看来，这是关涉到法治能否成功实现其目标的关键。比如，有学者认为，"中国法治的主要问题是法律不能贯彻于生活"①。法治构造的社会关系能进入日常生活吗？要回答这个问题，我们可以再看几个生活中的实例。

　　2011 年，四川人熊汉江在其打工的广东省潮州市古巷镇讨要工资，结果被人挑断手脚筋。在当地四川同乡会的参与下，四川籍的打工者集体讨要公平，并引发了一场群体性事件。无独有偶，同年，广州增城，一四川摊贩因与当地城市协管员发生冲突，结果引发了另一场以四川籍为主的在粤同乡群体的群体性事件。

　　从上述事件中，我们可以分析出许多问题，但是，有一个问题很重要，即在法治的背景下，同乡会这种具有强韧传承性的社会团结方式我们该怎样对待？用博弈论的观念来看，同乡会是以特定地缘为纽带自发形成的一个社会团结均衡的组织。在上述几个事件中，老乡关系，即地缘纽带，仍然在中国人的社会团结方式中占据着重要地位。这种社会团结均衡是如何形成的？它为什么具有这么强韧的传承性？为什么当地官方的相关组织难以起到联系、组织与管理一些外来打工者的功能？它与中国当今官方的社会组织制度有什么样的关系？需要整合吗？能够以官方组织整合它吗？无论是前文所述的挣扎于法律与老乡关系之间的肖敬明，还是这里的同乡会，这些日常生活中反映出来的问题，并非是可以随意忽视的不重要的问题，也不是用"落后"或者"没有法律意识"之类的标签就可以打发的，它反映了我国法治社会构建中无法回避的一些重要问题。

　　正如奥地利法学家埃利希所说，如果我们向一个在某个国家旅行过的人打听那个国家的社会生活规则时，他会讲那里的婚姻习惯、家庭生活结构和商业实践，他可能很少会讲到裁决诉讼的规则。② 同样的道理，对于中国的法治状况与社会治理，我们也不能仅仅通过纸面上的法律规则与极少数进入司法程序或新闻事件中的事件来进行评判，更重要

---

① 郑永流：《法律方法阶梯》，北京大学出版社 2008 年版，第 7 页。
② 沈宗灵：《现代西方法理学》，北京大学出版社 1992 年版，第 274 页。

的是，我们要深入规则、司法实践与新闻事件的背后，看到社会生活中的普通人与社会生活中的事实，去认识社会生活的均衡，进而探寻理性的治理之道。

就同乡会来看，尽管一些媒体习惯以简单的修辞语言将其标签为庸俗团体，但实际上，在中国社会的许多群体中，同乡会是层出不穷的。有时候，虽然没有同乡会的正式名称与组织形式，但是，基于同乡纽带的团结形式仍然以种种形态在运作着。

我们且看一些新闻媒体的报道，《解放军生活》曾载有一篇小文，题目为《老乡观念的七宗罪》；《中国教育报》一篇小文报道，《武汉高校，学生拒绝庸俗风》；《解放军报》还有一篇文章报道，《"老乡"真的管"用"吗？》。实际上，地缘纽带、老乡会等对中国社会团结方式的影响远远不止报道的这么多。只不过，在有些领域，这种纽带或组织却是被鼓励的，比如，在全国很多地方都存在的××商会。

实际上，地缘纽带只是中国社会的传统团结方式之一。除了地缘纽带之外，中国社会还有血缘、学缘、亲缘等团结纽带，它们在社会生活的许多领域中发挥着实实在在的作用。如果我们只是认为，这些"庸俗"的社会团结方式只是某些社会角落甚至是所谓文化层次不高的群体才有的团结方式，那我们可能就错了。即使是受西来法治理念与规则浸淫日久的法律人，也常常"动用同学关系与师生情缘"来办理案件。[①]而这种关系与情缘正是中国社会传统均衡表现的另一种团结方式，即学缘。无论地缘也好，学缘也罢，都与本书要论述的传统儒家文化构造的社会均衡密切相关，也是中国社会构造法治均衡的文化背景。

也就是说，即使是在最应该以新的法治均衡与社会团结方式——法治的方式来安排自己的行为、组织社会共同体及其生活的时候，一些法律人一样得心应手地利用传统文化构造的均衡并使用传统的社会团结方式来"生活"。这是偶然的、例外的或者说是不合规律的，还是我们对此应该有更多的思考与分析？

这么多年来，我们的法治叙事狂飙突进，我们的权利理论建构也是汗牛充栋，然而，我们最应该给予关注的日常社会生活及其均衡却似乎

---

① 宋功德：《法学的坦白》，法律出版社 2001 年版，第 105 页。

很少进入我们研究的"法眼"，即使很多学者认为社会生活的法治化是中国法治能否成功的关键。就这种意义上来说，很多时候，我们学界的研究似乎是在一个虚拟的界面上操作，这些理论操作的并非是社会生活，也没有深入日常生活，而是在操作话语本身。简言之，我们或许是遭遇了一个视域是否适当的问题。中国的法治，我们必须要将视域放置到每个普通人的个人行为选择上，放到他们的日常规则与认同的均衡上来观察、研究与建构。一言以蔽之，我们的法学与法律到底要如何处置我们的日常生活中无处不在的均衡，到底要如何对待我们的日常生活中的最普通、最常见、最一般的理念、原则、规则、认同及其均衡。

实际上，中国法治的一个基础性的问题或许是外来话语及规则构造的均衡与传统话语及规则构造的均衡之间长期竞争的问题。对中国而言，没有现代意义上的法治的治理已有几千年了。然而，没有现代意义上的法治规则与法治均衡，并不意味着传统社会是无政府无治理无均衡的，相反，在传统社会条件下形成各种社会均衡的过程中传统社会秩序的维持规则也同时形成。当然，中国传统社会没有平衡好社会精英之间的关系，① 没有制约好权力，用博弈论的观点来看，社会的统治阶层与被统治阶层之间竞争容易形成囚徒困境，所以它往往日趋衰败。当传统的社会治理规则被视为落后而引入西方的法治治理方略的时候，传统的均衡及其对应的话语体系只不过是从国家支持的话语层面隐退了，然而，传统的社会均衡本身并没有退出社会生活的舞台，它仍然以强有力的方式支配着我们的社会生活——退出，只是一种正式的官方层面上的话语与规则上的退出而已。作为借鉴而来的法治方略，它要构建一种均衡，并要切入并嵌入这个已有均衡支配的社会，就面临着既有社会均衡的强力竞争。

在既有众多的法治叙事中，法治价值与目标上的修辞性论述多过法社会学尤其是法经济学的研究，以演化博弈论为理论工具进行研究的更是少见。这些修辞性论述往往遮蔽了法治的重要问题，即，中国社会既有传统文化构造均衡的影响力。我们的"法眼"常常忽略了我们的日

---

① ［英］S. 戈登·雷丁：《华人的资本主义精神》，谢婉莹译，上海人民出版社2009年版，第43页。

常生活本身。日常生活中的理念、规则、逻辑及其背后的社会均衡，才使得我们的生活不同于基督徒、穆斯林及其他文化形态下的人们的生活。

三　儒家文化仍是我们的现实与命运

当我们用"法眼"反观我们的日常生活，我们将会发现，中国社会的儒家文化及其构造的社会规范是我们常常行之而不觉的认同及规范。这些认同与规范，使得我们在法治问题上经常出现不自觉的思与行上的分裂。按照博弈论的观点来看，这是由于同一个个体在面对一些社会问题时分裂出现了两个"理性人"：一方面，我们可能认为法治是一种有效率的社会均衡，因而我们认同法治的治理方式与规则；但另一方面，传统的社会均衡仍然在起作用，如果我们偏离了传统的社会均衡，我们个人在一些事务上可能付出代价，因而，在具体行为上，我们会选择顺从传统观的均衡来行动。进而言之，在目前中国社会的法治均衡与传统儒家文化构造的均衡中，二者相互竞争，传统文化构造的均衡仍然具有强大的竞争力。

当面对两种均衡时，理性人发生了分裂，我们的问题是，这种"理性"的分裂是可控的吗？换言之，这种分裂，作为分裂主体的个人是能够自由选择吗？

对这一问题的回答，西方的叙事资源中有两种"主义"来回答：一是自由主义，一是社群主义。自由主义强调个人选择——用博弈论的观点来讲就是策略的自由选择——的自由与超越性：个人面对自己行为及目标的各种可能，具有选择的自由与自主性，这种自由与自主能够超越外在环境的约束与影响；而社群主义则认为，个人的偏好具有文化性与社群性——用博弈论的理论来讲就是特定社群的文化构造的均衡对个人行为的选择具有收敛性①，从将个人偏离社会均衡的行为吸收到社群的文化均衡中，表面上看起来的一个自由与自主的超越行为，实际上并不具有超越性——个人选择的行为与目标都是受文化均衡的影响，尤其是

---

① 博弈论中的收敛（converge），是指一定均衡通过维持自身存在的奖惩机制，使人们为了效用收益最大化，而调整自己的策略，并由不均衡状态向均衡状态发展的现象。

当一个人接受外来文化及其构造均衡形态有限的情形下更是这样。自由主义的观点在常识上更具说服力——我们确实在很多事情上可以做出超越文化的选择，而社群主义从历史与均衡的发展上来看也极具说服力——中国历史上那么多的思想家，他们左冲右突，看似"自由"与"自主"的选择，但也终究没有冲出中国文化的均衡。

然而，实证可以观察到的却不像自由主义与社群主义那么泾渭分明，实证可以观察到的是，一定社群中的人，虽然他的偏好的确受其社群文化所型塑（shaping），而且，他的选择经常受不自觉的文化均衡的影响；同时，一定社会也确实可以观察得到，它的发展路径确实具有超越自身文化均衡的事实与趋势。比如，儒家文化地区，受外来文化及其构造的规则的影响，也确实发展出来了不同于儒家文化的外来文化，或者说，外来文化在儒家文化地区也确实生根发芽了。

但是，当我们环顾港台地区及日韩新各国时，可以发现，即使是受到西来法政制度与文化的影响，儒家文化并没有因此而日渐式微，它只是调整了其形态、构造、领域与影响力。简言之，即使是在西方法政制度与文化的影响下，儒家文化不过是进行了一定的自我调整并顽强地生存下来。

论述至此，以下问题自然产生，即在现代法治社会，从一种宏观文化的角度来看，公民具有自主的能力吗？换言之，他面对社会生活中的诸多选择，如何运用自主性来进行顺应法治均衡的策略选择？儒家文化仍然是我们的文化现实与宿命吗？对这些问题的回答，既要对社会经验进行观察，同时也要从理论层面进行论证。然而，自由主义和社群主义这两套叙事极难清楚明晰地对之予以论述，虽然它们也确实找到实证的社会现象来支持自己的观点，但总是模模糊糊，难以解释对方主张的观点中的现象为何存在，而这种存在对己方观点又意味着什么。而作为科学工具的博弈论，能简易地将自由主义与社群主义的观点予以明晰地解释：简言之，自由主义与社群主义表达的是社会文化、传统、习俗与惯例等等演进路径中不同策略的结果。社群主义表达的是一个特定社群的不同均衡的演进状态——有限理性的主体人很难真正确知自己完全正确的利益所在，他一般会通过模仿被认为是最有利的策略来实施，因为在特定文化构造的规范下，偏离他所模仿的行动，可能要付出很大的代价。这样，一个特定社群的主体就不断地跟随自己社群的文化演进；而自由主义则反映了尽管特定社会有不同的均衡，但是人们可能会尝试背离传统均衡来获利，也可能会"犯错"，当这种背离或"犯错"获得了更大利益的时候，经过一段时间类似案例的积累，他们就可能开辟出一个新的均衡。只不过，可能让人有点难以理解的是，自由主义所表达的均衡可能恰恰是自由本身：一个社会选择了崇尚自由的这种传统的均衡，若有人企图偏离自由要给人们以遏制自由的制度，那么，他可能会付出很大的代价。比如，英王要不经国会同意而征税，他可能被驱赶下台，接受法律的制裁。这实际上可解读为英王违背了英国社会长期形成的贵族与英王之间的关系均衡：贵族在当时的英国社会享有很大的自由，贵族的自由就是一种历史形成的均衡。

类似的，儒家文化构造了中国社会数千来形成的均衡，这些均衡仍然在发挥着它的作用。我们有太多的社会传统与习惯难以偏离，如果偏离可能遭受社会的惩罚——这种惩罚可能是冷眼、嘲笑、排斥，等等；或者我们有太多的社会均衡需要我们遵从，如果遵从，我们可能从中获利——比如好的名声、赞扬、温暖、支持，等等。比如前文所述的同乡会就是特定均衡的产物。一个社会的均衡无处不在，同一种事务，可以有不同策略去参与，进而形成不同的均衡。然而，从一个均衡发展到另一个均衡，有时是很短的时间，例如，从计划经济均衡到市场经济均衡；有的均衡则持续非常长的时间，例如，清明祭拜祖先。显然，儒家文化的形成、发展与演进的时间久远，它与社会中其他的均衡之间的关系复杂而密切，要完全摆脱哪怕是降低它的影响，不是短时间内所能够促成的。

1840年以来的中国，屡遭挫折，似一个慌不择路的路人，在危亡与理想中左冲右突，欲摆脱外来的压力与一些传统的均衡以求救亡图治，结果仍然留下了民族的诸多痛苦与遗憾。现时切入法治之路，力图以现代法治上的权利义务模式来重构中国社会，从制度层面激活公民主体性，使每个人都是自己的主权者，发挥最大的主动性与社会进步的能动力从而促成现代性法治均衡的形成。然而，沿着这种目标前行的道路上，我们能走多深走多远呢？

从传统社会儒家的人治、德治、礼治到当今社会的法治，用博弈论的观点来看，就是从一种社会均衡转到另外一种社会均衡，即从人治的均衡转向法治的均衡。这有点像博弈论中的驾车博弈。在大革命期间，因为当时的法国社会认为左是落后的而右是进步的，因而一夜之间从传统的驾车左行改为右行。① 当然，这只是一个类比，事实上，从人治的均衡到法治的均衡，其复杂程度、冲突的激烈与耗时的久远，显然要远远超过驾车博弈中的改变车行道。

实际上，我们从近代以来一直引入西方的理念与制度，这个方向本身被认为是正确的，因为共识是，西方的法治理念与制度更具进步性与效率性。但在技术上，我们应该更理性与精细。通过法治将传统治国的轨道切入现代社会的方向是共识，但现代法治作为一种理念、规范与制度资源，它确实是由西方社会发展出来的一种均衡，它并非是一种器物而可以通过物理手段来构建。它是一种受人们所持的信息与观念影响的均衡，是西方社会长期以来形成了稳定的多数人的优势行为的集合。它需要以一种清晰的逻辑与可靠的技术来实现它与传统制度或规则处置好相互之间的关系，这种关系不仅仅是一个概而言之的"取其精华、去其糟粕"能做到的。所幸的是，博弈论可以用来既宏观又精细地探讨这个问题。

在法治方略切入中国之前，中国社会一直存在着以儒学义理为中心的理念、价值、原则与规则体系，这套体系既是国家治理的体系，也是社会治理的体系，它经过了两千多年的社会化过程，形成的国家与社会治理的均衡已深深地嵌入中国社会之中。按照演化博弈论对制度惰性（inertia）的数理逻辑分析，传统社会形成的制度均衡具有非常大的惰性，要想短时间内就从人治的均衡走向法治的均衡，必须要大量的随机突变在极短时间内发生才能做到，就像法国大革命时期突然改变车行道一样。即使是通过官方确立法治均衡，尤其是这种法治没有被赋予至上的权威时，这种均衡极易被既有的社会文化传统构造的均衡所干扰，因而从根本与结构上来看，法治的均衡很难在短时间内构建起来。

---

① 法国大革命时期，走马路左边被认为是政治不正确，是特权阶级的习惯；走马路右边被认为是普通人的习惯，更多地体现了民主。之后，马拉车行右边被立法确立。参见 H. Peyton Young：*The Economics of Convention*, The Journal of Economic Perspectives Vol. 10, No. 2 (Spring, 1996), pp. 105—122。

既然这样，那法治与儒家文化之间到底又是一种怎样的关系呢？

实际上，只要环顾我们的日常生活，本着我们的经验与常识就可以认识到，我们的社会确实是儒家社会，以儒学义理为核心价值与规范的社会均衡形成了几千年了，要在短时间内改变，谈何容易！即使是植入更有效率的外来均衡，在可见的时间内也可能注定无法改变传统均衡中的儒家元素。从东亚地区其他的儒家社会来看，即使是在法政领域非常重视学习西方的日韩及台湾地区，其社会规范及社会性质仍然是儒家的。既然这样，或许是该调整我们的方法论及论述的时候了。这种论述的调整不仅是一般的定性的宏观论述，而且是更为精细的甚至是定量的论述。

当儒家文化被判定为我们当前的现实与命运，它与公民主体性及法治之间的关系就应该有更为精细的论述：粗疏地从价值层面将儒家文化与公民主体性及法治对立起来，不仅仅立论上存在问题，而且就论述本身也是远远不够的；我们应引入博弈论的方法，更为精细地论述它们之间的关系；同时，从程序法治的角度，通过制度空间来赋予更多积极意义的制度均衡自然生发与演化，赋予公民社会以更多的制度创新空间。这样不仅能静态地处理好一时一地的儒家文化与现代法治的关系，而且能够与时俱进，动态地处理好儒家文化与现代法治之间的演进关系，使得中国现代法治既能紧跟现代文明国家的基本法治价值，又能够适切地照应中国人的社会生活与精神层面的认同与归宿。

四 本书研究的逻辑主线与论述框架

通常人们都关心自己的利益，但在很多情形下，能促进其利益的知识与信念是并非想当然就能拥有的，它们可能是稀缺的。比如在囚徒博弈中①，被检察官隔离的囚徒，相互合作才能使他们的利益最大化，然而，在被隔离的情形下，关于合作的知识与信念是稀缺的，他们基于自身利益最大化的理性只会让他们做出低效率的出卖策略。事实上，即使

---

① 下文要专门讲述囚徒困境。囚徒困境说明了即使在合作以使所有人状况变好时，人们在生活中也往往不能相互合作。参见［美］曼昆《经济学原理》（上），梁小民译，机械工业出版社 2006 年版，第 295 页。

在日常生活中，人们能够自由地交流沟通，但由于知识与信念是稀缺资源，其生产与传播都是有成本的，加之其他许多原因，社会生活中的囚徒困境比比皆是。

如果我们认定传统儒家文化构造的均衡有很多是"不好"的均衡，或者说是一种效率不那么高的均衡，我们向法治均衡演进的过程中，关乎法治的知识与信念的生产与传播就非常重要，这种生产与传播最终导致具有主体性的公民出场，或者说主体性公民本身需要承载法治均衡所需要的知识与信念，使他们能够摆脱儒家文化构造的人治均衡而走向法治均衡。

本文基于法社会学的态度与视角，同时引入博弈论的观点与方法，首先论述中国社会切入法治均衡的一些要件，之后论述公民主体性这个法治均衡构建的主观属性及客观制度框架，然后再分析公民主体性的基本内容、发展困境、发展领域与路径，最后分析公民主体性与儒家文化均衡之间的关系，并提出中国法治演进的可能模式。

以下为每一部分的内容简介：

本文除导言外，正文一共分为五章。导言部分可以被看做是本书的主要思想的一个微观缩影。

第一章对博弈论的基本概念、范例与最新发展内容——演化稳定策略（ESS）均衡与随机稳定均衡（SSE）——及法治均衡、公民主体性的基本概念、理论渊源与模式展开论述。公民主体性是法治话语下的一个概念。所谓公民主体性，是指以法治话语理解网络为支撑、以现代法律权利为基础与外壳，公民所具有的自我定义、自我确证、自我塑造以及自我主张与批判、宽容和妥协能力的资格。公民社会不是自然形成的，它是主体性公民在一定法治话语理解网络之下的联结与集合的产物。在法治社会，如果没有主体性公民的联结与集合而形成的自主公民社会，公权力的法治配置引发的权力矛盾运动很有可能摧毁公民社会及法治本身。公民主体性是一个现代性概念。从古典自由主义到现代自由主义，主体性公民一直是其理论的本体、价值与归依。在法治层面，如果缺少了主体性公民对现代法治共识与制度的参与和形成，法治将会失去其存在的基础与目的。社群主义强调社群对公民理性、价值观甚至言行举止的型塑，它强调以社群的主体性来纠正现代西方法治社会公民主体性过度发展带来的种种问题。哈贝马斯的主体间性理论则从现代性的逻辑出发，对西方公民主体性的过度发展提出了修补和完善的观点。马克思主义不仅不回避自由问题，相反，它的共产主义（communism）概念就表达了"自由人的联合体"的理想。人本法律观在法治上的逻辑延伸必然要求发展公民的主体性。我国语境下的阶级斗争论述因强调部分人的主体性并过分强调主体的斗争性，所以并不适合稳健发展现代法治的需要；公民与社会自治理论虽然有利于公民主体性的发展，但是，在我国的语境下，有诸多不足的地方；公民主体性与法律权利制度并不是同一的关系，公民主体性是法律权利制度的灵魂与核心，也是促进传统的社会的人治均衡向法治均衡转变的重要推动力量。

第二章分析了我国公民主体性发展的话语困境，尤其是着重分析我国公民主体性亟待突破的话语"瓶颈"。我国学界受一些教条的影响，偏好将话语当做是被决定因素，轻视话语对法治均衡演化的重要作用。博弈论的理论能有力地纠正这一教条。西方的后现代主义对公民主体性的解构并不适合我国的情况，因为西方的公民主体性过度发展而导致的种种社会问题在我国极少存在，我国的问题是公民主体性的不足而致稳定与可持续发展的法治条件缺失。我国的儒家文化从身心上对人的主体性加以侵蚀，从根本上来讲，儒家文化对人而言是去主体性的。在我国，公民主体性发展的话语理解网络非常复杂，在现代缺乏现代法治话语理解网络的情况下，非理性与偏执激进的情绪、精英寡头化与民粹主义的土壤都使得我国公民的法治意识与法治逻辑相互冲突，即一方面公民希望发展法治，但另一方面因无法以现代法治的逻辑来理解与诠释本来有利于发展法治的现象与事务，而成了反对法治的力量。

第三章主要研究我国公共领域中公民主体性的发展逻辑与现状。公共领域是法治均衡演化需要的知识与信念存在和传播的重要场域。市场经济、利益分化、价值多元与公权力的法治改革都是公共领域与公民主体性发展的基础性条件。其中，公共领域又是公民主体性形成和发展的基本空间，然而，我国的公共领域是很不成熟的。公民主体性与公共领域的发展是互为型塑、相互促进的。因此，既要通过公共领域的发展来引导公民主体性的成长，又要通过公民主体性的进步来促进公共领域的发展。我国公共领域发展不成熟的重要原因是公民权利的供给不足，且系统化的权力与原子式的权利之间的关系严重失衡。我国目前市场经济、利益分化与价值多元的发展态势，新的利益与价值观缺乏足够的权利来为之提供法律确认与保障，所以公民主体性的发展处于一个不乐观的环境之中。

　　第四章论述了我国公民主体性的发展路径。在主体性公民不在场的情形下，成熟的公民社会难以形成，法治后发国家的权力与权利之间的博弈极易滑入囚徒困境。一方面，我国既有的话语环境对公民主体性的发展并不乐观，另一方面，由于法治主义全球化的发展，既有的权力合法性论述面临着完善与发展的压力，加之权力自身的矛盾运动都需要公民主体性的发展与成熟。学校公民教育是型塑法治话语理解网络的最有效且成本最低的环节；如果失去了这一环节，公民主体性的型塑被完全置于公共领域去发展，那么，社会可能会要付出巨大的成本，而收获的却可能是残缺不全的公民主体性和法治话语理解网络。一个现代国家，只有拥有发展成熟的公民主体性，才有可能发展出自主的公民社会；而正是有了自主的公民社会，稳健、可持续性的法治国家才可能真正建立起来。

　　第五章主要分析了儒家文化构造的均衡系列，并详细论述了这些传统文化构造的均衡对法治均衡形成的压力。以博弈论来解释中国社会中的"人情"、"面子"、"关系"、"回报"这些日常生活中普遍存在的均衡对中国社会人们行为的强大收敛性，同时分析这种收敛性对中国社会公民的现实影响，明确完全摆脱儒家文化的法治模式是不现实的。用演化博弈论的观点来说，由于儒家文化构造的均衡的惰性存在，中国社会要想完全摆脱这些均衡非常困难，而从东亚其他儒家社会治理的现实情况来看，构造一种既有法治均衡，又有儒家性质的社会均衡的社会治理模式将是现在及可见未来的现实模式。

第一章　公民主体性概述

第一节　公民主体性及其相关概念

一　博弈论与法治均衡

博弈论（game theory）本身是数学的一个分支，它被当做一种分析工具被经济学界广泛用来分析经济学中理性人的决策。20 世纪 90 年代后期，西方的经济学家 Andrew Schotter、Robert Sugden、H. Peyton Young、John Harsanyi、Ken Binmore 和青木昌彦等人，利用此时发展起来的演化（evolutionary）博弈论来进行制度分析，以博弈论的观点和方法改造并整合了经济学。博弈论提供了一种研究人类行为的一般方法，借助这些方法可以更为清晰、完整与量化地分析各种社会力量之间的竞争、冲突与合作的态势，进而分析人与人之间在利益相互制约下的策略选择及相应结局。

随着博弈论在经济学领域的成功，西方法学界尤其是美国法学界开始广泛地运用博弈论这个分析工具，对一些部门法的制度进行分析；同时，经济学界本身也发表了一些非常具有影响力的制度演化分析的著作，这些著作广泛应用于博弈论来对人类社会的各种习俗、惯例与制度进行分析。博弈论在习俗、惯例与制度等领域的成功使我们认识到了一个简单的道理，即博弈论不仅仅是数学与经济学界的事，它在法学领域一样有着广泛的应用空间。

遗憾的是，到目前为止，博弈论在我国法学界的应用和其自身的阐释与解释力不太相称。虽然早在 20 世纪 90 年代，我国学界就有人翻译了一些运用博弈论作为分析工具的法律著作，但在法学界，这些零星的著作远未能反映博弈论在法学领域中的卓越诠释与解释力；同时，法学界自身运用博弈论生产的作品也较少，而引入西方经济学界博弈论最新发展阶段的成果——演化博弈论——对中国社会的公民主体性与传统儒家文化进行分析，以试图弄清其与法治发展的关系的成果，则非常少见。

由上述简介观之，我们这里运用博弈论的观点与方法来分析法学问题，主要是基于两点：一是因为博弈论是关于人类理性行为选择与演化模式的一般理论，它广泛涉及人类社会制度的生发与演进，也就是说，在这一点上，它与法学的研究对象存在巨大的交集；二是因为博弈论以数理逻辑为其核心论证逻辑，它是社会科学通用的工具，它既能用于研究微观个人行为选择的问题，又能用于研究宏观制度（institution）① 的生发与演化，它能够把用一般法学方法无法明确论述的问题予以明晰的论述。尤其是随着 20 世纪 80 年代兴起的演化博弈论的发展，使得博弈论对社会文化与制度的描述与分析更接近于真实的社会生活。正是因为博弈论这个工具，使得本书研究的主要对象——公民主体性与儒家文化问题有可能被更明晰地论述。

从一种比较简明的意义上来说②，"博弈就是人类或者动物在任何情况之下的互动。参与者所计划采取的行动称为策略（strategies）"③。由于行文表达的语境需要，且国内有学者将策略与行为分开，认为行为不过是策略的变量，而策略则是选择行为的规则。但在一些博弈中，策

---

① 有学者认为，institution 不仅仅含有中文一般翻译的"制度"的意思，它还包括惯例、习惯、习俗和法律；《牛津英语大词典》中，institution 被界定为"the established order by which anything is regulated"，"业已建立起来的秩序，由此所有的事物均被规制着"。参见［美］H. 培顿·扬《个人策略与社会结构：制度的演化理论》，上海人民出版社 2004 年版，第 9—10 页。

② 由于博弈论是数学领域的一个分支，它广泛地运用数理来对人们的策略进行运算，所以，博弈论中的概念一般有两种定义法，一是文字表述，二是数学公式表述。本文基于表达的通畅及阅读的便利，尽可能地用通俗的文字来表达相关基本概念。而且，"博弈论也没有什么神奇诡异的……一些博弈论书中常使用奇特词汇和花样繁多的公式，其实只是那些学者故意扬起的迷尘，好像唯恐被人发现他们说的不是那么深刻似的"。参见［英］肯·宾墨尔《自然正义》，李晋译，上海财经大学出版社 2010 年版，第 10 页。

③ ［英］肯·宾墨尔：《自然正义》，李晋译，上海财经大学出版社 2010 年版，第 10 页。

略与行为难以分开，而且，很多时候没必要将其二者分开。因而，"策略"在本文中有时用"行为"这一概念来替代。对于法学而言，借助博弈论，可以研究人与人之间的行为互动，并对社会文化与制度之间的关系进行明晰深入而又广泛的分析。如前所述，博弈论的方法至少有两个传统研究方法所不具有的明显优势，即它既能明晰、清楚、量化——通过研究个人策略并图示运算风俗、习惯与制度的演进轨迹——来分析微观的个人策略选择与宏观社会问题，又能用来解析一些宏大的法学叙事，使之更加明晰化并证成或证否。西方有学者甚至认为，"没能充分利用博弈论是不幸的，因为现代博弈论为人们理解法律规则如何影响人的行为提供了非常深刻的洞察力"①。比如，博弈论可以将萨维尼的历史法学论以博弈论的观点与方法来进行重新论述；博弈论也可以对孟德斯鸠的所谓一个民族的"普遍精神"② 作出解释。③

　　基于行文安排与阅读便利的需要，这里先介绍一下博弈论中奠基性的概念——均衡。

　　均衡（equilibrium），在汉语的一些非专业性的著述中经常被赋予含混而又不同的含义。在博弈论中，均衡是指一种在给定条件下人们优势策略的集合④，即人们能够预期其他博弈参与人的策略与行为的前提下，为了实现自己的收益最大化，通过选择自己最优策略的方式来与人进行博弈，从而达到的某种稳定的策略的集合。均衡，简言之，即所有博弈参与人（player）——参与博弈的人——的最优策略或行动的集合。若是偏离这种状态，局中人所付出的代价可能十分昂贵。比如，在中国大陆，2011 年的某一天，人们可以观察到某市街道上的车子都是右行。这里，车辆右行就是该市的驾车者为了安全起见，对自己驾车选择的最优策略（右行）的集合，这个集合就是一个均衡。在中国，驾车出行

---

　　① ［美］道德拉斯·G. 拜尔等：《法律的博弈分析》，严旭阳译，法律出版社 1999 年版，第 1 页。

　　② ［法］孟德斯鸠：《论法的精神》（上卷），许明龙译，商务印书馆 2009 年版，第 317 页。

　　③ 同上。

　　④ 博弈论也研究动物的演化行为，比如演化博弈论的经典著作《演化与博弈论》（［英］约翰·梅纳德·史密斯著，潘春阳译，复旦大学出版社 2008 年版）就是研究动物演化的规律的，从中提炼出来的原理同样适用于解释人类的一些演化行为。

必须右行，右行这一策略的集合即所有驾车者的策略均衡，为了安全起见，你也必须右行，否则，你肇事的可能性很大，可能付出昂贵的代价甚至生命；而在英国，驾车出行是左行，左行是英国驾车者的最优策略，如果一个英国人驾车右行，他因肇事而付出代价的可能性也很大。通过这一均衡实例的说明，可见均衡（equilibrium）不同于汉语里的平衡（balance）。在现代汉语词典里，平衡是指对立的各方面在数量或质量上相等或相抵，或者是几个力同时作用在一个物体上，各个力互相抵消，物体保持相对静止状态、匀速直线运动状态或绕轴匀速转动状态。① 平衡作为一种策略可致均衡，但是，平衡本身并非均衡。有时，平衡的策略可能导致对均衡的偏离，比如，驾车左行或右行是驾车这种策略的均衡——人们偏离它更可能导致车祸，如果一个人驾车在马路中间，它就是偏离均衡，肇事的可能性更大。

在本书中，法治被界定为一种均衡现象，我们称之为法治均衡。关于法治的内涵，我国学界已有成熟的研究并形成了共识。所谓法治，在英文中相当于"the Rule of Law"，应是以民主为前提和目标，以严格依法办事为核心，以权力制约为关键的社会管理机制、社会活动方式和社会秩序状态。② 而法治均衡是一种国家构建的宏观均衡，它是由无数的系列法律规范构造的均衡组成。这种均衡通过法律规范构造人们的行为选择，人们如果偏离法治之法的规定，可能要付出遭受法律惩罚的代价。本书所论述的公民主体性，则是基于法治均衡所需要，公民拥有的促进法治均衡形成的属性与能力，也就是说，具有主体性的公民更容易选择顺应法治均衡的策略，法治均衡更容易建立。而儒家文化则体现了另外的均衡，中国传统社会留下来的均衡，法治均衡与儒家文化构造的均衡之间势必会有竞争，公民主体性作为一个变量，在其中起着重要的作用。

博弈论里有几个十分重要的模型，如囚徒困境、驾车博弈、狩猎博弈、智者博弈等，它们是理解演化博弈论的基础。在这些模型之上，有

---

① 中国社会科学院语言研究所词典编辑室编：《现代汉语词典》，商务印书馆 2002 年版，第 978 页。

② 张文显主编：《法理学》（第三版），高等教育出版社、北京大学出版社 1999 年版，第 395 页。

纳什均衡、演化稳定策略（Evolutionary Stable Strategy，ESS）与随机稳定均衡（Stochastic Stability Equilibrium，SSE）几个基本概念作为本书分析的基础性概念。在具体介绍这些基本概念之前，让我们暂时回到法治问题上来。

对西方社会而言，法治作为一种制度均衡，它是一种有着悠久的历史与制度传统及社会基础的国家治理方式；对中国而言，作为一种图存图治的治国方略，法治引入中国，而真正从制度层面进行大规模现代化法治建构的时间不过近30年。为了构建这个法治均衡，中国社会做出了各种努力。在中国知网上，以"法治"为关键词进行搜索，学术文章近三万六千条；而在大街小巷中，依法治市的标语遍地都是；在制度构建方面，1999年"法治"入宪，2010年有中国特色的社会主义法制体系的建成，这些都与公权努力实现依法治国的战略密切相关。然而，法治在中国能够建立一种具有社会基础的均衡吗？要回答这个问题，我们要先来分析更多的问题。

自20世纪90年代以来，随着我国学界对法治认识的深入，法治的逻辑链条也越来越清晰：

我们首先来看近代中国法制改革的先行者沈家本的观点。"日本旧时制度，唐法为多。明治以后，采用欧法，不数十年，遂为强国。是岂徒慕欧法之形式而能若是哉？其君臣上下同心同德，发愤为雄，不惜财力以编译西人之书，以研究西人之学，弃去糟粕而撷其英华，举全国之精神，胥关注于法律之内，故国势日张，非偶然也。"① 沈家本重视学习西方法制以求救国强国，不过，那时的中国只是已临倾覆的晚清王朝而已。沈家本的观点代表了当时的先进人士在学习西方法政制度上的共识。不过，正如李泽厚所认为的，晚清已降的危局，致使救亡压倒了启蒙②，革命风起云涌，法治的主张与声音失去了基础性的社会环境，乃至渐趋消失。

新中国成立后，曾经有过一段短时的法治讨论，然而，法治主张在当时并没有社会与政治基础，被当做错误的思想压制下去。之后，在

---

① 沈家本：《新译法规大全序》，载《寄簃文存》卷六。
② 李泽厚：《中国现代思想史论》，天津社会科学院出版社2003年版，第27页。

20世纪70年代末到80年代初，法治还被认为是"搞精神污染"和"资产阶级自由化"①。然而，到了90年代，随着法治共识的凝聚，依法治国入宪，中国社会对法治的认识也逐渐深入。在法治作为一种治国方略入宪的同时，学术界有一种观点，认为依法治国的精髓在于依法治吏、依法治权（力）。随着法治的深入发展，学术界又有人提出"法治国家要以法治社会为基础"，而"法治社会要以公民社会为核心"②。至此，中国社会的法治逻辑逐渐切入了本文所要论述的中心问题了。换言之，本文论述的逻辑要接着上述逻辑开始了。

正如孟德斯鸠所言，"官吏的成见始于民族的成见"，官吏"在蒙昧时代，干尽了坏事也毫无疑惧。在开明时代，做了天大的好事也依然战战兢兢"。③ 没有一个成熟的民族——在现代社会表现为公民社会，就不可能有成熟与发达的法治。虽然当代学界普遍认为社会组织是成熟公民社会的重要支柱，但公民是成熟公民社会一样重要甚至是更为重要的基础。美国联邦最高法院大法官路易斯·布兰代斯将公民这一角色称作是美国大陆"最重要的职位"，而"美国在探索自治政府的过程中最主要依靠的并不是总统、国会议员或是大法官，而是每一位公民"。④ 对于自然人而言，他们从"草民"、"臣民"或百姓走向公民，并非是仅仅改变一个概念，实际上，只有他们的内容发生了改变，进而在新的认同与激励下改变他们博弈论意义上的行为选择，才有可能真正在中国构建法治这一现代制度上的均衡。而现代法治语境下的公民主体性是顺应法律权利激励，公民做出顺应法治均衡策略的基本属性。

我们可以用更直观而简单的逻辑来重述以上论述，即法治在中国发展的逻辑之路基本上是：法治是救国强邦之道→法治是改革与治国之略→依法治吏、依法治权（力）是法治的精髓→法治国家与法治社会相互倚赖，不可或缺→公民社会是法治社会的逻辑基础→公民权利的赋

---

① 俞荣根：《民主法制到人权法治》，《法制日报》2008年11月7日。

② 郭道晖：《法治国家与法治社会、公民社会》，《政法论丛》2007年第5期。

③ ［法］孟德斯鸠：《论法的精神》（上卷），许明龙译，商务印书馆2010年版，第3页。

④ 纪念美国宪法颁布200周年委员会：《美国公民与宪法》，劳娃、许旭译，清华大学出版社2006年版，第221页。

予与公民精神的转换→公民主体性的形成与发展。上述逻辑之路反映了
中国知识界对于法治认识的成熟，它基本上反映了法治后发国家的完整
法治逻辑链条。

不过，中国法治的逻辑就到此为止了吗？有没有需要细化认识的地
方？尤其是，在博弈论的语境中，我们对中国法治发展的逻辑有什么新
的认识吗？

成熟的公民社会对法治的建构非常重要，而成熟的公民是成熟公民
社会的重要基础。成熟的公民的生成需要有很多的条件，权利是重要条
件之一。然而，我国当前社会，首先，公民的完整法律权利并非是事
实①，我国公民的权利还有发展的巨大空间；其次，公民并非仅仅是一
个制度概念，它还是一个精神维度的概念。中国学界以前受种种原因的
限制，一般认为公民主体性虽然重要，但它始终不是决定性因素，也就
是说，公民主体性的形成是由社会存在决定的。从根本上来讲，这一观
点似乎也没什么问题，但是，公民主体性也不是一个惰性的存在决定意
识的逻辑就可以否定的。这里基于行文的需要，留待后文论述。基于这
种逻辑，公民至少存在于三个维度之中，即理念维度、法律制度维度以
及社会规范维度。这三种维度都相应存在均衡，一种理念、习俗与制度
上的均衡。但实际上，公民这个舶来的概念在我国既没有充实其应有的
理念、社会规范与法律制度三个维度的内涵，因而也就无法充分激发其
促进法治的制度功能。② 按照博弈论的观点来讲，国家的法治制度当然
是一种均衡现象，但是，"我们却发现这些立法（制度）常常只是对演
化而成的做法（均衡）加以批准而已"③。但如果我们受制度决定论的
影响，以为只要引进制度就可以将理想的制度目标构建起来，那将会难
以解释：为什么引入了公民概念，也将现代社会公民的一些权利引入了
中国社会，成熟的公民与公民社会怎么未见产生？换言之，如果国家的
法治制度仅仅是靠强力来维持，没有相应的社会均衡作为其内容与支

---

① 这里所说的完整，如果有一个标准体系的话，国际人权公约应该是一个标准体系。

② 这里只是先引入问题，对这一判断这里不作具体展开论述，下文章节中将展开详细论
述。

③ ［美］H. 培顿·扬：《个人策略与社会结构：制度的演化理论》，上海人民出版社
2004 年版，第 3 页。

持，那么这套国家法律确立的均衡可能只剩下一个空壳子。

这里，美国法官勒尼德·汉德法官的观点值得我们参考。在论及法律与自由的关系时，汉德认为，并非是法律确立了自由，而是自由精神的存在保障了法律。他说，要"警惕将法律制度看做是自由的最终堡垒的做法：自由存于人们的心中；当它从那里销声匿迹的时候，没有任何一部宪法、法律或者法院能够将它挽救；甚至没有任何一部宪法、法律或者法院能够给予其太多的帮助"①。类似的，那种认为法律权利能促进公民主体性发展与公民社会成熟的主张确有其理，但是，我们为什么常常又在权利制度较为健全的时候，又有人们公民主体性不足导致权利制度无法真正运行的担忧呢？

上述问题，传统的法学方法往往难以论述清楚，比如价值分析、规范分析、法社会学分析、比较分析等，这些分析方法当然很重要，但是，它们在分析一些宏观而又难以细化的问题的时候往往捉襟见肘，博弈论运用均衡的理论却能较好地分析清楚上述问题。

行为至此，有一些问题要在此处提出，这些问题将贯穿本文全文：如公民精神维度最重要的属性是什么？很显然，权利是现代社会公民的一个制度性框架，然而，源于西方的权利框架在中国的社会语境下会发生变异吗？会发生什么样的变异？中国社会是一个儒家社会，儒家文化的理念、儒家文化构造的社会规范会如何影响权利制度及相应的公民权利？儒家文化会因为现代社会权力—权利、权力—权力之间的关系不同而会对权利施加怎样的影响？儒家文化对中国的公民与公民社会有怎样的影响？在权利问题上，儒家文化与法治二者构造的均衡如何共处？

问题很多，这里首先引入博弈论中著名的囚徒困境模型来论述这样一个观点，并试图以之来论证传统社会的人治模式中，由于人们没有法律上的权利，这种社会治理模式易将社会统治阶层与被统治阶层的互动引入囚徒困境（prisoner's dilemma）。

在20世纪50年代的美国，两名犯罪嫌疑人A和B被捕，他们被控犯了一个严重的罪行，但检察官在没有至少任何一方的供词前无法证明

---

① ［美］玛丽·安·格伦顿：《权利话语——穷途末路的政治言辞》，周威译，北京大学出版社2006年版，第186—187页。

任何一方犯有该罪。不过，检察官在没有任何一方合作的情况下，能证明他们都犯有一些更轻的罪行。于是，检察官将他们隔离讯问，他们告诉每一位囚徒（prisoner）：（1）如果他们俩都不坦白，他们都将被控这一更轻的罪行，每人将入狱 2 年；（2）如果其中一个囚徒坦白，而另外一个抵赖，那么坦白者将释放，而抵赖者将被控 10 年刑罚；（3）如果二人都坦白，他们将都被控重罪，但是不提请最高刑罚处罚，他们都将入狱 6 年。在检察官上述的讯问策略下，这两位囚徒被假定为一心为自己的利益——博弈论中称为收益（payoffs）——着想，想尽可能减少自己可能的刑期，而且他们也并不担忧出卖对方的长远后果，同时，他们被隔离开了，也无法通过沟通达成协议。

在上述情形下，这两位囚徒有什么样的应对策略可供选择呢？图示如下：

		A 的策略	
		坦白	抵赖
B 的策略	坦白	−6，−6	0，−10
	抵赖	−10，0	−2，−2

我们可以看到，在双方无法通过沟通而订立攻守同盟时，A 可以这样分析自己的策略选择：（1）如果 B 坦白，我的策略最好也是坦白，这样我和 B 各坐 6 年牢；相反，如果 B 坦白而我抵赖，则我要坐 10 年牢而 B 被释放。总之，当 B 坦白时，我的最优策略也是坦白。（2）如果 B 抵赖，我的最优策略还是坦白，这样 B 坐 10 年牢而我被释放。紧接着，A 总结自己的策略选择：无论 B 是坦白还是抵赖，我的最优策略都是坦白。反之，如果 B 理性，B 也会这样进行分析并得出自己的策略：无论 A 是坦白还是抵赖，他自己的最优策略是坦白。因而，这两个囚徒陷入了所谓的坦白困境之中，他们都会选择博弈论中的所谓严格优势策略，而另外一个看似最好策略的两相抵赖——最后都只坐 2 年牢，则被"理性"地排除掉了。所谓严格优势策略的博弈，是指对于局中的博弈任何一方而言，无论对方选择什么策略，我选择的策略都是我能选择的策略中最优的。

从上图矩阵可以看出，人们往往在关乎自己的利益选择中，总希望将自己的效用最大化。效用，是一个经济学概念，指个人幸福或满足程度的度量。① 很显然，从旁观者与超理性的（hyper-rational）主体的角度，每个参与人基于个人利益最优的策略并不符合参与人的总体利益。因而，囚徒博弈对博弈的双方来说显然是一个低效率的博弈，而二者之间高效率的策略则是合作，即都进行抵赖，拒绝坦白。对博弈论而言，囚徒困境是第一个必讲范例，它不仅仅是博弈论的基础范例，而且还能够解释人类社会合作中的许多现象。

法治社会最为基础性的关系是权力与权利的关系。当权力缺少以权利为基础的结构性制约时，权力容易滑向腐败。正如英国著名史学家阿克顿勋爵的名言所断言的那样，"权力导致腐败，绝对权力导致绝对腐败"②。当权力缺少有效的制度制约，权力主体作为一个理性主体，腐败就是他们的优势策略，为了使得自己的效用最大化，权力主体必然走向腐败。而当腐败逐渐侵蚀法律制度而使得权力逐渐丧失公信力时，权利主体也将逐渐采取优势策略，完全放弃对权力的信任。这样，社会就可能失去权力与权利之间的良性互动而滑入囚徒困境。中国传统的人治社会，就可以解读为整个社会的两大群体即官与民在相互博弈的过程中，互相采取严格优势策略而日渐陷入囚徒困境。

当然，囚徒博弈只是了解博弈论的开始与基础。而且，囚徒博弈只是用来解释具有严格优势策略的博弈的。然而，并非每一种博弈都存在严格优势，很多博弈中就不存在严格优势策略。为了说明这一问题，这里介绍博弈论中最重要的概念"纳什均衡"。纳什均衡是指，每个博弈参与人都确信，在给定其他参与人的策略情况下，他选择了最优策略以回应对手的策略。纳什（Nash）是一位美国数学家，他于 1950 年建立了这一均衡的概念，人们以他的名字把这一均衡命名为"纳什均衡"。

我们通过以下情侣博弈的范例来进一步了解纳什均衡：

情侣大伟和小丽在为周六的夜晚怎样度过展开一场博弈：大伟想看一场精彩的足球赛，而小丽则想看某明星的演唱会；但无论如何，周六

---

① ［美］曼昆：《经济学原理》（下），梁小民译，机械工业出版社 2006 年版，第 370 页。

② ［英］阿克顿：《自由与权力》，侯健等译，商务印书馆 2001 年版，第 342 页。

晚他们一起度过是前提，否则他们都不愿意。

周六的晚上到底如何安排，小情侣二人展开了博弈。这里假设二人一起去看足球赛，大伟的满意度为 2，小丽的满意度为 1；反之，大伟的满意度为 1，小丽的满意度为 2。如果双方分开各自去看足球赛或演唱会，则各自满意度为 0。而且，他们不会出现小丽一人去看足球赛而大伟去看演唱会的可能，尽管如此，这种选择还是被列出来，不过双方的满意度也为 0。这样，二人博弈的策略矩阵图示如下：

		小丽的策略	
		足球赛	演唱会
大伟的策略	足球赛	2, 1	0, 0
	演唱会	0, 0	1, 2

根据上述矩阵中的策略组合可以发现：大伟和小丽二人要么一起去看足球赛，要么一起去看演唱会，二人一旦处于这样的策略状态，双方都不愿意单独改变，因为单独改变策略没有好处。比如，如果一起看球赛，大伟满意度是 2，小丽是 1，如果小丽单独改变去看演唱会，不会有额外的满意度增加。如果一起去看演唱会，大伟单独改变去看足球赛，也不会有满意度增加。所以，二人一起去看足球赛或演唱会是最稳定的策略。[①]

上述大伟与小丽一起去看足球赛或者演唱会的稳定策略选择，即是博弈的两个纳什均衡。纳什均衡的核心思想是，博弈的稳定结局是，每个参与人选择的策略是对其他参与人所选策略的最优回应，其中每一个参与人都无法通过单方面改变自己的策略而获利。显然，前文介绍的囚徒困境博弈中，两个囚徒选择的坦白策略形成了一种特殊的纳什均衡。在博弈论中，它被称为上策均衡，即我所做的是不管你做什么都是我所能做的策略中最好的，而你所做的是不管我做什么都是你所能做的策略

---

① 实际上，国内博弈论书籍中的经典范例很多是从国外翻译过来的，本文的情侣博弈即是性别大战（Game of Battle of Sex）的改版。尽管如此，这里的情侣博弈参考了王则柯的《博弈论平话》中的范例设计。参见王则柯《博弈论平话》，中国经济出版社 2004 年版，第 12—14 页。

中最好的。而纳什均衡则是，给定你所做的，我所做的策略是我所能做的策略中最好的；而给定我所做的，你所做的是你所能做的策略中最好的。

中国构建法治国家，正是要力图促进一种合作的稳定均衡机制，它通过一系列的法律制度，构造社会各种力量之间的博弈均衡，使得偏离法治的人无法从这种偏离中获得额外的好处，从而形成稳定的社会治理秩序。

尽管纳什均衡是博弈论中最为基础性的概念，它也能用来解释很多社会问题，但博弈论的新发展成果演化博弈论对纳什均衡提出很多批评，而演化博弈论也是本书最为重要的分析工具之一。这里，通过对纳什均衡进行评判，不仅可更为详细地介绍纳什均衡，同时通过这种评判使读者更便于了解演化博弈论。

"存在外部强制时，理性的参与者能够达成的任何契约，在无限重复博弈中，都是一个可行的均衡结果。"① 而纳什均衡在于描述没有外部强制时，每个参与者均选择最优策略从而形成一种自发确立的均衡结果。正如囚徒困境中，双方都不愿对自己的最优策略做出改变，进而形成一个稳定的相互出卖的均衡结果。不过，纳什均衡是简化了的博弈模型，正如物理学中为了研究力之间的关系简化了摩擦力一样。类似的，如果要用纳什均衡模型来解释更贴近真实社会生活中人际间的博弈，我们就会发现纳什均衡模型至少有三个方面的不足，而正是对这种不足的完善，发展出了演化博弈论。纳什均衡模型的三个方面的不足是：

第一，只有博弈参与者拥有完全理性且相互间拥有共同的知识与信念，纳什均衡才能达到，而纳什均衡模型则忽略了前述两个条件。

在前面所述的囚徒困境中，对囚徒之所以能够做出最优策略，前提是他们拥有完全理性。按照演化博弈论的观点来讲，纳什均衡中的人们被假设成是拥有超理性的（hyper-rational）人。然而，现实日常生活中的人们却是：他们"环顾四周，他们收集信息，在多数时间里，他们在

---

① ［英］肯·宾墨尔：《自然正义》，李晋译，上海财经大学出版社 2010 年版，第139 页。

所掌握的信息基础上相当理智地行动。简言之，很明显看出来他们是人"①。进而言之，在日常生活中，人们做出策略时，常常受惯性（in-ertia）的影响，因为理性的决策是稀缺资源，并且如果人们每做出一次决策都要做出策略调整的话，都意味着制定策略的成本增加。②因而，现实生活中，人们面临决策时，有时候这样做，有时候那样做；有的人这样做，有的人那样做。博弈论中的惯性，"是指将不好的制度推翻（tip）到一种好的制度这一过程的预期等待时间"③。虽然从一种不好的制度发展到好的制度和制度的效率相关，但是，也取决于博弈参与人形成策略的信息量、局部或整体地收集信息的程序。对效率低下的制度而言，如果维持这种制度的信息量很大并且整体性地交互作用时，效率低下的制度惯性仍然很大：一旦一个效率低下的制度跃居高效率的制度之上，演化力量可能永远无法驱逐它。④由于影响人们作出策略的惯性存在，人们做出决策时可能并非是自己的最优策略——而纳什均衡中人们总是能做出最优选择。同时，人们调整自己的策略时，往往是以当前的策略状况为参考，然后调整到相对应的最佳策略上去。这也意味着博弈参与人的最优策略都是相对的——这些策略受历史与文化的影响。简言之，社会生活中的博弈者是人而不是神，他们的策略都体现出有限理性，即前文所引述的"明显看出来他们是人"。不仅如此，博弈参与者要根据预期对方的策略进而做出自己的策略选择，这意味着博弈参与者之间需要共享一些知识与信念，他们需要拥有共同的信息、认知、理念、精神、情感等，只有这样，他们才能计算出博弈中对局者的策略，进而对自己的策略做出决定。这一点非常重要，联系到本文论述的问题，法治不仅仅是一些制度构造的具有强制力后盾的均衡现象，它还需要法治中的人拥有共同的知识与信念，这样才能构建一个有效率的法治均衡。公民的理性维度不能形成的话，法治的均衡就很难实现，而公民

---

① ［美］H. 培顿·扬：《个人策略与社会结构：制度的演化理论》，上海人民出版社2004年版，第5页。

② 章华：《演化均衡与制度演化》，《浙江社会科学》2004年第5期。

③ ［美］H. 培顿·扬：《个人策略与社会结构：制度的演化理论》，上海人民出版社2004年版，第16页。

④ 同上书，第17页。

理性精神的形成和他们接受到知识与持有的信念相关。

　　第二，纳什均衡虽然包含多个均衡，但它没有解决不同均衡之间的竞争力问题。

　　就如本文要论述的法治均衡和儒家文化中构造的均衡，它们之间的关系如何，竞争力如何，这些都是纳什均衡没有解决的问题。无论是经典博弈范例还是现实生活中的博弈，一个博弈往往存在多个纳什均衡，比如，情侣博弈中就存在三个纳什均衡，两个纯策略均衡和一个混合策略均衡。所谓纯策略均衡是指如果一个博弈参与人在每一个给定信息的情况下只选择一种特定的策略，则称该策略为纯策略；所谓混合策略就是博弈参与人在给定信息的情况下，随机选取而不是纯粹选取一种这样做或那样做的策略，即博弈参与人百分之多少选择那样做，百分之多少选择那样做的策略，这些百分数加起来等于百分之一百。① 据此，有纳什定理：如果允许混合策略，那么每个有限博弈都有纳什均衡。② 由于不同的社会中存在不同的制度，同一社会的不同时期也存在不同制度，并且同一社会同一时期可能存在国家的正式制度和社会文化之间的竞争，比如本文论述的法治之法与儒家文化的竞争，因而，仅仅有纳什均衡是无法描述与解释这种竞争的。这时候，必须引入演化稳定策略（evolutionary stable strategy，ESS）这一概念，演化稳定策略的核心思想是，如果某个群体中每一个成员都采取某一特定策略，那么不存在一个具有突变特征的策略能够侵犯这个群体，即演化稳定策略是一个能够抵抗其他不同策略侵犯的策略。③ 换言之，当一个大群体采取一个特定的稳定策略时，如果一个选择不同策略的小群体侵入这个大群体，当这个小群体因不同策略而得到的收益大于大群体，那么，小群体就能够侵入大群体；反之，则不能。实际上，演化稳定策略可以用来解释不同策略之间的竞争力问题。比如，在日常生活中，排队上公交对乘客整个大群体来说是一个稳定而更有效率的策略，但如果社会规则没有明显而有效的惩罚机制，比如其他人的冷眼、抗议甚至是其他更激烈的方式来维持

---

　　① 王则柯：《博弈论平话》，中国经济出版社 2004 年版，第 155 页。

　　② 同上书，第 157 页。

　　③ ［英］约翰·梅纳德·史密斯：《演化与博弈论》，潘春阳译，复旦大学出版社 2008 年版，第 10—11 页。

排队的策略，使得采取插队策略的人的收益大于排队的人的收益，那么前者将侵入排队策略的群体，进而插队上车的策略将被传染开来，淘汰掉原来的排队乘车的策略，另外形成一个拥挤排队的演化稳定策略。在中国社会的日常生活中，我们常常看到这种低效率的策略淘汰掉了高效率的策略。

第三，纳什均衡是一个静态的均衡，现实生活中的博弈是动态与连续的，如果考虑随机扰动（stochastic perturbations）的冲击，静态意义上的纳什均衡未必是最终意义上的均衡，因而静态的纳什均衡对现实生活的解释力不足。

如果我们把现实生活中的习俗、惯例与制度看作是均衡演化的结果，那么我们必须认为"均衡只有在一个动态框架中方能被理解"[①]，而且习俗、惯例、制度与均衡就像"尘埃实际上永远不会真正落定——在随机气流的作用下，它们一直在运动。这种由随机力量产生的持续冲击，其实正是描述事物处于长期平均中的形态的重要因素"[②]。实际上，在囚徒困境博弈中，相互出卖是最优策略，但如果博弈是无限次重复，那么，囚徒的博弈结果可能就不是这样。如果囚徒博弈有限次重复下去，为了报复他们的对手，博弈参与者最有效的办法是"以牙还牙"——以出卖来回敬出卖[③]；但是，如果囚徒博弈无限次重复下去，双方互相"出卖"的均衡可能会发生改变而形成相互合作，因而"形成非契约的默契，使双方都从非契约合作中获益"[④]。而在纳什均衡中，一个稳定的均衡可能受到各种因素的影响，比如博弈参与者尝试新的策略或者出现策略错误——即演化博弈论中的随机扰动——而形成对既有均衡策略的偏离，当新的策略或者错误获得了更大的收益，这种对均衡的偏离就会受到鼓励。因为这种偏离会形成其他旁观者的策略先例，继而影响此后人们的行为。这种偏离即演化博弈论中的所谓随机扰动，它不断测试着既有均衡的自发生存与稳定的能力，并在这种扰动中形成新

---

① ［美］H. 培顿·扬：《个人策略与社会结构：制度的演化理论》，上海人民出版社2004年版，第4页。

② 同上。

③ 王则柯：《博弈论平话》，中国经济出版社2004年版，第135页。

④ 同上。

的均衡。这就意味着，均衡"演化动态是永远不会完全停止的，它总是处于变动之中"①。在博弈论中，这种受持续不断的随机因素扰动而不断发展变化的均衡被称为随机稳定均衡（stochastic stable equilibrium, SSE），而随机稳定均衡与真实社会生活中的习俗、惯例与法律制度等的生发与演化过程更为接近。因而，随机稳定均衡更能解释为什么社会习俗、惯例与法律制度等会不断地变动，而且人们可在知悉相应变量的时候，预测这些变动的走向。

就如均衡演化会永不停止一样，法治社会的制度与社会文化也一直在发生变化，演化博弈论对法治制度与社会文化的解释力使我们能更清楚明晰地认识到制度与文化的发展演化特征与轨迹，并通过制度构建促进更有效率的社会治理均衡的生发与巩固。

通过上述对纳什均衡理论之不足的介绍与分析，本章节基本上完成了所需要的博弈论分析工具的介绍。为了便于进一步理解，这里对上述博弈论知识做一个集中而简要的论述：

纳什均衡是博弈论中最重要的概念，然而，囚徒困境中囚徒的优势策略选择——即我所做的策略是不管你做什么都是我所能做的最好策略，而你所做的策略是不管我做什么都是你所能做得最好的策略——是一种理性个人最优选择却是博弈参与人总体上来看的低效率策略。囚徒困境均衡是一个特殊的纳什均衡。纳什均衡是我所做的策略是给定你所做的我所能做得最好的策略，而你所做的策略是给定我所做的你所能做得最好的策略的均衡。由于纳什均衡在解释真正的现实生活时有诸多不足，因而博弈论又发展出演化稳定策略（ESS）均衡和随机稳定均衡（SSE）。纳什均衡虽然包含多个均衡，但是，它没有解决不同均衡之间的竞争力问题。演化稳定策略虽然能够解释均衡之间的竞争力问题，但它只解释了一个均衡得以稳定的开始，而随机稳定均衡则能够解释均衡不断演化的问题。

由于博弈论本身仍然处于发展之中，且其最新发展的成果介绍到我国的时间并不长，博弈论的知识对于初接触者来说确实有点艰涩，但如

---

① ［美］H. 培顿·扬：《个人策略与社会结构：制度的演化理论》，上海人民出版社2004 年版，第 3 页。

果用传统的方法无法解释清楚的现象用博弈论却能够较好地解释清楚，这种学习上的困难也就应该去予以克服。事实上，对于法学来说，博弈论在我国确实普及不够，这个现状应当从现在开始予以改变。

由于我国的法学研究受既有方法论的影响，始终无法论述清楚公民主体性在法治建构中的作用。传统上，我们受存在决定意识这一宏观判断的影响，忽略了意识领域自身的独立性、价值与功能，总以为意识是被决定的，有了社会物质性的存在这个基础，相关意识才得以生发与巩固。博弈论的发展使得我们重新认识现代公民意识——本书所论述的公民主体性的重要内容：要形成法治均衡，从传统的儒家文化均衡、人治均衡转向法治均衡，公民主体性的型塑必不可少。虽然公民主体性在学界已有论述，但是，以博弈论的观点与方法及均衡的角度对其重新认识与论述的成果，并不多见。

二　宪政

由于法治的核心与精髓是宪法之治，而宪政又是宪法的精髓与灵魂。因而可以说，法治是宪政的具体内容之一，同时宪政又需要以法治作为基础、促进力量与演化路径，终极而言，宪政是法治发展的最高境界，如果没有宪政，很难建立真正成熟的法治。但从世界法治国家的发展史实来看，宪政与法治是相互促进、相辅相成的，很难从一个时间点上去区分宪政与法治的先后顺序。

在近现代民主宪政风潮中，宪政如同"民主"一词一样，在不同的语境下被赋予了不同含义。对宪政一词稍加梳理，我们可以发现它被赋予了如下几个基本含义：

一是控权论。这是宪政最为一般的含义。宪政控权论认为，宪政即是对公权力的控制，通过控制公权力，使得政府权力受到有效的监约。如我国有学者认为，"宪政的核心是限制政治权力"[①]。美国学者麦克尔文也认为，"宪政主义都有一个根本的性质：它是对政府的法律制

---

① 李龙：《宪法基础理论》，武汉大学出版社1999年版，第144页。

约"①。"真正的宪政主义的本质中最固定的和持久的东西仍然与其肇端时一模一样，即通过法律限制政府"②。不过，麦克尔文意义上的宪政对政府的控制仅局限于法律对政府的控制。事实上，对政府的限制不仅仅在于法律，如果将对政府的控制仅仅局限于法律的话，那么一个制定法律的机构就不能受到控制，这无疑是麦克尔文对宪政定义的一个缺陷。因此，有的学者认为宪政就是某种特定的控制政府权力的技术、途径与方略，这种控制"可以是程序上的，也可以是实质性的"。③ 美国的开国元勋汉密尔顿就认为，宪政就是"首先是使政府能够控制人民，其次是使政府能够控制自己"④。为达到此一目的，汉密尔顿认为人们并不需要创新，只需要将先贤们所设计的权力控制之道予以实施就可以达到目的。这种权力控制之道包括，首先通过对中央与地方的分权，达致中央与地方的权力合理分配；再次通过中央权力之间的分立制衡，达致中央权力之间的平衡。如此，宪政则可确立。

二是权力混合论。从宪政发展的理论渊源以及古希腊与古罗马宪政原初的制度设计来看，宪政意味着各种政治势力之间的权力均衡、分配与共享。在古希腊与古罗马思想家看来，宪政并不仅意味着政府权力的有限行使，更意味着社会中的几个阶级对政治权力的均衡分配与共享。这也是古希腊与古罗马的混合政体的目的与本意。⑤ 作为古代宪政的代表，正是因为古罗马共和国的政治体制中包含了执政官、贵族与自由民这三种势力的权力均衡与共享，才有效地维持了古罗马宪政的生命力。孟德斯鸠在论及古罗马的宪政时说，"罗马的政府是十分完善的，因为自从它产生以来，它的制度足以使或是人民的精神，或是元老院的力量，或是某些高级官吏的威望永远能够制裁任何滥用权力的事件"⑥。

---

① ［美］斯科特·戈登：《控制国家——西方宪政的历史》，应奇等译，江苏人民出版社2001年版，第5页。

② 同上。

③ ［美］埃尔斯特等编：《宪政与民主——理性与社会变迁研究》，潘勤译，生活·读书·新知三联书店1997年版，第2页。

④ ［美］Greenstein 等主编：《政府制度与程序》，幼狮文化事业公司1983年版，第47页。

⑤ 参见［法］孟德斯鸠《罗马盛衰原因论》，婉玲译，商务印书馆1983年版，第47页。

⑥ ［法］孟德斯鸠：《罗马盛衰原因论》，婉玲译，商务印书馆1983年版，第47页。

近现代宪政思想家们从古希腊尤其是古罗马的宪政实践中看到了多元政治力量的混合与均衡对政体的生命力维持的力量，将宪政看成是某些多元力量之间的混合。也就是说，宪政并不一定天然地排斥君主，也不必然就拥抱民主制，而是多元力量之间对权力的均衡分配与共享。

三是民主论。如果说控权论与权力混合论强调的是宪政的权力如何分配与行使，那么民主论强调的则是谁掌握权力。启蒙思想家卢梭的人民主权论强调的宪政是重视国家的主权归属，也即以是否是属于多数人的人民来掌握国家权力为宪政的根本指标。只有多数的人民才能生成公意，而人民的公意则是宪政合法性的源泉，"因为意志要么是公意，要么不是；它要么是人民共同体的意志，要么就只是一部分人的"①。中国近现代的政治发展深受法国启蒙思想中的激进主义影响，人民主权论、直接民主观、阶级斗争观和中国国内的民粹主义语境结合起来，宪政的含义被局限于民主政治的理解。毛泽东在 1940 年的《新民主主义宪政》中指出："宪政是什么呢？就是民主的政治。"② 毛泽东对宪政的论断在新中国成立之后成为占绝对统治地位的宪政诠释，这一论断为中国大陆学术上的宪政论断框定了基本的对象和范围。此后，中国大陆学界的宪政论断都是围绕着这个诠释去阐发或论证。从现代占主流地位的宪政论述来看，民主只是宪政中的一个基本要素，宪政不仅不只是民主，相反，宪政和民主之间还保持着一种强大的张力。民主意味着多数派的决定，而"宪政指的是对多数派决策的一些限制"③。可见，民主与宪政之间并不能等同。在某种意义上，中国 1949 年以后政治上极"左"力量的发展也无不和这种宪政论断相关。现代宪政一般被赋予了权力制衡而达至的控权意蕴，而控权的理论都意味着对权力的不信任和限制，则宪政着意于在这种不信任的状态下对权力进行科学的配置。根据卢梭的人民主权论，民主意味着主权在民，而且这种主权不能有分割，不能被代表，不能有限制，不能被代理。在这种情形下，民主意味着只要权力是人民意志的结果，那么它就不能被分割，不能够被代表、

---

① ［法］卢梭：《社会契约论》，何兆武译，商务印书馆 1980 年版，第 36—37 页。

② 《毛泽东选集》，人民出版社 1991 年版，第 732 页。

③ ［美］埃尔斯特等编：《宪政与民主——理性与社会变迁研究》，潘勤、谢鹏城译，生活·读书·新知三联书店 1997 年版，第 2 页。

被限制、被代理，人民意志由此就会产生一个强大而不受任何限制的利维坦，它往往能够吞噬民主与宪政本身。"建立在公意的无限权力基础上的社会制度，包含着产生一种专制主义的危险，托克维尔将这种专制主义称为'多数人的专制'"①。可见，仅仅以民主来阐述宪政有其理论上的局限性与现实宪政实践的危险性。

四是制宪行宪论。第二次世界大战后，随着发展中国家的兴起，世界上大多数的发展中国家都制定了宪法。由于新兴国家和西方国家的国情不同，加之面临着复杂的国际国内局势，发展中国家的宪法承载着更多的经济、政治与文化的内容与功能，宪政中的控权内容被忽略了，其含义也就发展为制定并实施宪法的一种政治过程。此时，近现代西方宪政里所包含的控权价值往往被忽略了，② 宪政常被理解为制宪和行宪。"宪政应是实施宪法的民主政治"③，而宪法中是否包含着一般意义上的权力控制则是另外一回事了。应该说，制宪行宪论是特殊政治环境下的产物，它有其进步意义；但是，也有其不足，因为"宪法实施是建立宪政的基本途径"④，而不是宪政本身。

毫无疑问，无论是从宪政的哪一种含义来看，它总是以政治中的最高权力的掌握与配置为内容。近代清王朝在西方的入侵下，内忧外患，国家陷入深度危机之中。鸦片战争之后，中国人认为天朝大国之所以被西方打败，乃是因为技术与器物的不足。于是，有先进的中国人提出"师夷长技以制夷"，洋务运动乃发生。及至中日甲午一战，中国惨败于区区东瀛岛国，清廷震动。一些有识的中国人认为技术与器物并不是国富民强的根本，富国民强的根本在于政制的先进，而先进的政制在于立宪。如此，"制度决定论"逐渐甚嚣尘上。所谓"制度决定论"，是指"仅仅根据一种外来制度的'效能'来决定仿效这种制度，以求实现该制度的'效能'的思想倾向和观念"⑤。制度决定论认为，一国只

---

① ［美］E. 博登海默：《法理学——法哲学及其方法》，邓正来等译，华夏出版社 1987年版，第 64 页。

② 参见张凤阳等《政治哲学关键词》，江苏人民出版社 2006 年版，第 115 页。

③ 许崇德：《社会主义宪政的不平凡历程》，《中国法学》1994 年第 5 期。

④ 李龙：《宪法基础理论》，武汉大学出版社 1999 年版，第 144 页。

⑤ 萧功秦：《危机中的变革》，生活·读书·新知三联书店 1999 年版，第 156 页。

要在关键的制度上取得了突破，那么整个社会的问题可以毕一功于一役，就能够赶超西方发达国家。在制度决定论思潮影响与具体时代现实的复杂利益冲突下，自 1840 年以来，中国走过了多少的动荡与纷乱，走过了多少曲折与弯路！一直到当代社会，制度决定论的阴影仍然萦绕着我们。宪政则是此种制度决定论中的首要制度理想。但是，"政治结构不可能产生于理想模型"①，不仅仅是因为一国的具体宪政制度的产生与复杂的利益团体的利益和价值追求相关联，而且，"宪法产生于人类经验的缓慢进步"②，社会及其自身制度的发展极其重要，一国社会自身的发展对宪政的选择与发展有基础性甚至是前提性的作用。这个问题下文还要论及，此不赘述。

尽管本文并不以宪政为论述的对象，但是由于法治与宪政的密切关系，因而在文中多有宪政理论涉及，故此处专门作一介绍。

三　公民社会

基于演化博弈论的发展，中国学界应更明确地认识到制度决定论的局限性，因为演化博弈论更加清楚明晰地揭示了社会正式制度背后的社会自发衍生均衡的强大力量。

由于社会自身的发展、组织与自主演化对法治制度的发展具有重要的意义③，社会自身的理性化与自主性获得了学界的普遍重视。在这种认识下，公民社会的理论从国外引进，逐渐赢得了普遍的学术关注。

---

① ［英］马丁·洛克林：《公法与政治理论》，郑戈译，商务印书馆 2002 年版，第 20 页。
② 同上。
③ 学者邓正来认为，中国学界将中国现代化的研究始终局限于自上而下的路径乃是一种遗憾甚至是大失误，应该将从限定国家公权力宰制的纠偏中转向到研究市民社会自身的发展中来，因为这种研究将权力宰制仅归于国家而同时完全否定了权力宰制亦将透过各种社会等级组织和各种社会力量而盛行于社会内部的事实。（参见邓正来《市民社会理论的研究》，中国政法大学出版社 2002 年版，第 6 页。）笔者认为，这种研究路径不仅是一种失误，更是一种偏执。执拗此种路径的研究要么进行不切实际的硬拗，要么罔视人类法治发展几百年来的既有成果与规律，生硬地对既有的法治理论与实践做出种种"创新与发展"。这种"创新与发展"可能不仅无补于法治的真正建构与发展，反而可能边缘化甚至是扭曲与遮蔽了真正有利于法治发展的探索。

关于公民社会的概念，我国著名政治学者俞可平认为，"市民社会"、"民间社会"和"公民社会"都是对同一英文 civil society 的不同译法。而"公民社会"是改革开放后引入的对 civil society 的新译名，它强调 civil society 的政治学意义，即公民的政治参与和对国家权力的制约。虽然现在仍有人继续使用市民社会和民间社会的概念，但为数已经不多，绝大多数学者使用公民社会的概念。[①] 正因为如此，在本书的写作中，将 civil society 译为公民社会，但书中有的地方因所引原文将 civil society 翻译为"市民社会"，意义也确实与公民社会有差异，本书仍然以"市民社会"引之，但读者应知它就是英文的 civil society 的译文。同时，由于我国学界传统上将马克思和黑格尔的 civil society 译为市民社会，本书不作改变。因而，本文对 civil society 的表述上将有无奈的穿插。但是，若二者概念没有关键性的区别，本书也将不做特别说明。

公民社会理论，在西方有着深厚与长久的历史渊源。公民社会（Civil Society）又被译作市民社会，它首先是西方学者用来研究现代法治社会的一个概念。英国的《布莱克维尔政治百科全书》一书认为，西塞罗早在公元 1 世纪就把公民社会界定为"业已发达到出现城市的文明政治共同体的生活状况"。后来发展到近代，"在契约论政治思想中，尤其在洛克的著作里，'政治或市民社会的社会'与父系权威和自然状态恰成对照。其含义是指由货币经济、在像自由市场一样的地方随时发生的交换活动、给开化而聪颖的人带来舒适和体面的技术发展，以及尊重法律的政治秩序等要素构成的一种臻于完善和日益进步的人类事务的状况"。概而言之，公民社会"最初是表示社会和国家的一个一般术语，与'政治社会'同义，后来表示国家控制之外的社会和经济安排、规则、制度"[②]。随着西方的公民社会传到中国，我国学者也越来越深入地发现了公民社会与法治之间的关系，可以这样说，公民社会是法治国家的生长点。

---

① 俞可平：《中国公民社会研究的若干问题》，《中共中央党校学报》2007 年第 6 期。

② ［英］戴维·米勒等编：《布莱克维尔政治学百科全书》，邓正来译，中国政法大学出版社 1992 年版，第 125 页。

从国家与市民社会的关系来看，市民社会的理论大致可以分为两种①：自由主义意义上市民社会理论与国家主义意义上市民社会理论。自由主义意义上的市民社会以近现代自由主义为其理论资源，它有以下两个特征：（1）在国家与市民社会出现时间的先后上，市民社会先于国家，国家只是市民社会的产物。（2）从国家的功能上来看，自由主义的国家是为市民社会的安全与利益而存在的，国家只是市民社会实现其福祉的工具。市民社会自身具有自主性与独立性，国家应该是最小国家，对市民社会的干预越少越好。黑格尔则是国家主义意义上的市民社会理论的代表人物。国家主义意义上的市民社会则具有以下几个特征：（1）国家高于市民社会，国家具有型塑、训导与控制市民社会的作用。黑格尔认为："国家根本不是一个契约，保护和保证作为单个人的个人的生命财产也未必就是国家实体性的本质，反之，国家是比个人更高的东西，它甚至有权对这种生命财产本身提出要求，并要求其为国家牺牲。"② 在黑格尔的哲学里，国家具有比个人和社会更高的伦理价值。（2）不仅市民社会不具有自主性与独立性，而且，对于市民社会中的个人，市民社会也具有道德规训与监督影响的作用。黑格尔认为，市民社会"具有监督和影响教育的义务与权利，以防止父母的任性和偶然性"。不仅如此，黑格尔还认为市民社会应该"尽可能地举办公共教育"，并"强制父母把他们的子女送进学校，让他们种痘，如此等等"③。"市民社会对挥霍成性，从而毁灭其自身及家庭生活安全的那种人，有义务和权利把他们置于监护制下，不使挥霍而使追求社会目的和他本身额度目的"④。不仅如此，黑格尔的市民社会理论与卢梭强制人自由的观点相似，他认为，市民社会应当对那些生活困难的人给予帮助，防止个人"自暴自弃"，防止产生"贱民"，因此，"市民社会对个

---

① 由于此段文字大量地用到黑格尔的引文，黑格尔的"市民社会"与当今中国学界使用的"公民社会"的含义确有差别，前者多指资产阶级社会，故此这段文字部分用市民社会，不作改变。

② ［德］黑格尔：《法哲学原理》，范扬、张企泰译，商务印书馆1961年版，第103页。

③ 同上书，第242页。

④ 同上。

人的给付有责任，它就有权督促他们自谋生活"①。在黑格尔的市民社会逻辑里，国家高于并规训市民社会，而市民社会又高于并规训个人。这样，国家、市民社会与个人之间的关系是金字塔的关系。因此，可以看出，与现代市民社会理论相比较，黑格尔的市民社会理论和现代市民社会理论在价值追求上是相背离的。马克思认为黑格尔将市民社会与国家的关系弄颠倒了，他把它们的关系恢复了过来。他说，"家庭和市民社会是国家的前提，它们才是真正的活动者；而思辨的思维却把这一切头足倒置"，这就说，"家庭和市民社会本身把自己变成国家，它们才是原动力。可是在黑格尔看来却是刚好相反，它们是由现实的理念产生的"②。马克思对市民社会的判断是相当进步的，也是贴近现代市民社会理论的。现代市民社会实际上是通过权利制约权力的一种社会架构，而黑格尔意义上的市民社会却是权力对权利的控制与宰制。现代社会的市民社会理论一般是倾向于自由主义论述的，也可以说是与马克思主义的市民社会在根本上是吻合的，而黑格尔意义上的市民社会显然是因不能承担起国家与社会的二分结构与功能而被学界所忽视。

　　当前在我国，公民社会理论在学界越来越受到重视。有学者认为，公民社会的基本理念在于社会的自主性发展，或者说个体主体自由人格的扩张。③ 正是公民社会的自主性发展，能够使独立且外在于国家的公民社会构成了国家和公民个人之间的中介，进而有效地对国家权力形成制约。④ 而公民社会的实质乃是理性理解和处理国家与社会、国家与个人的相互关系，建立各守本分又相互联动的功能界限。⑤ 总而言之，公民社会结构与功能及其论述对中国的法治研究具有相当的正面及启发意义。

<hr>

　　① ［德］黑格尔：《法哲学原理》，范扬、张企泰译，商务印书馆 1961 年版，第 242—243 页。

　　② 《马克思恩格斯全集》第 1 卷，人民出版社 1956 年版，第 250—251 页。

　　③ 参见袁祖社《社会发展的自主逻辑与个体主体的自由人格——中国特色"市民社会"问题的哲学研究》，《哲学动态》2001 年第 9 期。

　　④ 参见李瑜青《市民社会理念与社会自主性发展》，《北京行政学院学报》2002 年第 1 期。

　　⑤ 参见袁祖社《中国特色"市民社会"的发育及其文化价值探究》，《北京师范大学学报》（社会科学版）1999 年第 1 期。

　　然而，公民社会及其论述在学界也受到诸多的质疑与批评。这些质疑和批评大致可以分为两类：首先，批评者认为，西方的市民及其论述很难与中国的情况相互对应，中西"公民社会"论述和其现实的政治与社会结构之间存在着质的差别。① 由此，对中国公民社会的研究不应偏离它在本土文化中形成的基本内涵。② 这种批评实际上是从中西公民社会的能指与所指之间的差距来进行的，对我国公民社会研究的反思具有一定的反思意义。其次，批评者认为，不能首先从理论逻辑上预设国家与社会之间的两分对立，从而只看到现实社会生活中的表面现象，③而没有看到公民社会与政治国家相统一的实质。④ 这种观点认为公民社会与国家之间关系的预设就存在错误。显然这种批判没有真正理解公民社会理论研究的目的、价值与分析功能意义。

　　一方面，对于公民社会的研究，我们必须看到它对我国的法治研究提供了描述性、分析性和价值性的三重功能性的意义；另一方面，西方公民社会与中国公民社会的能指与所指之间的差距的确应引起学界的重视。这也是本文论述公民主体性的一个原因。

四　权利机制

　　表面上看，博弈论借助一些数学逻辑来证明自己的观点，这使得博弈论看起来好像是数学，但实际上数学不过是博弈论的工具。博弈论的基石仍然离不开人性的假设——社会生活中的人是理性人、经济人。如果人们不是理性人、经济人，根本就不存在博弈本身。可以这样说，经济学的基本原理"人们会对激励做出反应"仍然是博弈论的重要理论基础。无论是纳什均衡还是演化稳定策略均衡和随机稳定均衡，都需要人们对激励做出反应，这种反应在博弈论里就是策略选择。人们面对激励，做出有利于自己效用最大化的反应，进而决定自己的博弈策略。中国构建法治国家，就是要通过法治之法激励人们做

---

① 参见方朝晖《对 90 年代市民社会研究的一个反思》，《天津社会科学》1999 年第 5 期。

② 参见高兆明《市民社会的建立与家族精神的破灭》，《学海》1999 年第 3 期。

③ 参见胡荣《中国社会转型过程中政府与民间的关系》，《福建学刊》1996 年第 3 期。

④ 参见肖岁寒《〈"市民社会"社会的历史考察》，《天津社会科学》1999 年第 3 期。

出合法的策略，从而形成法治均衡，而这种激励，在法律机制中主要就是权利机制。[1]

　　法律权利机制是公民主体性存在、发展与完善的法理基础。权利是公民主体性的神龛，但这并不能表明权利是公民主体性发展的必要和充分条件。公民主体性是公民现代法律权利之中的神性，公民如果缺少了主体性，这个神龛里就只剩下一个缺少了神性的偶像。这个偶像的主体性若是长期的缺失，那么，这个神龛与偶像本身便会遭到质疑而贬值。从法律权利为公民主体性提供存在、发展与完善的法理基础来看，正是权利之中的利益驱动为公民主体性的发展提供了最为原始与根本的动力。权利是一定法律体系中正当利益的法律装置，有了利益作为内在驱动的动力，从人类自然属性中所具有的趋利避害的品质来看，权利从逻辑上来讲和权力一样是不断扩张的；正是因为这样，在法治的语境下，权利名录也一直是在"持续膨胀"[2]。一般而言，权利作为一种正当利益的获取与持有的法律装置，它包括五个方面的内容，即资格、自由、利益、正义与主张。[3] 权利的这五个方面的内容随着权利的发展而对公民主体性的型塑起着深刻的作用。

　　第一，资格使得公民主体性的发展具有一个前提性的条件。所谓资格是指一定的主体在某种社会共同体中能够作出某种主张或要求的条件与能力，如果一定的主体在某种社会共同体中失去了这种条件与能力，那么它的主体地位就不能够确立，从而也就丧失了发展主体性的可能。在人类社会发展的历史中，一定社会共同体中主体资格的内涵与外延不断扩大，个人也在这种扩大的资格中获得主体性发展的广阔空间。尽管这样，只有在近代社会，从西方开始，个人作为人的资格才开始发展为近代意义上的公民的资格。在现代社会，个人作为公民的资格更是以法律权利的方式得到法律的确立与保障，这使得公民主体性的发展获得了

---

　　① 现代法治均衡形成的基本手段是权利与义务，通过权利与义务的刺激，促进人们形成遵循法治之法的理性策略。由于在现代法治体系中，权利处于本位地位，因而在这种意义上，本文认为权利机制是促进法治均衡形成的主要机制。

　　② ［美］玛丽·安·格伦顿：《权利话语——穷途末路的政治言辞》，周威译，北京大学出版社 2006 年版，第 21 页。

　　③ 参见李龙、汪习根《法理学》，人民法院出版社 2003 年版，第 149 页。

一个更加广泛的法律上的框架空间。

第二，利益是公民主体性发展的内在驱动力。马克思认为，人们所奋斗的一切都与他们的利益相关。① 自由主义思想家柏林也认为："对于各种观点、社会运动、人们的所作所为，不管出于什么动机，应该考虑它们对谁有利，谁获益最多。"② 而中国古人也有"天下熙熙，皆为利来；天下攘攘，皆为利往"之言。可见，利益对人们行为的驱动力是基础性与根本性的，而法律权利就通过法律对人们利益的肯定与保护，可见受到法律权利保障的利益与权利本身的相互驱动给权利与利益的发展带来的广阔空间。然而，人们对自己利益的认识并不是透明、直白与简单的，在人类历史上，权力对知识的宰制或权力与知识的结盟总意图对人们施加某种话语上的催眠，使得这种认识变得非常困难，进而以利于权力获取最大的利益。只有在理解这一点的情形下，法律权利对现代社会中的人们利益的确认与保护的意义才能够得到人们更好的认识。因为，在不同的语境之下，对于各种观点、社会运动与人们的所作所为，利益分析对话语的催眠具有很强的穿透力。而这种穿透力在获得法律权利的保障后，使得利益在公民主体性的发展中将会起到更大的作用。在人类社会中，如果人们仅仅恪守利益的分析来指导其言行，那么，被权力宰制或与权力结盟的知识对人们的催眠作用应该较小。但是，在人类的历史上，由于人们必然地"悬浮"于他们自己织成的意义之网中，他们命名事物和对它们进行讨论的方式塑造着他们的感情、判断、选择以及行为，包括政治行为。③ 这样，"话语在人类历史中的神秘力量"就会如同催眠一样来影响人们对自身利益的判断。④

利益是人在社会中的生存根本与依靠，如果丧失了利益，人们便生存艰难甚至是难以生存，从而会丧失其主体性存在与发展的物质承载

---

① 《马克思恩格斯全集》第1卷，人民出版社1972年版，第82页。

② ［伊朗］拉明·贾汉贝格鲁：《柏林谈话录》，杨祯钦译，译林出版社2002年版，第121页。

③ 参见［美］玛丽·安·格伦顿《权利话语——穷途末路的政治言辞》，周威译，北京大学出版社2006年版，第15页。

④ 同上。

体。在法律权利机制中，利益作为其核心内容，不仅得到了法律上的明示、强调与保障，而且获得了法律上被国家强制力加以保护的地位，这使得人们的利益意识得到鼓励与加强。这在深受儒家的话语影响的中国，对公民主体性的发展来讲，具有十分深远的意义。因为在中国，人们对个人利益的追求受孔子"罕言利"以及"君子喻于义，小人喻于利"等规训的深刻影响，对利益温情脉脉式的追求深深地影响着人们利益选择的态度与权利文化观。

第三，自由作为公民主体性发展的重要内容，不仅仅表现为人的行动自由，更表现为意志自由。我国有学者将公民自由看成是公民社会个人主体性发展的关键因素，公民社会自主性的发展有赖于个人自由人格的扩张。[①] 要分析自由对公民主体性发展的重要性，必须要首先分析自由所存在的社会类型及其相互的作用。德国社会学家韦伯把人类社会的发展分为三个阶段，即礼俗型社会、卡理斯玛型社会和法理型社会。在礼俗型社会，人与人之间的关系主要依赖宗教、道德、传统、习俗、舆论等方式来维持，社会的稳定与发展主要依赖人们对这些维持社会稳定的规则不加质疑的遵守；在卡理斯玛型社会，传统的社会维持规则渐趋崩溃，而法理型社会尚未建立。此时，人们生活在礼俗型社会语境与法理型社会语境的过渡时期，一些具有超凡魅力的领袖人物，通过强大的国家机器，实现国家对社会的全面操控，有效地维持着社会的稳定与秩序。这种卡理斯玛型社会，统治阶级的合法性建立在人们不加分析的同意的基础之上。只不过，这种同意往往是通过政治或军事而非法律的途径建立起来的。比如，卡理斯玛型社会的具有超凡魅力的政治领袖通过对内操控舆论神化其政权，同时以政治与军事手段发动对内的清肃政敌的行动，对外则以民族主义为号召发动征伐战争。这样，卡理斯玛型社会的统治阶级通过舆论、政治和军事等主要手段来实现全社会的经常性动员，实现和维持其统治的合法性。在法理型社会，社会的稳定与发展则是建立在人们同意统治阶级统治的基础之上的。从自由的主要内容即意志与行为自由的角度

---

① 参见袁祖社《社会发展的自主逻辑与个体主体的自由人格——中国特色"市民社会"问题的哲学研究》，《哲学动态》2001 年第 9 期。

来看，在这三种不同类型的社会中，只有法理型社会的公民具有真正意义上的意志与行为的自由，并且这种意志与行为的自由受到法律的确认与保护。在礼俗型社会，个人参与社会是"通过每个人作为其成员的种种团体得到保证和作为中介"①，在这种情形下，个人无法具有自由的意志与行为，其主体性远远无法产生；在卡理斯玛型社会，由统治阶级操控的意识形态以及社会在国家的支配下，个人既没有保障其自由意志与行为的法律权利，更无法具有表现为对国家与社会的批判能力的自由意志，因而，其主体性也难以产生与保有。当代法国学者皮埃尔·罗桑瓦龙在论述意志的自由时这样写道：

> 在近代则相反，占据首位的是个人。社会的建筑物是从个人出发得到建立的。因而，契约的权利，无论是民事还是政治的，在此具有占据优势的地位。换句话说，个人主义的社会只有在得以建立一种契约义务体系的条件能够被清晰地确定时，才可能被考虑和组织。意志的自主概念具有一种中心地位的重要性。它得以确定和建构有效的法律主体。个人的出现由此可以从一种公民权利史出来来理解。……权利，就是人的自主性，就是让自身只取决于其思想和行动方向的内在于其本性的能力。②

上文的引述至少可以作如下解读：（1）从西方的近代社会也就是法理型社会开始，个人、契约、权利开始从社会中脱颖而出，个人逐渐发展成为公民；（2）意志自主是公民属性的重要条件；（3）权利与个人或公民的自主性之间存在着密切的关系。

只有具有自由的意志，公民个人才能进行自由的意志主张与行为，同时公民才会具有发展主体性的可能。在法治社会中，由于统治的合法性是建立在被统治者同意的基础上，这种同意是通过政治契约（通过选

---

① 参见［法］皮埃尔·罗桑瓦龙《公民的加冕礼：法国普选史》，吕一民译，上海人民出版社 2005 年版，第 81 页。

② 同上。

举）的方式得以建立的。① 正是有了公民的自由，并且这种自由得到了法律权利的确认与保障，公民的主体性才能得以发生与发展。同时，在政治与社会生活中，公民才能够发展并表现体现其主体性的批判能力，从而使得政治契约中的被统治者的同意是自由且真实的。

第四，将正义以法律权利的方式来量化分配，有利于保障法治社会中多元利益之间的沟通与共存，从而保护以利益为依托的公民主体性根基。众所周知，正义是一个极具号召力但又十分混乱的概念，能够取得一定共识的是，"正义的概念意味着某种平等的思想"。"对于从某一特殊观点看来平等的，即属于同一'主要范畴'的人，加以同样对待"②。这是正义的基本含义。在前法治社会，正义在不同的语境下往往表现为社会之中一元利益的独占，不同的利益群体之间的博弈往往表现为零和形态。不仅如此，在不同利益主体之间进行博弈时，正义往往表现为一种抽象的政治上的话语宰制。也就是说，正义并没有被法律量化为多元利益之间的沟通与共存，而是被政治上的权力话语宰制成一种权力的话语催眠。在这种情形下，被正义话语催眠的大众不仅无法从这种正义的号召中获得利益，反而在这种以正义为号召的政治斗争中丧失利益甚至是成为牺牲品。

正义总是一定语境之下的正义，总是某种形式平等之中的正义，这种平等实际上意味着某种利益分配与矫正的正义。即正义总是利益在特定语境中均衡的正义。在法治社会基本价值确定的前提下，正义通过权利与义务的分配而量化为法律上的利益并被以某种形式的平等予以分配。这就意味着：（1）在法治社会中，正义往往以法律的形式量化分配，它内在地制约了以正义为号召的政治斗争而出现的零和博弈的结果，从而保证了法治社会中的各种利益主体之间的沟通与共存的可能；（2）正义被法律确定化为权利与义务的分配，从而，社会可以通过具体的法律个案来解决其正义问题，社会正义通过具体的个案而不是通过整体性的社会颠覆的形式来实现，这使得公民社会中的公民作为主体通

---

① "自主的个人的概念因此在关于选举权的思考当中处于中心位置。"参见［法］皮埃尔·罗桑瓦龙《公民的加冕礼：法国普选史》，吕一民译，上海人民出版社 2005 年版，第 82 页。

② 沈宗灵：《现代西方法理学》，北京大学出版社 1992 年版，第 439 页。

过利益间的沟通与不断地调整，使得公民主体性发展所必需的利益得以公平配置。

第五，主张是公民主体性伸张的必然途径与外在表现形式。在礼俗型与卡理斯玛型社会，作为社会成员的个体的一般形态要么是顺民，要么是暴民。无论是顺民还是暴民，他们所处的法律环境都有一个共同的特点，即个人利益主张的法律途径要么被关闭，要么失范，主体性发展与伸张的异化与扭曲。在法治社会中，公民对自身利益的主张既可以通过对法定权利的主张来实现，也可以通过对应有权利的主张来实现。在应有权利上，公民可以通过公共领域对国家的立法进行影响，从而实现应有权利向法定权利转化，这种转化就实现了公民利益获得主张的第一步。在法定权利受到侵害后，公民的权利主张通过既定的法律程序，在一定的封闭司法空间内进行。这种封闭的司法空间使得礼俗型与卡理斯玛型社会内所存在的对个人利益主张的压制力量很难介入，从而使得公民主张的权利与利益无须以一个暴民的身份来实现。当公民的利益主张不仅能够促使立法的进步，而且能够获得一个封闭的司法空间的独立裁决时，其主体性就能够以法律确认与保障的方式而不必以失范的方式来伸张。这样，公民主体性就得到了一个和平有序的方式发展。

由上述权利的几点内容与公民主体性之间的关系可见，权利机制为公民主体性的发展提供了一个法理基础。由此可推论，一个具有促进良好权利机制产生、发展与运行的社会，当其发展出一套比较完善的权利机制时，其公民主体性的发展就必然会获得一个良性发展的法律空间。当然，并不能由此得出结论认为良好的权利机制是公民主体性发展的充分条件。这将在下面的章节中展开论述。

五　公民主体性

根据演化博弈论，人们虽然被假定为理性人，但由于人类认知能力有着心理的临界极限，推理活动需要消耗大量的身体能量，而且推理也是一种相对稀缺的资源，考虑到博弈参与人有限的知识水平、推理能力、信息收集及处理能力，理性人的决策行为并非总能取得效用最大化的结果，其决策受到参与人所处的社会环境、过去的经验、日常惯例及其他人相似情形下的行为选择等因素的影响。① 因而，人们的行为常常严重地受各种惯性的影响，在促进法治形成的均衡中，人们的行为可能严重地受前述因素的影响而具有极大的惯性，因而，公民常常难以作出符合法治理性的行为选择。

我国自 1978 年改革开放以来，围绕着现代化进程中的经济体制改革与法治制度改革问题，人们有着诸多不同的看法。尤其是近年来，法治主义的语境逐渐发展起来，无论是直接以法治为价值导向对既有的改革加以批判性地引导，还是价值导向比较含蓄地进行纯粹的规范性的法治规范研究以图循而渐之的进步，法治问题显然被过度聚焦于公权力的法治配置之上了。这是一种以西方的法治主义模式来套用切割中国经验的简便路径。这种路径不假反思地以西方法治主义模式为范式来套用切割中国法治的经验，虽然有助于对中国的法治进步进行知识与语境上的积累、价值上的批判、规范上的引导与制度上的效仿，但是在启发中国法治改革发展的同时，还很可能遮蔽了与法治上公权力的制度安排至少同样重要的内容——公民主体性。②

在渐进发展公权力法治配置的利益架构、力量与驱动足以使法治得以低成本与低风险进行的条件，逐步积累周延而深入的法治主义话语环

---

① 张良桥：《均衡思想与演化思想的比较研究》，《广西社会科学》2011 年第 2 期。

② 笔者以"公民主体性"、"公民自主性"、"主体性公民"、"自主公民"及其他内容相近的关键词在互联网以及中国期刊网上搜索，所得寥寥；即使在寥寥所得之中，我国大陆地区的学术讨论多把公民资格或公民权利等同于公民主体性，或者虽有区分，但语焉不详，没有展开深入的论述。如褚松燕的博士论文《个体与共同体：公民资格的演变及其意义》就属于后者。而吉林大学彭诚信教授的专著《主体性与私权制度研究——以财产、契约的历史考察为基础》则是从私权的角度来研究公民的主体性问题的；不过，彭诚信教授的研究也多是从规范的角度来研究私权上的公民主体性，实际上也没有将私权上的法律制度与公民主体性作出明确的区分。尽管如此，这些专著都给了本文的写作以很大的启发。另外，与公民主体性观密切相关的市民社会，我国大陆地区的专著与论文虽多，但几乎都有一个把市民社会当作当然的前提来集中探讨它对国家权力制约的价值与功能的意义的缺失。只有我国台湾地区有学者将公民的自主性与法律权利制度和市民社会区分开来集中讨论，而且还是在台湾实行民主制度之后。台湾地区的学者发现：民主制度缺少自主公民这一环，亦即公民主体性未发展起来，是台湾"宪政"纷乱不稳的重要原因；"宪政"的制度安排必须有主体性公民才能够得到稳健的发展。参见林深靖等《公民不服从在台湾》，http：//guancha. gmw. cn/show. aspx？id = 1427。（2006 - 10 - 20 访）；林琬绯：《台湾知识分子失声》，http：//www. zaobao. com/special/china/taiwan/pages10/taiwan060715a. html。（2006 - 7 - 16 访）

境，深入反思中国法治主义进程在 20 世纪遭遇到的种种挫折的基础之上，中国的法治主义研究显然发展出了更深入的反思意识，"国家——公民社会"的二分堪称这种反思的结果。但是，在学术界很多人认为，国家与公民社会的二分不能被仅仅看成是中国大陆的法治进程中问题的结果，而毋宁是以西方公民社会话语"来演绎、剪裁中国的社会现实，有'照搬'、'宏大叙事'和'二元对立'思维之嫌"①。也就是说，这种公民社会理论不过是用西方的公民社会话语模式对亚洲一些国家与地区尤其是中国社会的法治转型过程中产生的问题进行诠释的混合产物，它可能有强削经验以适应理论的危险。尽管如此，国家与公民社会二分的一个重大贡献使得中国的学术界认识到，"考虑到中国社会的历史特点及现代化启动的特殊方式"，"自上而下"的现代化路径虽然是可以理解的，但是如果局限于这种路径，那么"对自下而上地推动现代化进程社会劳动者行动的意义和作用缺乏观照"，就是"一种大失误"。② 因而，国家与公民社会的二分不仅是中国法治发展路径与视角的修正，更是对法治发展态势的再认识；因为公民社会与国家之间的平衡关系显然不是可以在一夜之间建成的，也不是仅仅依靠公权力的法治配置就能完成的。既然如此，中国的法治是一个在国家与社会两个方面都要进步的渐进的过程应该能够获得普遍的共识。

仅就上述几点而言，国家与公民社会二分的理论贡献是显而易见的。但该理论在呈现给人们以法治发展的同时，也想当然地把西方国家与公民社会的二分模式来剪裁、演绎中国的经验，这其中可能存在历史发展逻辑链条的断裂。因为，国家与公民社会理论的中国适用者忽略了它本来的理论源流与脉络，将理论与经验进行形式主义的对照，削足适履，或是将经验肢解得支离破碎，或是将本该作切割分析的经验囫囵吞下，从而极有可能在法治"论述史上平添一个泡沫"③。这种泡沫使我们将面临这样的尴尬：

---

① 马长山：《法治进程中的"民间治理"——民间社会组织与法治秩序关系的研究》，法律出版社 2006 年版，第 235 页。

② 邓正来：《市民社会理论的研究》，中国政法大学出版社 2002 年版，第 6—7 页。

③ 吴季树：《对于中国经改之后国家与社会关系思维的反省》，http://etds.ncl.edu.tw/theabs/site/sh/detail_result.jsp。

　　我们开始被迫地或自觉地输入西方的观念与制度，但在中国缺乏输入观念的指称物与制度赖以运作的现实基础。于是我们去创造这些指称物与基础。经历百余年的努力，我们曾以为基础已得到革命性的改造，然而，我们确确实实在历史中读到现实，并在现实中看到传统。中国凝重的传统是一种现实的力量。当我们匆忙地用新观念与新制度来改造现实时，活着的传统也在顽强地改造着引入的观念与制度。①

　　就国家与公民社会的二分来看，一样存在着上文所述的问题。尽管在中国的经验中没有与西方公民社会论述所对应的指称物，然而，公民社会仍然被当做一个剔除其西方社会的历史性而具有描述性、分析性、价值性与普适性的基本范畴而应用，这就造成了引文所述的能指与所指的脱节。

　　之所以出现这个问题，分析起来大概有以下几个原因：（1）西方的现代与后现代境遇与中国的现代乃至前现代语境的因缘际会，使得一方面，中国的理论引入者从范式到范式、从逻辑到逻辑的分析理论轻视了西方的理论前提与中国的社会经验；另一方面西方的现代与后现代问题和中国的现代乃至是前现代的问题乃是处于不同的社会阶段，将不同社会阶段的问题用同一种理论模式去剪接，显然会出问题。（2）就理论者本身的研究动机来讲，对立竿见影的对象的研究能够给理论者带来更多的功利，而对一些基础性理论问题的研究则很难收获这种效果，所以学界多持一种有意无意的态度去回避乃至忽视它。这似乎是一个后现代式的解读。我国法理学中政治解释学、法律注释学的倾向较为浓重，② 这导致了我国的法学理论研究较少根据社会经验去建构分析模型与范式，而更多的是去消费西方的法学范式或既有的传统理论模型。（3）还有一个后现代式的解读，那就是中国学界曾经有一个定论，即认为中国人缺乏逻辑思维与抽象思维而偏倚经验思维与形象思维。这种

---

　　① 曹锦清：《黄河边的中国：一个学者对乡村社会的观察与思考》，上海文艺出版社2000年版，第698页。

　　② 参见马长山《国家、市民社会与法治》，商务印书馆2002年版，第4页。

理论上的不自信促使中国学界产生一种补偿心理，即在理论研究方法与范式上更多地轻视英美的经验主义哲学方法而偏向甚至迷信欧陆的建构主义哲学，偏向从某种理论范式出发来型塑、重整乃至建构社会而忽视社会自身发展的历史性与相对独立性。① 这种补偿心理直接导致中国学界对中国经验的忽视，从而使得理论与经验之间失衡。当然这种失衡不排除存在学界被人指责的所谓知识与权力的"合谋"论所造成的可能，但更多的可能是理论本身的问题。以上这几个原因在国家与公民社会理论上的缺陷均有表现。

然而，无论是法治主义也好，国家与公民社会的二分也罢，② 这些理论范式要么将问题的焦点集中于公权力的法治安排，要么失之于国家与公民社会的二分而没有进行更深入基于现实社会经验的理论探究，进而忽略了法治、国家与公民社会二分的基础性的条件，即具有主体性的公民的存在。在美国学者杰弗里·亚历山大和菲利普·史密斯合著的一文《美国公民社会的语式——文化研究的一种新进路》中，对公民社会表达了这样的看法，即"从社会的结构的层面来看，公民社会是由行为者、行为者之间的关系以及制度三者构成的"③。在本文看来，这种将行为者当作公民社会的首要构成要素不是偶然的。在现代社会，这种公

① 中国学者李泽厚认为，中国人的传统思维模式是实用理性的思维模式，有很多的不足。"中国哲学和文化一般缺乏严格的推理形式和抽象的理论探索"，因此，在"如何保存自己文化优点的同时，如何认真研究和注意吸取像德国抽象思辨那种惊人的深刻力量，英美经验论传统中的知性清晰和不惑精神、俄罗斯民族忧郁深沉的超越要求……使中国的实践理性极大地跨越一步，在更高的层次上重新建构，便是一件巨大而艰巨的任务"（参见李泽厚《中国古代思想史论》，天津社会科学院出版社 2003 年版，第 290 页）。李泽厚的这种浪漫与艳羡相当程度上代表了中国学术界深藏的文化自卑心理；而且，他的学习德、英、俄的主张不过是理想罢了。实际上，中国学术界乃至是政治界自近代以来，更多地是学习了德国的僵化、教条与傲慢的历史决定论，法国的浪漫、冲动与偏执的激进民主主义论与俄国呆板、封闭与严酷的集权主义，而英国所谓具有"不惑精神"的经验论却被政治与学术打入冷宫，直到近些年才重新得到重视。而且，令人遗憾的是，这种文化自卑心理与学术研究路径在法学界至今没有得到应有的反思与批判。

② 宪政主义与"国家——市民社会"的二分之间的关系，在笔者看来，后者是前者实现与稳定发展的基础与条件，而前者是后者保持正常发展的保障。

③ ［美］杰弗里·亚历山大、菲利普·史密斯：《美国市民社会的语式——文化研究的一种新进路》，朱苏力、方朝晖译，载《国家与市民社会——一种社会理论的研究路经》，上海人民出版社 2006 年版，第 215 页。

民社会的行为者就是公民；公民主体性则是行为者、行为者之间的关系以及制度的联结点。

可以这样说，相当程度上是因为学界对国家与公民社会采取有些学者所谓的"消费主义"态度，才导致我国法学界对公民社会的基础性问题——公民主体性——的缺失视而不见。因为现代西方正以一种后现代主义的态度对其公民主体性的过度发展而采取一种纠正态度（具体表现为从后现代主义与社群主义两个方面对公民主体性展开批判，哈贝马斯的主体间性只是对主体性的修正与发展），而其秉持法治现代性发展态度的学者对其公民主体性持的是一种当然的基础性甚至是前提的态度，而对其过度发展的消极因素却很少予以关注。采取消费主义态度的中国论者因此对公民社会的重要因素——主体性公民——当然也就没有注意到；加之前文所说的原因，学界也就对公民主体性问题缺乏应有的研究了。然而，随着我国法治改革的渐进发展，结合亚洲一些发展中国家与地区的社会法治转型中产生的问题可以看出，缺少主体性公民，公权力的法治配置并不能带来成熟稳健的法治运作。

因此，本书试图在法治主义的话语下，以法治初步发展的中国为语境，在接受国家与公民社会二分的理论基础上，对公民社会的首要构成因素——行为者——所应具有的共同属性，即公民主体性作深入的研究。通过对公民主体性进行法治话语之上的诠释，本书试图论证：（1）只有在主体性公民在场的条件下，我国才能发展出真正的公民社会，而法治改革才可能稳健地起步并具有可持续性的发展能力；（2）公民主体性的发展不仅仅是一个简单的法律制度安排，不应该将它等同于法律权利的供给，它需要一个有利于法治融于其中的法治话语理解网络的生成，而这个过程必然是渐进的；（3）要型塑公民的主体性，除了重视既有的公权力法治改革外，对公民主体性的教育与社会型塑必须要提到新的高度来认识与操作；（4）对公民进行主体性教育不仅仅是为了培养主体性公民，更重要的是要形成法治话语理解网络，使公权力的法治配置有一个与之相适应的话语环境。

前文论述过，公民社会一般可分为自由主义意义上的公民社会和国家主义意义上的公民社会，而现代公民社会理论是建立在自由主义的基本论述之上的。因而，从现代公民社会论述中，本书很容易引出公民主体性问题。自由主义意义上的公民社会在设定国家与公民社会之间的关系时已经暗含了社会中个人的主体性地位。在社会契约中，个人或是与其他人之间订立契约，或是和国家订立契约。① 在这种社会契约中，相对于国家而言，个人处于主体地位，具有主体的独立性、自主性和生命权、自由权与财产权等基本人权；相对于社会而言，这种契约论强调在个人与社会的关系中，个人高于社会，并不存在一个实证的高于个人的社会利益。社会是由一个个可见且具有平等身份与独特价值的个人组成的，因此，由这样的个人组成的社会利益高于个人的利益是没有道理的。就社会契约而言，个人要么是与其他个人一起订立社会契约，要么和其他的个人一起平等地与国家订立社会契约。因此，无论在哪种情势下，个人具有相对于国家、社会与其他平等个人的主体性地位，他既不是国家、社会也不是他人的附属者。尽管社会契约论在实证上是不可考也不一定是科学的，但是，它为现代政治学与法学提供了基本的原理与逻辑。也可以说，它的论述已经形成了霸权叙事，它在现代社会人们在政治与法律上的法治逻辑与价值形成上的意义远远超过它本身真伪性的价值。基于此，可以这样说，在自由主义意义上的公民社会中，个人无论是相对于国家、社会还是其他平等的个人，都具有主体性的地位。

在哲学上，"主体是人"②。但是，人并不当然就是主体，因为在马克思主义看来，主体并不是自然的产物，而是历史的产物，一定社会中符合特定条件的人才是主体。例如，在古代社会，奴隶就不是主体，而是被当作客体；在现代社会，只有具有自由意志、能够认识自己行为后果且能独立自主地作出决定并诉诸行动的人才是主体。③ 而且，"作为主体的人必须是出发点"④，社会历史的发展是由主体来完成的，并且以主体的愿望与目的为归宿。在法学上，主体一般就是指法律关系主体，它是指法律关系的参与者，"即在法律关系中一定权利的享有者和

---

① 前者如洛克的契约论，后者如霍布斯的契约论。参见张宏生、谷春德《西方法律思想史》，北京大学出版社 1990 年版，第 109 页、第 124—125 页。

② 《马克思恩格斯选集》第 2 卷，人民出版社 1972 年版，第 88 页。

③ 参见李为善、刘奔《主体性和哲学基本问题》，中央编译出版社 2002 年版，第 10 页。

④ ［德］卡尔·马克思：《1844 年经济学—哲学手稿》，人民出版社 1979 年版，第 75 页。

一定义务的承担者"①。法律关系中的主体不仅仅是指自然人，还包括拟制人；不仅包括个体，还括集体。

既然主体是指人，那么主体性应该是指作为主体人的某些属性。不过，自近代以来的哲学和法学主体性理论中，主体性有以下几个特点：（1）主体性一般是指作为自然人的个人拥有的某些属性。因为西方哲学自近代以来，个人逐渐代替神并且从传统社会中的团体中走出来成为哲学研究的对象，个人主义成为近代以来的哲学核心思想。例如，黑格尔在论及主体性的内涵时，其首要内涵便为"个人（个体）主义"。②即使是马克思主义，个人的地位与价值并没有因为其对社会与集体的强调而忽视，只不过马克思主义认为个人的解放与自由与其所属的阶级之间存在着密切的关系而已。而西方法学自近代以来，社会的进步便是表现为主体人"从身份到契约"的发展过程，③即作为从属于一定团体的个人逐渐从团体中走出来而成为法律关系上的主体进而能够凸显其法律上的主体性。（2）无论是近现代哲学中的个人主义还是近现代法学中的个人主体性，都强调主体的自我意识、自由意志与自我决断的能力与资格。例如，在哲学上，主体性是指"是一个主体"或"是与主体有关的"这样一种性质，而作为一个主体的基本特征是自觉能动性，包括自主性、自为性、选择性和创造性等。④又如在法学上，主体性被界定为"主体谋求自由、独立的自我意识，即获得法律、社会认可并尊重的权利能力资格"⑤。可以说，主体性的这种特征与属性是它的基本与核心内容，缺失了这些内容，主体便不成其为主体。（3）从上述两点必然引出了主体性的第三个特点，即近代以来无论是哲学还是法学上的主体性，从逻辑上都容易引申出主体的某种独占性、排他性与不妥协的斗争性特征。也就是说，近现代以来的法学在强调了主体性的自我内涵的同时，忽视了主体性的实践特征，即主体要展现其主体性必然是要在社

---

① 张文显主编：《法理学》，高等教育出版社 2003 年版，第 135 页。

② ［德］哈贝马斯：《现代性的哲学话语》，曹卫东译，译林出版社 2004 年版，第 20 页。

③ 参见张宏生、谷春德《西方法律思想史》，北京大学出版社 1991 年版，第 341 页。

④ 参见李为善、刘奔《主体性和哲学基本问题》，中央编译出版社 2002 年版，第 2 页。

⑤ 彭诚信：《主体性与私权制度研究：以财产、契约的历史考察为基础》，中国人民大学出版社 2005 年版，第 101 页。

会实践中与他人与社会之间发生关系，而主体的这种与他人共存的关系的处理也应是主体的重要属性与能力。失去了这种属性与能力，主体性将因为不完整而难以实现。这种主体性的不完整也是哈贝马斯在论及黑格尔的主体性时所认定的主体性的片面性，即"主体性只是一个片面的原则"，因为"它不能利用理性来复兴宗教的一体化力量"①；这里所谓"宗教的一体化力量"就是因"爱"而统摄与融合社会中不同的个人之间和谐共存的力量。而且，"主体性不仅使理性自身，还使'整个生活系统'都陷入分裂"②。无论是黑格尔还是哈贝马斯都认为，主体性一方面能够塑造出具有自由与反思精神和批判能力的主体，但另一方面，它也造成了社会的分裂。这正是近现代法学对主体性的定义仅仅强调其个人性的结果，也是后现代主义对现代性的诟病所在，更是哈贝马斯的"沟通理论"、"主体间性"论述意欲弥补的现代性之缺。

在上文分析的基础上，本文试图对公民主体性作出一个较为宽泛的界定。这个界定并非试图去把握公民主体性的本质，而是方便读者能够对公民主体性进行一个简易的解读。因此，对于公民主体性的界定，本书有以下几个原则：（1）公民主体性要利用近代西方哲学对个人主体性进行界定的核心内涵，即个人的自我意识、自由意志与自我决断的能力；（2）公民主体性要批判性地接受近代自由主义的原子式的个人，从而摒弃黑格尔、哈贝马斯与后现代主义所批判的片面的主体性；（3）尽可能地与理性主义的抽象癖好保持一定的距离，更多地从经验主义和法治的话语中对公民主体性作出诠释。不求对公民主体性作出一个本质性的规定，而仅求对法治语境下的公民主体性作出一个一般性的诠释。（4）近现代哲学与法学论述中的主体性，一般是指个人主体性。在近现代社会，法治国家的个人身份被确定为公民，拥有公民的资格，具有法律上的权利与义务。因此，在法治社会，个人的主体性便表现为公民主体性，它既有哲学上的个人主体性内容的思辨特点，更有法治经验之上的实践特点。

---

①　［德］哈贝马斯：《现代性的哲学话语》，曹卫东等译，译林出版社 2004 年版，第 24 页。

②　同上书，第 25 页。

　　因此，本书所论述的公民主体性不是近代西方理性主义教条之下逻辑分析的产物，尽管它是以理性为其基础；公民主体性毋宁是理性与人类社会发展的法治经验相混合的产物，它更多地表述了一种建立在基本理性之上法治经验之下的现代公民的属性特征。① 因为，纯粹以理性主义的逻辑来解释公民主体性，这种主体性所发展出来的独占性、排他性与不妥协的斗争性会导致一种片面的社会力量，极易造成社会的分裂与政治的动荡，使得社会更容易亲和激进主义；而纯粹以法治经验来主导公民主体性的诠释，在一个正处于社会转型的发展中国家，社会就极易丧失应有的价值、理想与进步的动力。因此，本书所论述的公民主体性不是某种思辨的理性主义的结果，毋宁是理性与经验结合的产物。②

　　具体而言，公民主体性在理论上更贴近于哈贝马斯的"主体间性"，强调社会关系是"主体性—主体间性"共存在产物。不过"主体间性"一是所需要的沟通空间太过理性化与程序化，仍然难以摆脱那种德意志民族哲学传统的抽象与晦涩癖——以抽象宏大的理性主义叙事来构建沟通理性大叙事，因其过于追求叙事自身的逻辑自洽性而难以与现实的经验衔接或强行剪裁现实而产生很多的恶果；二是它过于受制于一个特定域际（主要是西方）的经济、政治与文化的具体内容、格局与形态的限制。哈贝马斯以主体间性来重塑主体性与理性主义所造成的现代社会中种种"殖民化"现象，企图矫正理性主义的过度发展。但是，这种叙事只不过是勉强适合在公民主体性已经得到充分发展并危及到西方社会整体与和谐的发展状况。而在亚洲社会，由于广大公民的主体性发展刚刚起步，若是急于以哈贝马斯式的主体间性来型塑社会，这就等

---

　　① 理性与理性主义是两个既相关联又有区别的概念：理性是一个多义词，在政治哲学里，理性一般是指具有与某种价值、目标、系统或方法相关的一些假说；在心理学与逻辑学上，理性一般是指构成人类智能的首要因素。（参见［英］雷蒙·威廉斯《关键词：文化与社会的词汇》，刘建基译，生活·读书·新知三联书店 2005 年版，第 386—387 页。）而理性主义则是一个哲学上的词汇，与其他许多重要的哲学词汇一样，它也是含混多义的。一般的，理性主义被理解成相信人类的理性能够超越经验认识世界的本质及其规律，进而产生一系列的普世原则的学说。理性主义倾向于从某些超越时空的抽象前提推导出霸权性的普世原则，并把一般看成是脱离个别而存在的东西，认为只有经验背后的抽象或普遍性的内容才是真实可靠的。在实证主义、后现代主义与现代哲学的话语里，理性主义成了被反思与批判的对象。

　　② 对公民主体性的这种论述立场与方法，本书的后记中有进一步的解释。

同于在小孩子与成年人之间以主体间性来构建共存关系，它的实体内容极易被阉割，正义与自由皆难以获得。进而，在社会经济与政治上，主体间性容易被异化成权力精英之间密室政治与权力交易，其结果是权力精英的主体性膨胀发展，而社会大众的主体性被遮蔽、被边缘化与被侵害了。

在近代西方，公民主体性不过是前法治社会已经得到发展的个人主体性获得法律承认与保障的产物。黑格尔这样论断个人的主体性：

（a）个人（个体）主义：在现代世界中，所有独特不群的个体都自命不凡；

（b）批判的权利：现代世界的原则要求，每个人都应该认可的东西，应表明它自身是合理的；

（c）行为自由：在现代，我们才愿意对自己的所作所为负责；

（d）最后是唯心主义哲学自身：黑格尔认为，哲学把握自我意识的理念乃是现代的事业。①

黑格尔关于个人主体性的论断对本书关于公民主体性的界定具有很大启发意义，他论断的个人主体性转变为近代西方法律上的公民主体性的同时，其法治话语理解网络也同步生成，这种法治话语理解网络为法治提供价值观、合理性、合法性和正当性证明，并为法治社会中的社会关系及其发展变化提供意义理解、价值导向与社会共识。② 在法治主义呈全球化发展态势的今天，法治话语理解网络日益构成了现代社会法治与公民主体性发展的意识形态。

在以上论述的基础上，本书对公民主体性作出如下界定：所谓公民

---

① ［德］哈贝马斯：《现代性的哲学话语》，曹卫东译，译林出版社 2004 年版，第 20 页。

② 对于有关市民社会的话语理解网络，本文在后面章节要专门作出解释。这里先引用有关论述作出一个简要说明。美国有学者在研究市民社会时提到了这个理解网络："但市民社会并非只是一个制度性领域。它还是一个有结构的、由社会确立的意识领域，是一个在明确的制度和精英们自我意识到的利益之下和之上起作用的理解网络。"参见 ［美］杰弗里·亚历山大《作为符号分类的公民与敌人》，朱苏力译，载《国家与市民社会：一种社会理论的研究路经》，上海人民出版社 2006 年版，第 199 页。

主体性，是指以法治话语理解网络为支撑、以现代法律权利为基础与外壳，公民所具有的自我定义、自我确证、自我塑造以及自我主张与批判、宽容和妥协能力的资格。由此界定可以看出，公民主体性实际上是指公民在法治话语理解网络之内与现代法律权利的基础与外壳之上所应具备的两个方面的能力，一是现代性个人存在的意义与价值的自我确证，二是与他人及社会的关系的协调。黑格尔意义上的主体性表达了前者，但是，他的论述是建立在严格的逻辑自洽性上的，是一种哲学意义上的主体性，讲的是单纯与自我的"个人英雄主义式"的叙事，它缺乏现实政治社会的观照。本文的公民主体性乃是一种理性与经验分析的结合，它不仅要讲"个人主义"在逻辑自洽上的叙事，还要讲个人与他人及社会之间批判性的共融与共存的叙事。

　　为了进一步阐述清楚公民主体性，这里有必要将公民主体性与公民美德作一个简单的区分。公民美德严格来讲是一个西方法治语境下的概念，中国语境下的公民美德一般是指公民在私生活或公共道德领域的美好修养，① 而鲜有指向法治语境下的公民积极参与公共事务的精神与行为。法治语境下的公民美德只是公民主体性的不那么重要的内容之一，它更多的是以社群主义为其理论基础的，强调的是现代法治社会中公民对公共事务的关心、参与与责任；它一般是指社群主义对现代社会公民主体性过度发展的一种反思与要求。没有主体性的公民，现代法治则无法持续稳定地运转下去，而没有具有美德的公民，"民主制度仍然可以通过权力制衡和各种程序制度来有效运转"②。因为近现代以来的法治设置本来就是以性恶论为其学理假设的，公民的美德不是其必要的因素。

　　公民主体性是公民社会具有自主性的重要内容，是法治国家能够稳定发展的基础。作为主体性的公民，他既有主张、扩展与提升自己权利与利益的能力，又不至于使这种能力恶性膨胀为一味地独占、排他与斗争，他还必须有与他人和社会达成宽容与妥协的智慧与能力。因此，他

① 参见曲蓉《公民美德比较性研究》，《湖南科技大学》（社会科学版）2005 年第 5 期。

② 刘诚：《现代社会中的国家与公民——共和主义宪法理论为视角》，法律出版社 2006 年版，第 126 页。

既不是一个"暴民"，也不是一个"顺民"，而是一个具有主体性的公民。正是基于这样的公民以及公民集合而组成的自主公民社会，法治才有可能得以运转并维持下去。

从公民社会的两种不同类型来看，不同类型的公民社会中公民主体性的内容是不一样的。国家主义意义上的公民社会则从反面反映了作为个人或公民主体性的丧失。首先，在国家产生的历史与逻辑的起源上，黑格尔认为，国家并不是契约的产物，相反，它是黑格尔哲学意义上的理性自身矛盾运动的产物，国家有其超越社会与个人的更高价值与追求。① 这就是说，在黑格尔的法哲学体系中，国家具有其超越社会与个人的更高地位与价值位阶。在此意义上，社会已经失去了其主体性而依附于国家并为国家成就更高的价值追求。其次，在公民社会与个人的关系上，公民社会具有引导、监督、规训甚至强迫个人追求某种有价值的生活，这使得个人或公民在与社会的关系中又失去了主体性地位。黑格尔甚至将属于国家的司法与警察职能也归属于公民社会②，这突出反映了不仅国家权力可以对个人进行宰制，而且，在公民社会中，个人还将受到公民社会的严重宰制。因此，在黑格尔的国家主义意义上的公民社会中，个人在两个层面上丧失主体性：第一，在个人与国家关系的层面上，个人依附于国家；第二，在个人与社会关系的层面上，个人依附于社会。

公民社会并不必然地独立于国家而具有自主性，只有个人或公民的

---

① 在德国古典哲学的两大代表人物中，无论是黑格尔还是康德，都对国家起源于社会契约或表示反对，或表示怀疑。虽然很显然国家起源于社会契约更多的是一个大叙事的霸权话语，但是，西方的现代性是建立在这个经不起实证追问的话语之上的。虽然如此，这并不意味着黑格尔与康德关于国家起源的理论具有更多的科学性或是合理性。例如，我们很难认同黑格尔的国家是理性精神自身矛盾的发展结果的论断。相对于国家起源于社会契约的大叙事来看，黑格尔的国家起源论更难以经受实证的追问；而且，在政治上，它与德国的现代化进程一样，是落后于英法美等西方国家的。黑格尔只不过是一方面受到法国大革命的理性主义的影响，另一方面，自身的法哲学又无法超脱德国的保守与落后的语境，加之继受德意志民族特别的艰涩诘奥的文风与欧陆哲学上的普遍主义的追求，所以黑格尔的市民社会理论具有法治语境上的种种致命缺陷。

② 参见陈嘉明《黑格尔的市民社会及其与国家之间的关系》，《中国社会科学季刊》（香港）1993 年第 4 期。

自主性总和才能构成公民社会的独立性、自主性。沿着这个逻辑理路出发，我们可以看出，在近些年来的中国法治理论中，（1）那种将市场经济与商业社会的发展当做独立自主公民社会形成的近乎充分条件的观点，是将公民社会的一个基础性条件放大化乃至含混地代替其他的条件，这显然是不恰当的。因为，国家权力的存在不仅是对个人或公民的宰制，而且在公民社会中还存在种种对个人或公民的宰制。这种宰制使得个人在国家与社会面前不能发挥其自我定义、自我确证、自我塑造以及自我主张的能力。因而，很难依赖这样的公民社会在法治的启动与发展中起到原动力与基础性的作用。（2）市场经济并不是公民社会自主性的充分必要条件，西方学者的公民社会的理论是建立在西方社会的经验之上的。在西方社会经验之上建立的理论模型，是根据其具体的政治经济文化条件而成立的。因此，在引进西方的公民社会理论来分析中国的公民社会时，我们应该意识到任何具体语境中发展起来的理论模式都具有深刻的历史性，采取理论消费主义的态度不仅很难解决中国的问题，而且可能还会遮蔽中国的公民社会问题本身中隐藏的病灶。

法治一般都意味着这样一个问题，即权力自身的矛盾运动——这种运动以权力精英之间的权力斗争为表现形式——需要予以限制与控制以使其得以按照理性轨道运行。根据现代法学原理来看，权力精英之间的权力斗争虽然是恶，但它是一种必不可少的恶，正是这种斗争使法治获得了理性运行的条件与推动力。法治的设计本来就是以容纳不同权力精英之间的权力斗争而导致各个利益阶层的价值观与利益得到最大可能的充分的表现与获得。因此，权力精英之间的权力斗争如果能够在法治的框架内进行，那么其正面与积极的意义是显而易见的。然而，如果以为这种国家层面的权力矛盾运动，仅仅可以通过按照法治的价值与规范予以安排就能使之在理性的轨道中运行，那显然是与法治理论和法治的历史经验相违背。法治意味着对人尤其是权力精英的不信任，有着各自利益追求的权力精英利用法治中的分权使得他们为了各自的利益追求而进行权力的斗争具有了合法性与制度上的栖息地。然而，这种法治的权力斗争装置并不能解决所有的问题。当权力斗争中暂时落败的一方不愿意承认失败并按照法治的游戏规则来接受不利时，固然有法治上的制度安排如司法权力的干涉强迫他们接受，然而，司法权本身就是法治国家层面的一种权力，这种被动性且只具有较弱武力操持的权力对已谋取国家最高权力的精英来讲，往往并不具有强制暂时落败的一方接受规则的实力。如果暂时落败的一方拒绝接受司法裁判的不利结果，那么，法治中的控权与限权从而达致权力的理性运行的目的就可能失败，甚至导致法治体系的崩溃。从人类法治发展的经验上来看，这样的例子不胜枚举。在法治危机导致法治体系可能崩溃的时刻，法治体系自身往往已经不能吸纳、消解与抚平权力因精英的斗争而产生的破坏法治体系的能量了。这种权力斗争中溢出的能量只能由社会来吸纳、消解与承担。① 因为，在现代法治的学理上，社会才是法治中权力总量与配置的终极性来源。自主性的社会能够吸纳并且作为某种合法性、合理性与正当性意义上的裁决者，因而，权力精英的斗争终极性裁决就在于社会的法治制度框架内的同意上。

没有有主体性精神的公民，就没有和谐运行的法治社会。法学界对公民社会研究颇多，然而，公民社会不是只有一定经济能力的社会组织、家庭与社会阶层的无关联集合，不是"一袋马铃薯"，而是在一定的经济基础上，在公共价值领域内拥有最大交集的社会组织、家庭与社会阶层的结合，它具有自身的法治调节与动员功能。因此，没有具主体性精神的公民，就没有成熟的公民社会。虽然市场经济的发展是公民社会的基础，然而，它并不能自动生成成熟的公民社会，缺失主体性的公民的集合也很难凝结成具有公共价值追求并积极参与公共利益事务而形成公民社会。在这样的"公民社会"之中，即使建立了法治，也不会运行有序，因为法治国家内部权力精英的权力斗争不能缺乏成熟的公民社会这一环。② 这好比是角力，如果仅仅只有权力精英之间的法治斗争，而没有成熟公民社会的参与，那么，它与专制制度下的宫廷政争并无二致。③ 如果有了第三方，即有主体性公民组成的公民社会为权力精英的斗争提供终极性的合法性，那么，权力精英的力量就会受到牵制，

---

① See Glasgow, *Conflict, Citizenship and Civil Society*, Cambridge University Press, 1988. p. 126.

② See Thomas Janoski, *Citizenship and Civil Society—A Framework of Rights and Obligations in Liberal, Traditional, and Social Democratic Regimes*, Cambridge University Press, 1998. p. 68.

③ 泰国 2006 年的军事政变说明了亚洲法治缺乏自主市民社会的尴尬，1600 万人选举上台的法治政府被军事政变推翻。这说明，仅有法治制度并不能使得权力精英之间的权力斗争按照法治的逻辑与轨道来进行，这就是自主市民社会缺乏的亚洲法治的局限。

这样可以使法治国家得以和谐有序地运行。

　　显然，公民社会与国家之间的关系是一种学术拟制，不是实证的历史事实。尽管如此，自由主义意义上的公民社会理论，作为社会科学中的一个理论范式，以它来对社会法治历史的发展进行模型分析的意义十分明显。因为这种理论范式对法治经验的诠释力与构造价值远高于它本身的真伪属性的价值。在这种自由主义意义上的公民社会与国家关系的论述下型塑出来的公民社会，其个人或公民具有语境乃至现实意义上的主体性。因为，在与国家权力之间的关系上，正是个人或公民作为契约订立方之一具有主体地位，所以，一是公民个人具有订立契约的自由意志，因而，他们具有理解权力斗争对法治的意义以及对法治规则崩溃后果的认识能力；二是公民个人具有订立契约的资格与能力，因而他们具有对权力精英的斗争进行终极意义上的裁决地位与资格。以上两点反映了两个方面的问题，第一，公民主体性的问题，第二，公民主体性的法律机制问题。因此，当权力精英的斗争不能在法治制度内解决问题时，法治斗争中溢出的能量势必要求公民社会的裁决。在自由主义意义上的公民社会中，公民具有主体性，而具有主体性的公民组成的公民社会具有自主性，它具有自己的法治话语与诠释能力，也理解公民社会自身的利益所在。不仅如此，由于组成公民社会的公民个人具有主体性，公民社会本身与法治国家的权力精英一样，在呈现以利益需求为基础的多元态势下，具有自己独特的法治话语与诠释力。因此，自由主义意义上的公民社会在利益与话语两个层面保持自己的自主性，并通过这种利益追求与法治的话语来进行自己的终极性裁决，使得可能的法治危机得以解决。正是在这种可能的终极性解决的基础上，法治国家层面的权力精英斗争不至于以破坏法治规则为代价来进行，因为他们很难从这种斗争中获得自己的预期利益。因而，正是这种终极性的公民社会的裁决力，使得法治国家的司法权力能够对权力精英的斗争进行依据法治规则进行裁决。

　　而在国家主义意义上的公民社会中，公民个人在两个层面上丧失了主体性并受到权力的宰制，即国家层面与社会层面。这种宰制不仅表现为物理层面的国家与社会的权力宰制，而且，在话语层面，公民由于丧失了自己的法治话语能力而被话语宰制。对于在国家层面的权力精英的斗争溢出来的巨大政治能量，如果要求公民社会对之予以吸纳、消解和承担，那显然存在一个悖论：一方面，国家、社会以及权力话语对公民加以多重宰制；另一方面，又要求公民对摆脱这种权力与话语宰制来来吸纳、承担与消解这些权力斗争溢出来的能量，这如何可能？由此可见，在国家主义意义上的公民社会论述中，国家具有比公民社会更高的理性与价值位阶，这使得公民社会丧失了吸纳、承担与消解权力精英的权力斗争溢出能量的能力。在公民社会与公民个人之间的关系上，公民社会对公民个人的宰制使得公民个人丧失主体性，公民个人也丧失了吸纳、消解与承担权力精英的权力斗争溢出能量的能力。这种吸纳、消解与承担能力的丧失表现在两个方面：第一，因为公民社会并不是社会契约的主体一方，因此公民社会并不具有与国家在法理上的平等地位。公民社会受到国家的宰制，国家对公民社会的型塑与控制，使得公民社会无法形成多元的具有自主利益需求的利益阶层。第二，因为公民社会的公民个人处于国家的话语控制之下，丧失了法治话语的选择权利与能力，从而也丧失了法治话语的批判力，在这种情况下，丧失了话语自主性的公民个人失去了法治话语上的独立性，也就无法作为具有主体性的公民来形成对权力精英的斗争进行裁决的能力。因此，权力精英的权力斗争不仅无法被公民社会吸纳、消解和承担，反而在公民社会被扩大为更大的斗争能量，这时候，失去了社会屏障的权力精英的斗争必然会形成摧毁性的力量或者是某种极权性的利维坦而将国家引向危险的道路。

第二节　公民主体性的多重解读

既然公民主体性是中国社会嵌入的法治均衡被激活的重要属性，那么，从传统的理论来看，存在一个统一的公民主体性吗？认识到这一点对法治均衡构建需要的理念、认知、认同等形而上的基础理解非常重要。鉴于自由主义、社群主义、哈贝马斯的主体间性理论、马克思主义的论述影响巨大，这里结合这些论述对公民主体性进行详细分析。

一　自由主义的解读

一部自由主义发展的历史，可以说也是主体性概念发展的历史。

"自由主义不应该被看做是由一连串一成不变的道德和政治价值构成的固定和抽象的术语，而应该被视为肇始于文艺复兴和宗教改革的现代观念所激发的特定历史运动。"① 在这种历史运动中，"正如在每一个主要的政治传统中存在着的有关世界和人性的本体论方面的假设一样，自由主义的核心中也存在着大量类似的假设，并且这些决定成为了政治价值的基础"②。可以说，在自由主义的诸多假设学理的假设之中，对主体人的假设居于其学说的中心与基础地位。

世界上的每一个存在物都与周围的存在物发生作用，在这种作用关系中，作用的施动者被称为"主体"，作用的受动者被称为"客体"。在哲学中，人是主体，这个主体具有"积极性、主动性和创造性"。但是，在自由主义的论述中，仅仅具有自然人的身份未必就具有主体的身份。因为，自由主义认为，只有具有自由意志能力的人才能够成为主体。尽管自由主义没有独占对人的主体性地位的界定，但是，自由主义中的主体人地位被抬至其论述的本体论、认识与价值论之中的基础与根本性地位。

个人在自由主义中具有本体论意义上的地位，个人是自由主义论述中的本体。自由个人主义既是本体论意义上的又是伦理意义上的术语。这涉及将个人看成是第一位的，是比人类社会与国家更为"真实"或更为根本的存在。个人在自由主义论述中的中心地位意味着自由主义将更高的价值隶属于个人而非社会或集体性团体。"以这种思维方式而论，个人在任何意义上都先于社会而存在，他比社会更为真实。"③ 也就是说，从学理上来看，作为主体的人在自由主义的论述之中是处于中心与根本地位。只有在主体人的这种中心与根本地位中，个人所具有的主体性内涵才能够从中推导出来。

自由主义论述中的个人及其主体性并不仅仅停留在自由主义的哲学论述中，正是在个人及其主体性的基础之上，建立在社会契约论之上的政治社会才得以形成。因而，主体性的个人随着西方法治的建立

---

① ［英］安东尼·阿巴拉斯特：《西方自由主义的兴衰》，曹海军等译，吉林人民出版社1996年版，第13页。

② 同上书，第7页。

③ 同上书，第18页。

与发展而在社会的法律制度中实现了其自身。"社会契约论的基本理论前提是指个人在特定的环境下为促进其利益而选择规则结构时所表现出来的方法，这一理论假设人们是在原初的状态下通过相互订立协议或契约而确立基本政治和组织原则、建立权力机制、制定法律规则的。"① 因此，政治社会中的公民权利的供给、权力的法治配置、国家与社会的关系，全部都是建立在公民主体性之上的并以公民主体性的发展为其出发点与归宿。而在此前的传统社会中，个人的地位很卑微，他的权利与义务往往从属于他所归依的团体，因而，其主体性根本得不到发展与张扬。但是随着传统社会向近代社会的转变，"人在上帝面前的极度自卑，最终促使人们开始试图走出上帝的阴影，找回自己应有的尊严和在宇宙中的位置。在上帝不可求时，只好求助于自我……它带来了人的普遍觉醒和对信仰的质疑，神圣秩序由此濒于崩溃瓦解"②。新的建立在主体性的个人或公民之上的世俗法治秩序开始形成。由此，可以看出如果缺乏自由主义意义上的主体性个人或公民，那么现代法治则缺失了其根本性的基础；而且，支持其国家合法性的现代性大叙事也必然不能成立。因为，如果个人或公民不具有主体性，那么，法治的出发点与归宿就不是个人或公民，合乎逻辑的结论便是封建君主专制的统治也是合理的。

虽然自由主义由古典发展到现代历经了很多变化，但其论述中的个人主体性地位一直没有改变。自由主义发展到今天，古典自由主义的那种试图以自由主义的普遍真理来统合社会的做法，已经难以解释现代西方社会多元的善与多元的理性共存的局面了。以罗尔斯为首的西方自由主义者开始从古典自由主义坚持的普遍真理上进行适当的让步，即从古典自由主义的普遍真理转换到现代自由主义的重叠共识。"因为没有一个像传统所说的综合学说适合于作为一种法治制度的政治观念。"③ 罗尔斯《正义论》中的具有主体性的个人，在无知之幕之后进行理性选择而产生的正义制度，变成了多元社会之中的主体性公民基于重叠共识

---

① 顾肃：《自由主义基本理念》，中央编译出版社 2003 年版，第 25 页。

② 张凤阳等：《政治哲学关键词》，江苏人民出版社 2006 年版，第 28 页。

③ J. Rawls, *Political Liberalism*, New York：Columbia University Press，1993，p. 135.

产生的法治共识。法治共识一旦产生，各种政治团体必然会进入政治公共领域，通过与自己所属的拥有不同的政治正义观念的团体进行讨论，进而导向形成正义的政治共识，并由此而进入修改宪法的良性循环，以及由法官来进行司法审查，维护宪法的权威和尊严等一系列民主政治和法治的秩序。[①]

从古典自由主义的社会契约论到罗尔斯现代自由主义的"无知之幕"，再从无知之幕的改造到进入现代多元社会的法治共识，自由主义都存在着一个主体性个人的前提，没有这样的主体性的个人，自由主义的论述将失去其本体与价值依归；而在法治层面，如果缺少了主体性公民对现代法治共识与制度的形成参与，法治将会失去其存在的基础与目的。不过，尽管自由主义对公民主体性的发展提供了巨大的理论贡献，但是，由于自由主义自身具有很大的缺陷与不足，加之它很难与我国的国情发展相适应，因此，它并不适合作为我国公民主体性发展的理论基石。

以演化博弈论的观点进一步来看，人们在现实生活的行为选择往往深受各种惯性的影响，因而，一种偏离既有惯性而顺应法治均衡的主体性的形成确实要面临种种困难，然而，这并不意味着我们应继续顺应一些低效率、不理性的惯性，相反，更要努力开创各种条件培育符合法治均衡的公民主体性。

二　社群主义的解读

尽管自由主义的主体性被近代以来的哲学家视为现代性的原则，但是，随着西方社会的发展，"主体性不仅使理性自身，还使'整个生活系统'都陷于分裂状态"[②]；而从法治实践的层面上，西方公民主体性的过度发展与膨胀，不仅使得社会生活陷入深刻的分裂，而且，人们的责任意识与支撑法治的美德日益衰微。美国学者玛丽·安·格伦顿在论及这一状况时认为，当代美国青年十分清楚他们的权利，但却没有掌握

[①]　J·Rawls, *Political Liberalism*, New York：Columbia University Press，1993，pp.158—164.

[②]　［德］哈贝马斯：《现代性的哲学话语》，曹卫东等译，译林出版社2004年版，第25页。

民主等式的另一半，即直面个人责任、服务社区以及参与国家政治生活。①

上述问题正是社群主义关注的中心问题。西方社会建立在自由主义基础之上的公民主体性寄寓在现代社会的法律权利之中，而公民主体性又深受公民的需求、利益与价值观的深刻驱动使得其处于无限扩张的状态，这种主体性的扩张反过来又导致权利呈无限扩张的态势。"在哪些需求、好处、利益与价值应当被归结为'权利'的方面，以及在各种各样的权利通常剑拔弩张或者相互冲突的时候，我们应该做些什么的问题上，人们鲜有一致的观点。"② 针对这种寄寓权利之中的公民主体性的过度发展，社群主义应运而生。它要反对在现代西方社会占据统治地位的以个人及其权利为中心的自由主义，弘扬与公民主体性相联结的社群主义以及社群的主体性。

> 美国的男人、女人和孩子是许多个社群的成员……美国这个政治体本身也是一个社群。离开相互依赖和交叠的各种社群，无论是人类的存在还是个人的自由都不可能维持很久。……我们认为没有一种社群主义的世界观，个人的权利就不能长久得以保存。社群主义既承认个人的尊严，又承认人类存在的社会性。③

上述引言是 50 名美国学者和政治家的一份社群主义政治宣言，它的正式名称是"负责的社群主义政纲：权利和责任"，最初发表于 20 世纪 90 年代，④ 它强调要用社群主义的观点来处理现代美国社会所有的重大社会、道德和法律问题。实际上，社群主义是试图以其本体论、认识论与价值观来修正自由主义意义上的公民主体性过度膨胀发展导致的种种社会问题。

---

① 参见［美］玛丽·安·格伦顿《权利话语——穷途末路的政治言辞》，周威译，北京大学出版社 2006 年版，第 102 页。

② 同上书，第 21 页。

③ 《负责任的社群》1991 年冬季号，转引自俞可平《社群主义》，中国社会科学出版社 2005 年版，第 1 页。

④ 同上书，第 2 页。

　　首先，社群主义认为，个人主体性与社群主体性之间，社群主体性先于个人主体性而存在。个人主体性是由社群主体性型塑而成，并且其主体性的有无及内容是受社群政治、经济尤其是文化的内容来规定的。美国学者丹尼尔·贝尔在论及这一点时认为，社群中的"社会惯例"甚至是决定了这个社群中的个人的"坐、站礼、穿衣、发音、走路、打招呼、从事运动和一般待人接物等方式"①。而且，由于社会惯例对社群中的个人型塑是不知不觉的，所以个人的善与权利的观念是深受社群影响的，因而也不存在先于社群而存在的罗尔斯式的"无知之幕"背后那样不受历史特性、环境和人类应有的美好生活观念影响的个人。②既然这样，在个人主体性与社群主体性之间，社群的主体性先于个人的主体性了。因此，在现代法治社会中，社群的主体性就是先于并一般性地决定了公民的主体性。

　　其次，在权利与善的关系上，社群主义认为善优先于权利。从社群主义的本体论很容易推等出这一结论。在社群主义的本体论中，那种确立自由主义的个人逃脱一切的具体历史语境而存在的理性是不存在的。一个人进行自由主义意义上的所谓理性选择，不过是在社群文化先行给他灌输了善的观念引导下进行的。一个主体"在选择个人认为什么是真善美的概念出现之前"，他"就已经获得了关于善的意识，社会架构就已经限定了什么是有价值的生活"③。因此，自由主义意义上的个人动用其主体性对自己的生活进行理性选择的前提——即所谓的纯粹理性——已经受到了社群的善观念的影响；也就是说，不存在自由主义所虚构的超越具体历史的纯粹理性。更为重要的是，在现代社会，什么是权利、有哪些权利、如何行使这些权利，从权利的开始设定、享受到权利的实现都受到了社群的善观念的影响。换句话说，社群的善观念是先于权利的。

　　最后，社群主义强调现代社会中公民责任的承担，反对自由主义对公民自我及其权利的过分强调。现代西方社会公民对自己权利的过

---

　　① ［美］丹尼尔·贝尔：《社群主义者及其批评者》，李琨译，生活·读书·新知三联书店 2002 年版，第 11 页。

　　② 同上书，第 7 页。

　　③ 同上书，第 16 页。

分强调，已经使得权利话语步入穷途末路：不仅公民个人的责任与责任感式微，而且，政府怯于对公民权利进行干预而带来的麻烦使得政府也不愿给自己增添过多的社会责任，政府的责任也在一定程度上迷失了。① 这样，在现代法治社会中，人们面对以权利为基础和外壳的公民主体性的过度膨胀而导致的社会分裂与责任感的缺失而无能为力。

虽然社群主义强调社群的主体性，但是社群主义并不意欲完全消灭公民的主体性，而是基于对公民责任感的式微与政府责任的迷失感到忧心，从而试图从学理上对造成这种情状的自由主义意义上的过度膨胀的公民主体性进行反思与批判。然而，可能要令社群主义失望的是，西方公民主体性的根基已经深深扎根于它的社会制度中，因而具有极强的自足性。这一点正如前文所述，西方学者阿诺德·盖伦所说的"启蒙的前提已经死去，惟有启蒙的后果仍在奏效"正是表达了这个意思。即虽然社群主义对自由主义意义上的公民主体性进行的批判无不彰显出其说服力，但是，几百年来的制度化了的公民主体性很难会因为一个学说上的批判而得到巨大的修正；更何况，西方社会对集权与专制的恐惧远胜于对多元分裂社会与责任式微的厌恶，因此，社群主义对社群主体性与公民责任强调则容易触动其反对集权与专制的敏感神经。因此，虽然社群主义相对于后现代主义而言更具论述的建构性，但是它在很大程度上也只能给过度发展的公民主体性提供一个进行自我反思与批判的论述平台而已；而在制度上，社群主义很难有更大的发展空间。

三　主体间性的解读

与后现代主义、社群主义一样，哈贝马斯一样注意到了西方公民主体性过度发展所带来的问题，哈贝马斯的诸多著作都可以从这个视角去解读。不过，一方面，哈贝马斯反对后现代主义的解构与游戏态度：与历史上德国的赫尔德以民族主义来反对法国的启蒙主义一样，

---

① 参见［美］玛丽·安·格伦顿《权利话语——穷途末路的政治言辞》，周威译，北京大学出版社 2006 年版，第 113—120 页。

哈贝马斯以主体间性论述来抵制后现代主义，这不仅仅是学术之争，更有德法两个民族精英知识分子的意气之争；赫尔德反对的是法兰西语文的霸权意识形态，哈贝马斯则力争在世人面前展现现代欧陆的哲学旗帜。不认识到这一点，仅仅从纯粹的学术上来看待这种争议是不全面的。另一方面，哈贝马斯还与社群主义保持距离。与社群主义不同的是，哈贝马斯的注意力更多地放在了以金钱与权力为媒介的力量对生活系统（既有个人活动范围，又有公众活动范围）的殖民所带来的现代性的危机上。①社群主义更多的是从与自由主义相对立的本体论、认识论与价值观的角度对现代西方社会中的公民主体性过度膨胀所带来的社会问题进行反思，而哈贝马斯的主体性间性论述却是站在现代主体性论述的立场与方法上对主体性进行修正与补充；而且，其主体间性论述关注的重点并不在于现代社会中公民责任的式微与政府责任的迷失，而在于通过其主体间性论述重塑现代西方社会的公共领域、公共意志以及现代民主与合法性等问题，其本质在于试图通过主体间性论述重塑权利与权力、国家与社会之间的关系。对此，我国香港学者陈弘毅有这样一段论述：

> 哈贝马斯在沟通行为理论的基础上，提出协商式政治或协商式民主的概念，用以融合自由主义与社群主义的精神，并同时极免此两者各自的极端化和弊病。协商式民主理论从自由主义那里吸收的是法治和个人权利的保障，它从社群主义那里吸收的是公共生活的重要性，尤其是在公共讨论的基础上形成公共意志。②

由此可见，一方面，哈贝马斯对自由主义并没有像社群主义一样对其进行一个本体论与认识论上的批判，他的主体间性论述实际上仍然是建立在自由主义的根基之上的。主体间性论述不过是对自由主义的主体性进行逻辑上的补充与延伸，不是对自由主义意义上的主体性

---

① 参见［德］哈贝马斯《我和法兰克福学派》，张继武译，载《哈贝马斯精粹》，南京大学出版社 2004 年版，第 496 页。

② 参见陈弘毅《法理学的世界》，中国政法大学出版社 2003 年版，第 75 页。

的反动与否定。不仅如此，实际上哈贝马斯的主体间性论述也有利于对被教条化的马克思主义阶级分析的主体性模式进行一种有益的修正与完善。① 正是从这一点上来说，哈贝马斯被人认为是"启蒙理性主义的补天派"②。另一方面，为了从理论上寻求资源，使哈贝马斯意义上的生活系统能够反抗以权力与金钱为媒介的系统的殖民，哈贝马斯借用了社群主义中的一些观点，他非常强调公民参与公共生活进而形成对抗以权力与金钱为媒介的系统的公共意志的重要性。这种对社群主义观点的零星性选择并不是对社群主义整个论述体系的承认，而是一种实用主义式的选择。而且，"哈贝马斯对于正义的关注远超于他对美善的生活的关注"，因此，在自由主义与社群主义之间，他"是比较靠近自由主义的"③。

在哈贝马斯看来，主体性的发展史是一个有着两面性的历史：它在推动主体进步的同时，也使主体陷入困境。"在启蒙过程中，主体不断追求进步，它听命于自然，推动了生产力的发展，使自己周围的世界失去了神秘性；但是，主体同时又学会了自我控制，学会了压制自身的本性。"④ 主体性使得主体能够自我确认、自我定义、自我塑造与发展，同时主体性也使得主体拥有批判能力，总之主体性使主体无论在证明自己还是在认识社会上都是理性的。理性的作用与地位在逐渐扩大，而主体也渐渐地通过主体性学会了自我控制与自我压制。在主体学会了自我控制与自我压制的过程中，工具理性越来越呈现其重要性而致发展壮大。随着社会的发展，工具理性也越来越表现出它对人类社会自身的控制力，而哈贝马斯意义上的沟通理性则越来越被工具理性压制而导致式微。因为，主体在其发展的过程，将听命于自然而发展出来的工具理性运用于人类社会生活自身的控制之中。工具理性的发展使得主体性越来

---

① 参见［德］哈贝马斯《我和法兰克福学派》，张继武译，载《哈贝马斯精粹》，南京大学出版社 2004 年版，第 496 页。

② 参见［德］哈贝马斯《内在超越与此案超越》，曹卫东译，载《哈贝马斯精粹》，南京大学出版社 2004 年版，第 464 页。

③ 陈弘毅：《法理学的世界》，中国政法大学出版社 2003 年版，第 77 页。

④ 参见［德］哈贝马斯《交往行为理论》，曹卫东译，上海人民出版社 2004 年版，第363 页。

越受制于它，这样，"主体性不仅使理性自己，而且还使'整个生活系统'都陷入分裂状态"①，人类社会生活的沟通理性与生产公共意志的"理想沟通情景"便受到压制而难以产生。

对近代启蒙运动以来主体性发展造成的困境，哈贝马斯创造了沟通理性与主体间性论述来缓解主体性过度发展对现代性与现代法治社会造成的危机。"一旦用语言建立起来的主体间性获得了优势，也就不会再存在这样一种选择了。这样的话，自我就处于一种人际关系当中，从而使得他能够从他者的视角出发与作为互动参与者的自我建立联系。"②再在这个基础上，主体之间通过理性沟通情景发展出反制以金钱和权力为媒介的系统对生活系统的殖民力量，从而产生出公共意志，达到重塑现代性并缓解现代社会的法治危机的目的。

哈贝马斯的主体间性论述具有很强的德国哲学传统的理性主义思辨色彩，给学术界提供了十分有价值的论述分析工具。然而，哈贝马斯的主体间性哲学不仅受到了来自法国后现代主义的批判，而且，其通过沟通理性从而缓解现代社会的法治危机的论述也越来越被人质疑其过于理想化，缺少可操作性。当然，这一特点也正是德国哲学传统所具有的强烈的理性主义抽象色彩所具有的一贯缺点：它习惯于在某种范畴、逻辑与论述上建立一种一以贯之的宏大叙事来诠释整个世界，尽管这种叙事是起源于现实的经验与问题，但是，当它独立于引发它的经验与问题之后，就表现出了强烈的排斥经验而追求论述自身逻辑的自洽性。正是这种特性使得这种宏大叙事往往表现出其与经验和问题之间的强大张力。哈贝马斯难以摆脱这个宿命，他的沟通理性与主体间性也就很自然地表现出了这一遗憾。

值得注意的是，哈贝马斯的主体间性论述针对的是西方社会主体性过度膨胀的产物。在公民主体性发展不彰的社会，强调以其沟通理性与协商民主来建立法治可以被解读成是一个渐进而务实的路径。只是在这个过程中，如果公民主体性的发展不足，这种沟通理性与协商民主则可能失去存在的前提性条件而沦为徒有其表。

---

① ［德］哈贝马斯：《现代性的哲学话语》，曹卫东译，译林出版社 2004 年版，第 25 页。
② 同上书，第 348 页。

可以看出，尽管自由主义似乎更合乎人们的常识——人们似乎对任何事情都可以自由地制订出理性的策略，但实际上，传统社会遗留下来的习俗、惯例与制度背后都有着相应的均衡支持，人们偏离这些均衡往往不会获得额外的收益，甚至会丧失利益。因而，看似自由的人在很多问题上却难以作出自由的策略与行为。因此，社群主义对社会传统与人们行为的解释更具说服力。

四　马克思主义的解读

主体性问题是近现代西方哲学的一个核心问题，不同时代与不同的哲学理论对它作出了不同的论断。尽管这些论断都有其诸多的合理性因素，即只有马克思主义对人的主体性所作出的判断达到了前所未有的高度。

"马克思的整个世界观不是教义，而是方法。它提供的不是现成的教条，而是进一步研究的出发点和供这种研究使用的方法。"[①] 在主体性问题上亦然。马克思主义反对从抽象的人类理性而主张从人的现实社会生活与社会关系中去寻找人的主体性的依据、价值与形态，进而创立了历史唯物主义的主体性论。马克思认为："人的本质并不是单个人的固有的抽象物，在其现实性上，它是一切社会关系的总和。"[②] 亦即，人是"一切历史条件和关系中的个人，而不是思想家们所理解的'纯粹的'个人"[③]。在这种历史唯物主义的观点与方法之上，马克思创立了一种新的主体性论断，它坚持以物质第一性为人的主体性立论前提，并引入人类历史发展的维度，作出了劳动实践创造了人的主体性的论断。人的存在是历史与实践的存在，这种历史与实践是一定社会关系中的历史与实践。也就是说，人作为主体，它既不是必然的也不是抽象的，他只是在特定的社会关系中，通过劳动实践建立起了其主体性。不仅如此，马克思还发现，人类社会的历史是不同社会关系发展的历史，而在有史以来除原始社会以外的社会中，人类可以观察到的是阶级对立的社会。人在这种劳动实践中建立起来

---

① 《马克思恩格斯选集》第 4 卷，人民出版社 1995 年版，第 742—743 页。

② 同上书，第 376 页。

③ 《马克思恩格斯选集》第 1 卷，人民出版社 1972 年版，第 84 页。

的主体性就一般性地被阶级对立的关系所异化，因为在阶级对立的社会中，一个阶级的劳动可能被另一个阶级所无偿占有，因而，在阶级对立的社会中，只有一部分人及其所属的阶级享有主体性。这种主体性的享有由生产资料的归属来决定，由于在阶级对立的社会中，生产资料由少数人所控制，因而在这样的社会中，个人主体性及个人所归属的阶级主体性从人数上来看只能是由少数人所拥有。因此，个人主体性只是少数人的特权。只有在共产主义社会（communism）中，由于生产资料实现了"联合起来的个人对全部生产力总和的占有"，因而社会可以实现所有人的主体性。这时，共产主义社会便是一个①"自由人的联合体"的社会②。有学者对马克思对人类社会发展历史中人的主体性表现形态作出了如下总结：

> 原始社会——实现共同体的主体性
> 阶级社会——实现部分人的主体性
> 理想社会——实现所有人的主体性③

可见，在马克思的共产主义社会中，人人都实现了其主体性，而共产主义社会又是一个"自由人的联合体"的社会，且"每个人的自由发展是一切人的自由发展的条件"④。这样，我们可以作出自然的推论，即马克思认为，人的主体性和自由之间有着密切的关系，甚至，人的主体性就是自由本身。

由于共产主义运动发展过程中的特殊路径与环境，在我国，人们不仅对阶级社会实现部分人的主体性的理解出现了偏差，而且，对共产主义社会（即上文的理想社会）的"自由人的联合体"思想的认识也出现了偏差，具体表现在"对马克思主义和社会主义、对阶级斗争和无产阶级专政作了片面的理解，很少讲民主、自由、个性、人道，很少讲人

---

① 《马克思恩格斯选集》第 3 卷，人民出版社 1960 年版，第 77 页。
② 《马克思恩格斯全集》第 25 卷，人民出版社 1972 年版，第 95 页。
③ 王晓华：《主体性、自由与理想世界的两个维度——兼谈马克思的 communism 概念》，《探索》2002 年第 5 期。
④ 《马克思恩格斯选集》第 1 卷，人民出版社 1995 年版，第 294 页。

的自由而全面的发展"①。而"这种理论上的偏差导致实践上阶级斗争严重扩大化，民主、法制不健全，个人的自由受到不应有的限制，由此发生了许多严重侵犯人权的事件，严重损害了社会主义的声誉"②。

马克思主义所论述的阶级社会部分人的主体性在中国被一般性地理解为"人民的主体性"③。人民是个政治概念，它曾经被理解为全部公民的一部分。人民的主体性表现在社会主义社会中就体现为人民民主政治。而现实政治中对阶级社会中人民的主体性理解在中国语境下容易发生异化，人民的主体性便存在一些危险与问题。诸如人民政治容易异化成"多数人的暴政"，并且由于中国特殊的语境，人民的政治主体性容易虚化和政治客体化；人民的不确定性与变动性，使得社会成员的主体利益和主体地位始终处于不确定的状态，导致政治价值取向的模糊性，从而，也使政治治理的难度和成本增高；人民政治容易为政治精英所利用和操纵，异化为精英专制政治。④

基于上述人民的主体性可能出现的危险，在法治主义全球化发展的今天，我国学界在新的语境下对人的主体性作出了合乎马克思主义与时代发展需要的新解读。尤其是在法学界，学者们提出了有利于公民主体性培育与发展的重大论述。"人本法律观"便是这种重大的论述成果之一，它在相当程度上奠定了公民主体性的法哲学基础。

---

① 有学者认为，人们对自由有这样或那样的误解，对马克思主义也有这样或那样的误解。实际上，"自由人的联合体"思想不仅"不是马克思、恩格斯的一时思想"，而且"未来的共产主义社会就是'以每个人的全面而自由的发展为基本原则的社会'"。在学界，人们却"对自由……讳莫如深，总觉得是一个敏感的词汇"，而且"在对自由的理解上，也存在这样或那样的误解"。而"其实，自由思想是马克思的基本思想，这一思想集中体现在马恩关于'自由人的联合体'思想中"（参见许全兴《怎样理解马恩"自由人的联合体"思想》，《北京日报》2007年4月9日理论周刊版）无独有偶，有学者认为，马克思的communism这一概念因为"communism社会是'自由人的联合体'"，因而"communism社会形态可以最恰当地称为'自由个性社会'"，因为马克思的communism概念植根于西方的自由主义传统。（参见王晓华《主体性、自由与理想世界的两个维度——兼谈马克思的communism概念》，载《探索》2002年第5期；另见杨适《人的解放——重读马克思》，四川人民出版社1996年出版，第19页。）

② 许全兴：《怎样理解马恩"自由人的联合体"思想》，《北京日报》2007年4月9日。

③ 参见刘俊祥《人本政治论——人的政治主体性的马克思主义研究》，中国社会科学出版社2006年版，第100页。

④ 同上。

　　"马克思主义法学的产生是法学史上的伟大革命……它鲜明的品格就是与时俱进。"① 在新的语境与时代发展的要求下，马克思主义法学发展到了它的新阶段，而"人本法律观是马克思主义法学中国化的重大成果"②。"人本法律观突出了一条重要原理——人是法律之本。如果没有人，任何法律都无存在的必要，也无存在的可能。"③ 要从根本上走出我国过去法治实践中作为人民阶级的部分人的主体性被异化与虚化的危险，就必须强调以人为本的法治理念。因为"人是宪法的出发点和根本目的，人的自由全面发展是宪法的终极关怀，人性尊严又是宪法的根本价值，然而存在宪法这一事实本身并不一定代表宪法的价值和目标已经实现"④。不仅如此，还要将以人为本的"宪法规范真正落实到国家和公民的生活中去，这些都需要通过宪政才能实现，宪政是保障宪法不至于沦为纸上宪法并延续其生命力的根本保证"⑤。而法治则是宪政的重要基础，说到底以人为本最终还是要落实到法治中去。

　　而要想将法治规范真正彻底地落实到国家和公民生活中去，就应该充分发扬以人为本的精神，"人应当是社会主义民主与法制建设的首要前提、根本依据和最终归宿"⑥。而"以人为本中的'人'首先是指活生生的个人，它不仅是一个生命组织体，更是一种集物性、理性、灵性、德性于一体的价值主体，是一种精神的理念上的特殊表达方式"⑦。正如前文所述，主体性的公民具有某种神性；而在以人为本的法治中，人实质上也就是一种聚物、理性、灵性、德性于一体的价值主体性，这种表述与主体性的公民具有某种神性不谋而合。具体而言，以人为本中的人是自然人、理性人、社会人、政治人与生态人的高度叠加与融汇。⑧

　　然而，对以人为本中的人法理层面的解读与建构终究是以制度层

---

① 李龙主编：《人本法律观研究》，中国社会科学出版社 2006 年版，第 1—2 页。

② 同上书，第 14 页。

③ 同上。

④ 同上书，第 189 页。

⑤ 同上书，第 189 页。

⑥ 徐亚文：《"以人为本"的法哲学解读》，《中国法学》2004 年第 4 期。

⑦ 汪习根：《论人本法律观的科学含义》，载《中国法学会法理学研究会 2007 年年会论文集》（上卷），第 186 页。

⑧ 同上。

面的人的建构为基本目标的。本书认为，对公民主体性的强调既是以人为本法理层面解读与建构的结果，也是以人为本法治逻辑的必然延伸。因为"人本法律观不仅要使法律确认人是一个自然的存在物，更要赋予人以社会和政治上的资格与地位"①。而且"离开'人'，现代权利思想大厦的构筑就失去了根基；离开'人'，对国家权力正当性的追问就毫无意义"②。因此我们可以说，从根本上来讲，"'以人为本'就是一切从人出发、以人为中心。一切从人出发、以人为中心就是要把人作为观念、行为、制度的主体"③。"以人为本"中的人终究要成为制度化的人，只有这样，才能给予人以政治上的资格与地位，现代权利思想的大厦才会变成实证的法律制度。而一方面为了实现马克思理想的——"自由人的联合体"——communism 社会中所有人的主体性与自由，我们要培育与发展人的主体性；另一方面，为了防止我们重蹈法治历史实践中作为人民的部分人的主体性被异化与虚化的覆辙，我们要培育与发展的是公民的主体性而不仅仅是培养与发展一个被误读的政治概念上的人民主体性。

很显然，我国的法治是以马克思主义为指导思想的，在这个指导思想之下，我们应该寻找既符合我国国情又更有效率的法治均衡，将二者完美结合，以创造出中国特色的法治。

综上所述，我国公民主体性的理论基础应该在发展了的马克思主义的基础之上，同时充分吸收各个学术流派中合理的因素，发展出我国公民主体性的理论支持。

第三节　公民主体性的制度模式分析

公民主体性在不同的论述之下具有不同的制度模式，对这些模式进行比较与分析，可为进一步深入论述公民主体性奠定基础。

---

① 汪习根：《论人本法律观的科学含义》，载《中国法学会法理学研究会 2007 年年会论文集》（上卷），第 186 页。

② 徐亚文：《"以人为本"的法哲学解读》，《中国法学》2004 年第 4 期。

③ 李龙、张文显、吕世伦、公丕祥：《"以人为本"的法哲学解读——"以人为本"四人谈》，载《金陵法律评论》2004 年秋季卷。

一　自治模式

"自治"作为一个政治与法律的概念来源于古希腊，它指的是古希腊的城邦自治。古希腊的城邦通过制定法律，实行自主的自治管理。不过，在古希腊时期，这种城邦自治对个人的重视程度和现代社会相比是很不够的，它更多强调的是城邦共同体的利益与价值。随着历史的发展，西方中世纪的许多城市也逐渐获得了自治的地位。在意大利中北部，一些城市从领主或教主手中买到自治的特许状。城中居民定下互助和将自己的利益与城市的利益联系起来的誓言，并且，他们通过城市宪章来作为城市自治的契约与总规范。不过，无论是古希腊的城邦自治还是中世纪的城市自治，它们跟现代社会中的公民自治具有很不相同的内容与意义。第一，古希腊与中世纪城市的自治与现代社会的法治相差甚远，尤其是中世纪的城市，它的自治只具有法治的一些雏形。第二，在对个人的重视程度上，现代社会的个人意志自由与法律权利远远高于古希腊与中世纪的城市。第三，现代社会的公民自治拥有比中世纪城市居民自治更为积极的意义。现代社会的公民自治一般在两个不同的意义上被应用。首先是公民个人自治，它指的是在现代法治社会，一个公民凭借法律赋予他的权利和自由，可以就与自己的利益相关而无害他人与社会利益的事情做出自己作为一个自然人的决断；这种独立自主自治决断的依据是个人具有独立的法律人格、智力健全且具有理性，他对自己的利益与行为有独立的判断能力及决策能力，并在此基础上作出有利于自己的判断与决策。其次是公民作为一个群体通过结社权的行使而结成一定的社会团体，通过社会团体来形成一定意志与行为能力，实现与公权力之间的一定的合作同时又紧张的关系，从而实现自己的利益与愿望，达到自治的目的。这个意义上的公民自治往往指的是公民社会自治。

无论是哪一种意义上的公民自治，它都是公民主体性的具体表现。首先，个人意义上的自治正是基于公民具有自我定义、自我型塑的能力，它是对个人意志与能力的充分尊重的体现。而公民社会意义上的自治同样是以个人或公民的主体性作为前提和基础，尤其在现代法治社会，公权力的宪政配置、公民的选举权与被选举权的行使并不一定能够使公民享有完全的相对于公权力的权利与自由。因为公权力是契约式的权力，一旦通过公民选举成立后，虽然权力受到相互之间以及表现在下一次选举权的运用中的公民意志的制约，但在此期间，社会如果对这种契约式的权力无能为力的话，那么，它一样会产生各种侵蚀公民利益的行为。由于法治国家中的公民是原子式的个人，他并不足以对抗哪怕是经选举产生的公权力。而且，即使公权力不会腐败，由于它反映的是大多数人的利益，提供公共产品，因此，它并不一定能够反映社会中特殊群体的权利、利益与需要。正是在这个意义上，公民除了要行使选举权来体现其主体性外，更要有结社权的行使来实现其主体性。

在我国传统社会，皇权对地方的渗透是相当有限的，地方的权力往往为士绅所控制。[①] 这在表面上看类似于公民自治的第二层意义，即公民社会的自治。但是，由于它的制度内容、秩序和价值与现代社会是背道而驰的，所以，它根本谈不上是公民自治，也根本不能形成对皇权的制约。虽然在中国传统社会中存在一定的地方自治，但是，这种自治却是从制度与意识形态上抹杀了个人主体性的存在的。强大的皇权通过科举与荐举等方式直接从地方乡绅中选举人才充作官吏，这使得这种形似自治的制度只不过是皇权的一种高明的延伸而已。因而，从实质上看，这种自治只不过是中央的皇权与地方的绅权的结盟，它既不可能从法律上承认并保护个人的主体性，更达不到利用社会控制皇权的目的。

在现代西方社会，正是公民自治实现了除选举权与被选举权之外对公权力的又一重大制约。托克维尔在论及美国的乡镇自治时认为，乡镇的自治能够让乡镇强大而独立，能够让国家得到公民而不是顺民；乡镇人民通过自治拥有人民主权，所以他们能够自己管理自己社会的事务而实现自由。[②]

法治社会的公民主体性在两层意义上与公民自治的内涵最为接近。而公民主体性正是体现在这两个层面，首先是个人层面，它体现了公民的理性与自我决断能力，这种理性与自我决断能力被法治国家的法律制

---

① 参见费孝通《乡土中国生育制度》，北京大学出版社1998年版，第64—68页。

② 参见［法］托克维尔《论美国的民主》，董果良译，商务印书馆1991年版，第74—76页。

度所确认并保护；在这个基础之上，法治国家还赋予公民结社权，使之能够结成权利的群体堡垒，以在缔结公权力契约之外实现自我管理与权力制约。也就说，公民主体性除了在个人自治上展开外，还在社会与国家这两个层面上展开。在社会层面，不仅不同利益群体以结社权的行使组成不同的利益集团以实现社会利益分化与价值多元时代的社会内部的竞争与自治；而且，这种以结社权形成的公民社会内部不同的群体可以与公权力之间形成纵向的联系，从而实现对公权力的参与与制约。这其中，公民主体性在个人意义上的自治是基础与前提，社会意义上的自治与公权力制约是结果与保障。

法治意义上的公民自治最需要也最有利于发展公民的主体性。不过，相对于公民主体性而言，仅仅自由主义意义上的自治稍具消极意义。尤其是对法治初步发展的中国，只有公民主体性的充分展开才能使中国的法治起步并稳健地走下去。当前，在中国发展公民主体性的障碍并不仅仅是我国公民结社权的法律制度尚未全面展开的问题，还有其他十分重要的问题，这在本书后面的章节将要论述到。

纳什均衡的另一种定义是"没有单独改变策略的激励"①。无论是演化稳定策略（ESS）均衡还是随机稳定均衡（SSE），纳什均衡都是其基础，也就是说，这两个均衡常常都停留在纳什均衡上——演化的力量使得人们的策略集合并不总是停留在纳什均衡上。当社会形成合乎法治的均衡，单独改变策略没有额外的好处，这时，自治的力量就形成了。

二　责任模式

责任模式是将公民责任看作公民主体性的关键与核心内容，强调有主体性的公民应该是一个为社会尽自己责任的公民，主体性应该就意味着责任性，因为公民是一个法律概念。《不列颠百科全书》认为，公民资格是："指个人同国家之间的关系，这种关系是个人应对国家保持忠诚，并因此而享有受国家保护的权利。公民资格意味着伴随有责任的自由身份。一国公民具有的某些权利、义务和责任是不赋予或只部分赋予在该国居住的外国人和其他非公民的。一般地说，完全的政治权利，包

---

① 王则柯：《博弈论平话》，中国经济出版社 2004 年版，第 162 页。

括选举权和担任公职权，是根据公民资格获得的。公民资格通常应负的责任有忠诚、纳税和服兵役。"① 主体性的公民责任实际上更是西方社群主义对自由主义意义上的公民主体性的过度膨胀发展加以纠正的产物。社群主义认为自由主义的公民主体性有两个根本的原则，即"自我优先于目的"与"权利优先于德性"。自由主义的公民主体性从原子论的个人主义出发，将社会中的个人还原为原子式的自然个人，以个人主体性的意志和理性去建构全新的保护人权的法律制度。而且，自由主义的公民主体性都过分强调个人的利益、自由和权利，而将社会或公共生活的目的与德性当作外在妨碍个人主体性的东西加以排斥。正是因为自由主义的主体性，才造成当今西方社会诸多道德与价值的分裂，公民责任意识和义务意识日益缺乏，人与人之间的感情淡漠，人们的奉献精神和牺牲精神也日渐衰微，在社会共同体内寻求共识越来越困难，社会日益被过分追求主体性的人们撕裂成多块，内耗日增，维持社会和谐的成本增大。社群主义认为这些社会问题产生的根源在于自由主义的主体性理论忽视了社会共同体及其利益的存在，无视集体价值和社群价值，使社会共同关注的道德得不到认同和保障，从而使自由主义的个人主义极端发展。这些都与当代自由主义权利论述的"自我优先于目的"、"权利优先于善"的原则根本相关。社群主义认为，自由主义主体性理论无法解决个人利益与社会利益、个体愿望和社会规范之间的矛盾，也无法调整不同的利益、不同的愿望与价值观的矛盾与冲突，这使得社会经常陷入困境。

　　基于对自由主义主体性理论的诊断，社群主义提出了与自由主义针锋相对的观点，即在社会公共生活中，"目的优先于自我"和"善优先于权利"，并在此基础上以公民责任来重现社会政治法律生活。社群主义试图恢复一种基于社群的自然道德生活，即一种人性的、历史的、社会的道德生活，② 从而恢复公民的责任与社群的主体性。维护社群的存在与和谐是公民的责任，公民的主体性也就体现在社会的公共价值之

---

① 《不列颠百科全书》第4卷，中国大百科全书出版社1999年版，第236页。

② 参见包利民《现代性价值辩证论——规范伦理的形态学及其资源》，学林出版社2000年版，第200页。

中了。

应该说，社群主义对西方公民主体性过度膨胀造成的社会问题的救弊补偏是有其积极意义的。社群主义在西方自亚里士多德起，一直未曾间断过发展，因而，社群主义具有与自由主义抗衡的能力与思想武库。然而，社群主义力图恢复某些传统的社群制度和道德的约束力，要求公民对国家对社会承担更多的责任，要求回归亚里士多德式的伦理共同体，这些想法在受自由主义浸淫了几百年的西方，显然很难起到太大的作用。在几乎所有西方自由主义的学说里，都有一种对国家权力高度膨胀所易导致极权主义的深深恐惧。而正是从这种恐惧出发，自由主义才忽视乃至放弃了国家建立"目的优先于自我"与"善优先于权利"的社会，而公民也因此忽视了对国家与社会所应负起的责任。而且，从经验层次上来看，在西方漫长的历史上，除了家庭这种血缘共同体之外，社群主义所追求的善只在小型的宗教社会共同体中实现过。再大一点的范围，那就是仅在古希腊时期斯巴达式的古典军事共产主义城邦中可能实现过。在西方利益分化与价值多元的社会中，公民主体性日益膨胀，因而很难在大型的现代国家中实施社群主义的主张。

如果说，社群主义在西方是对自由主义带来的弊端提供了一种有意义的反思性平台的话，那么在中国这样一个具有深厚儒教伦理传统的国家，强调通过社群主义来建立一个法治国家的话，可能会适得其反。在西方，自由主义的价值观已经被社会制度化为每个人的公共生活和私人生活环境，社群主义并没有相应制度化的环境支持。而在中国，如果强调以社群主义为指导来建立法治国家，那将在历史文化传统均衡中与现实强大的国家权力一拍即合，显然，不仅公民主体性将难以建立，而且法治国家将会彻底失去社会均衡的基础。

当然，在任何社会中，总"不可避免地会有一些不适应社会者和不守常规者不遵从已定的模式"①，因而，社群主义实际上是主张通过法律与社会责任将符合传统均衡的策略保护起来，约束偏离均衡的行为，将公民主体性限制在传统社会的均衡之内。这样做本身并不一定体现出

---

① ［美］H. 培顿·扬：《个人策略与社会结构：制度的演化理论》，上海人民出版社2004年版，第21—22页。

效率的高或低来，其隐藏的风险是，如果这个社会的传统均衡效率本来就低，社群主义的这种责任主张就维护了低效率的均衡。

三　规范模式

所谓公民主体性的规范模式，就是将公民主体性等同于法律上的公民资格或权利机制，在法治制度建构中，将权利制度的发展当作是公民主体性的发展。这实际上是法律实证主义的观点，也是我国当今学界的一般观点，[①] 这也许是我国公民主体性问题没有得到应有的关注的重要原因。这种观点将公民的主体性属性和它的载体——法律上的公民资格或权利机制混为一谈。也就是说，将公民主体性与其规范模式混为一谈，这无论在逻辑上还是在法治实践中将会引起不利的后果。而且，将公民资格及其法律机制等同于公民主体性正是将西方的法律概念不加分析地套用在中国经验上的结果，也是一定程度上的制度决定论在公民主体性问题上的理论应用。

当今西方公民法律权利的发展制度，可以比较好地容纳并确认经过几百年来发展出来的公民的主体性。从人类文明发展的历史中可以看出，人并不是从一开始就具有现代意义上的主体性的，也不具有这种主体性的法律制度上的表现。人类从原初社会到现代社会，具有主体属性的人经过了至少四个阶段：一是从自然人到法律上的人与"非人"的区分。人类由原初状态进入到奴隶社会，并不是社会中的全体成员都具有法律上的人的身份，此时，人与人之间有法律上的人与"非人"的区分。正如罗马法所规定"人法的基本划分是：所有人或者是自由人，或者是奴隶"。[②] 而"根据市民法的规则，奴隶什么也不是"[③]。在东方的一些法典中，奴隶也被否认其作为人的资格，没有法律上的主体地位。二是从人与"非人"之分到等级之人的区分。随着人类进入封建

---

① 因为公民主体性问题在我国当前的法治理论中鲜有论述。不过，从一般有关公民法律权利的论述来看，学界一般并未从公民的法律权利与公民资格抽取出公民的主体性来谈。在本文看来，这可以说是将公民属性的规范模式与公民主体性未加区分的具体证明。

② ［意］桑德罗·斯奇巴尼：《人法》，黄风译，中国政法大学出版社1995年版，第35页。

③ 同上书，第37页。

社会，法律虽然没有像奴隶社会那样将奴隶当作非人来看待，但是，法律却公开明确地确认人与人之间的不平等，封建社会人与人之间的法律关系模式是"特权——义务"的关系。这种不平等的法律关系只是封建社会的生产关系、神权、政权、族权与礼教的产物与结果而已，在那种环境下，处于社会底层的人们无法拥有社会生活上的主体地位，也没有主体性。三是从等级之人的区分到平等之人的发现与斗争。在西方，随着文艺复兴、启蒙运动与宗教改革的兴起，人学代替了神学、人权代替了神权，新兴资产阶级以自然法的"人权、自由、平等与博爱"为号召，强调人的主体性地位。这种以人的主体性为号召实际上不仅仅是社会观念变化的结果，而且是整个人权与神权、社会与国家、市民阶级与封建阶级之间的关系发生了巨大变化的结果。在封建社会的末期，西方的个人逐渐从其所属的团体中走出来，其个人主体性得到了长足的发展；社会的力量也和个人的主体性一起壮大，其发展足以对封建神权与政权构成相当程度的威胁，法律制度对人的主体性确认也只是时间的问题了。四是平等之人的法律制度确认，主体性获得了法律权利的基础与外壳。随着资产阶级革命的胜利，文艺复兴、启蒙运动与宗教改革中的个人主体性得到了资产阶级政权的法律确认与保护。自然法中的"人权、自由、平等与博爱"思想已经被纳入新兴国家的法律制度之中，个人主体性变成了公民主体性，法律制度已经表征了公民的主体性。[①] 至此时期，由封建社会末期从团体中逐渐走出来的个人已经得到了法律的确认与保护。英国历史法学家梅因的论断，"迄今为止的进步社会运动是一个从身份到契约的运行"，表达的也正是个体从从属于团体发展到脱离团体转变为近代法律关系中的主体地位的规律。

　　从个体人的主体性发展轨迹来看，西方近现代社会中的公民法律制度不过是个人主体性的法律确认与保障而已。而中国近些年来的法治改革是在很短的时间内直接通过赋予公民法律上的权利，并希望通过这些权利来实现西方几百年来的权利制度效果。显然，这种希望是难以实现的。因为公民主体性与法律权利制度之间的关系并不是同一的：一是在

---

① See T. H. Marshall, *Class*, *Citizenship and Social Development*, doubleday & Company, Inc., Garden City, New York, 1964, p. 85.

个人主体性与法律权利制度之间，既有的历史是个人主体性先于法律权利制度的发展，个人主体性推动法律权利制度的建立；二是法律权利制度也会在某些方面先于公民主体性的发展，不过在这种情形下，法律权利制度更多的只是一个制度上的空壳子；三是公民主体性过度膨胀发展，法律权利制度勉强能够应对社会的利益与价值分裂。此时，权利冲突此起彼伏，"权利之间发生冲突的场景也在成倍地增加"却鲜有全社会一致的解决冲突的共识。① 四是公民主体性内部发展失衡，某些属性过度膨胀如斗争性，结果导致社会分裂甚至革命。这时候，法律权利制度往往失去了其发挥作用的制度基础。

　　总之，公民主体性与法律权利制度之间的关系相当复杂而非同一。权利制度不过是公民主体性的一个现代法律制度外壳而已。如果将现代权利制度等同于公民主体性，那么，我们很可能就会发现，即使当现代成熟的法治国家所有的权利制度在中国都获得了法律确认与保障时，我们也未必能够建立起良好的法治社会。也就是说，规范模式的公民主体性只不过是为公民主体性的发展提供了一个法理基础而已，而绝对不是公民主体性本身。

四　阶级模式

　　自马克思主义诞生以来，阶级分析模式被普遍用来分析个人应该拥有怎样的属性来建立与其他阶级、社会以及国家之间的关系。并且，个人通过其本人所属阶级，以阶级斗争的方式夺取政权，从而获得其主体性的发展与自由。

　　马克思主义诞生于 19 世纪西方自由资本主义的发展时期。经过文艺复兴、宗教改革与启蒙运动，西方资产阶级夺取了政权后，将启蒙运动中的价值观以法律的形式确立下来。自此以后，自由资本主义历经了人类有史以来最为强劲与长足的经济、政治与文化发展，但是，在法律上以个人权利为本位与经济上以自由放任的政策为指导下，资本主义的一些弊端随着经济与社会的发展也暴露无遗。在经济上，周期性的经济

---

　　① ［美］玛丽·安·格伦顿：《权利话语——穷途末路的政治言辞》，周威译，北京大学出版社 2006 年版，第 21 页。

危机与经济发展如影随形，这使得社会生产力周期性地大倒退，以工人阶级为主体的广大处于社会底层的人们经常陷入极端的困境之中，生存没有保障；在政治上，西方社会的公民权无论在权利主体上还是在权利范围上都十分的狭窄，人们要求民主人权的愿望受到经济、社会、文化与政治等方面的限制，而在德国这样资本主义发展相对落后的国家，宪政与民主的发展落后使得人们政治参与的途径更为狭窄；在文化上，德国国家主义盛行，个人主义受到压制，封建势力非常强大。相对严酷的经济、政治与文化环境使得德国的阶级斗争十分激烈，在这样的条件下，马克思主义作为一种阶级斗争的思想武器也就应运而生了。

受法国启蒙运动与大革命的影响，法国的理性主义、社会主义与乌托邦思想都对德国有着深厚的影响。理性主义乐观地相信人类有理性认识世界、社会与人类自身的能力，它相信人类不仅能够认识社会的发展规律，还能够按照这种规律构建一个美好的社会，乌托邦思想与空想社会主义便是这种乐观理性主义的产物。这些思想认为，对社会与国家进行狂飙突进式的改造与建构便能使人类走入一个空前美好的社会。这些浪漫而美好的思想与德国文化传统中所有的喜好进行宏大叙事的哲学传统相结合，加之德国工业的发展使得其产生了大量的产业工人阶级，这都为马克思主义的阶级斗争思想提供了条件。在这些条件的促进下，加之德国本来缺少英国那样宽容、渐进、多元与重视传统和经验的政治文化传统，通过阶级斗争而达致理想中的美好社会的宏大叙事也就产生了。

马克思主义中的阶级斗争论述在阶级对立的社会中是革命斗争与阶级解放的科学武器，它以阶级分析的模式对阶级对立的社会中的公民个人主体性进行阐述。这种阐述主要有如下基本内容：一、生产力决定生产关系，经济基础决定上层建筑。劳动者由于不在社会经济生产关系中占有生产资料，因而只是在资本主义生产关系中作为被剥削被压迫者而存在。二、人的本质是它所属阶级的本质的反映，人既是自然人，更是社会人。个人只有归属其依据在生产资料中的地位进行划分的阶级而成为统治阶级，方能获得另一个阶级生产出来的劳动成果。三、阶级斗争是社会发展的基本动力。因此，在阶级对立的社会中，个人的主体性主要表现为不妥协的革命斗争性。从总体上来看，马克思主义所论述的主体性是个人从属于阶级的主体性，是一部分人的主体性，是人民的主体性。因为其个人主体性从属于阶级的主体性，也只有在阶级斗争和阶级的主体性中，个人的主体性才能得到实现。实际上，这种以阶级为划分单位的主体性内在的存在着对个人主体性进行自我否定的因子。尤其是在现代社会已经不再是马克思所处的那种存在着激烈阶级对抗的社会，以阶级为单位的人民的主体性实际上只属于一部分人的主体性，它不仅不能够给予全部公民以主体性的地位，而且，它的这种个人主体性从属于阶级的主体性和不妥协的阶级斗争模式十分容易滑向集权主义，进而使人民内部的个人主体性也被虚化。

1840 年之后的中国积弊甚深，至 20 世纪上半叶，中国内部四分五裂，外部列强环伺，社会矛盾激化。经苏俄革命过滤过的马克思主义传到中国并与中国的革命结合起来，阶级分析成为革命斗争中动员革命力量的有力思想武器。欧陆建构理性主义的偏激与浪漫和中国传统社会的"官要民反民不得不反"的"官民二元"对立的社会模式结合起来，加之革命领导人的个人斗争性格偏好，① 个人与阶级的主体性被集中化约为革命斗争性与不妥协性。这一点可以在毛泽东 1940 年的《新民主主义的宪政》中看出：

> 宪政是什么呢？就是民主的政治。……但是我们现在要的民主政治，是什么民主政治呢？是新民主主义的政治，是新民主主义的宪政。它不是旧的、过了时的、欧美式的、资产阶级专政的所谓民主政治；同时，也还不是苏联式的、无产阶级专政的民主政治。②

那么，新民主主义宪政究竟是什么呢？就是"几个革命阶级联合起来……的专政"③。显然，阶级的主体性在这里就要表现为斗争与专政，

---

① 毛泽东曾言："与天斗，其乐无穷；与地斗，其乐无穷；与人斗，其乐无穷。"斗争性当然是主体性的一个重要内容，但是，不是全部内容。如果斗争性扩张至没有宽容与妥协，那么，其主体与其他主体之间的关系就呈"主体—客体或他者"、"主体性—依附性"这样的关系。

② 《毛泽东选集》第 2 卷，人民出版社 1991 年版，第 732 页。

③ 同上书，第 733 页。

即一个阶级或几个阶级联合获得对另一个阶级或几个阶级联合的压倒性胜利从而取得专政的地位。在现代宪政话语中，宪政与专政显然是相互龃龉的。因此，在阶级分析的话语模式下，宪政即阶级联合专政的论述实际上是一种通过阶级斗争夺取政权的政治动员，个人的主体性并不是这种动员的目的。相反，在于敌对阶级所掌握的国家政权的关系上，个人与自己所归属的阶级是要摧毁它而建立从属于自己阶级的专政国家，而不是"每天进一寸，不躁不馁，既不狂冒进，亦不受招安；面对不良政治，纵使十年不'将'军，却无一日不拱'卒'"①。朱学勤的论断如果转换成法学话语实际上就是，在与公权力的博弈中，通过法律权利的个案渐进式进步对国家与社会而言要好过通过阶级动员以政治与战争的激进方式来获得的进步。因为在这种阶级斗争的模式中，在与自己所从属的阶级及阶级统治的国家关系上，个人或被动员组织进革命的阶级中，或是国家控制并吞并社会，国家社会形成一体而丧失主体性。因此，在阶级分析与阶级斗争的话语模式下的个人主体性，在实际的社会生活中往往被化约为斗争性与顺从性的二元交替，即对敌对阶级的不妥协的斗争性与对自己所从属的阶级的顺从性，最后就极易滑向我国封建社会"官民二元"对立的宿命。个人的这种主体性在社会生活中的表现往往就是，要么是顺民，要么是暴民，却无法发展成为具有主体性的公民。

　　阶级斗争学说下的个人主体性，是西方"现代性—主体性"关系中发展出来的带有德国文化传统的产物。相对英国和法国而言，德国是一个缺乏宪政文化传统的国家。这种通过阶级斗争的方式表现出来的主体性经过俄罗斯文化的过滤，传到中国，一与激烈社会变革以及传统文化结合便迸发出它的巨大生命力。自此而始，"阶级斗争学说——德国建构理性主义——俄罗斯传统文化——中国传统文化与社会斗争"的发展路径一直影响着我们当今对公民个人主体性的认识。

　　以阶级模式来分析个人与阶级的主体性，这在阶级对立的社会中具有十分强大的力量与先进的革命性，它带来了中国革命的胜利。而在当今要求社会和谐发展的时代，主体性问题也应该与时俱进地发展为公民

---

　　①　朱学勤：《书斋里的革命》，云南人民出版社 2006 年，第 305 页。

主体性。

　　无论是哪一种公民主体性的诠释模式，都有其特定语境下的合理性，都是试图回答在一个法治国家，作为一个主体性的公民如何与他人、社会和国家建立一种可欲的关系。而这种关系虽然要以一定的现代性的叙事为基础来进行阐述，但有两点必须注意：第一，对公民主体性的法治诠释，理论范式往往来自西方，所以应该将这种范式与西方的语境结合起来分析它为什么是这样的范式；第二，只有在第一点的基础上，我们才可能避免简单地以西方的范式用来剪裁中国的经验。只有做到这两点，我们才能从发展了的马克思主义理论出发，构建我国公民主体性的发展条件。

第二章 我国公民主体性发展的话语困境

第一节 后现代主义与公民主体性

一 解构主体——后现代主义对公民主体性的批判

演化博弈论认为，在制度演化中，人们作出个人策略时的知识、信念、认同、感情等的主观状态对博弈参与人策略选择的影响非常大，这些主观状态都可以表现为文字上的话语。因而，研究公民主体性的话语状态对形成法治均衡是必要的。

演化博弈论非常重视制度演化中人们的主观状态，这种状态既有个人的，也有社会、历史和文化的。"博弈模型的假定是基于参与者完全理性以及参与者具有共同知识的基础之上的。"① 这种共同知识经常受历史与文化因素的影响。日本著名经济学家青木昌彦认为："在任何情况下，某些信念被参与人共同分享和维系，由于具备足够的均衡基础而逐渐演化为制度。"② 事实上，无论是个人的主观状态还是社会的整体信念都受特定社群的历史与文化话语的重大影响。因而，要促进法治均衡的发展，不研究我们既有的话语以及能促进法治均衡产生的话语，我们将很难获得促进法治的正确做法。

鉴于后现代主义不久前还在我国学术界十分流行，人们利用后现代主义批判西方社会人的主体性的资源来批判中国法治的现代进程，这里就来分析一下后现代主义话语对公民主体性到底起着何种作用。

---

① 章华：《演化均衡与制度演化》，《浙江社会科学》2004 年第 3 期。
② ［日］青木昌彦：《比较制度分析》，周安黎译，上海远东出版社 2001 年版，第 12 页。

后现代主义是 20 世纪 80 年代兴盛起来的一股反思西方现代性的文化思潮，它横扫艺术、文学与哲学等人文科学领域。随着后现代主义的深入发展，后现代主义以及受后现代主义影响的各学科的领军人物开始利用后现代主义的观点与方法来诊断西方的社会问题，并将后现代主义深入发展到社会学的各个领域。

后现代主义的思想繁复，流派众多，这里仅结合后现代主义与主体性的关系来进行论述。如果要厘清后现代主义话语中的公民主体性，则有必要对西方后现代主义兴起的语境进行一番简单的梳理。西方进入 20 世纪 80 年代以后，以苏联为首的东欧社会主义的发展颓势渐深。然而，苏东社会主义的发展颓势并不必然意味着西方问题的解决，相反，随着苏联的解体，以宪政形象出现的俄罗斯使得西方短暂的意识形态的胜利欢愉转瞬即逝。因为在东西对抗的政治态势下，西方的政治权力支配意识形态话语进行对外的对抗，而在意识形态话语的另一极已崩溃的情形下，西方自己的问题相反因此而凸显出来。因为苏东的解体被西方解释成以平等权与社会权为其价值追求的社会制度失去了其合理性和发展方向的必然性，显然，这种解释是经过西方政治法律大叙事掩饰与曲解的。不仅如此，苏东的解体，使得其意识形态失去了对西方社会问题的批判能力：

> （马克思主义的）① 二分原理的社会基础，即阶级斗争，已经朦胧的失去了任何激进性，批判模式终于面临失去了理论根据的危险，它可能沦为一种"乌托邦"，一种"希望"，一种为荣誉而以人的名义、理性的名义、创造性的名义或社会类别（如第三世界和青年学生）的名义提出来的抗议，这个社会类别在最后时刻被赋予批判主体的功能，但这样的功能从此将变得不大可能。②

而在此时，西方社会弱势群体自己的问题又在西方的话语系统中得

---

① 此处"马克思主义的"是作者根据《后现代状态：关于知识的报告》一书的上下文判断予以补加的。

② ［法］利奥塔：《后现代状态：关于知识的报告》，车槿山译，生活·读书·新知三联书店 1997 年版，第 25 页。

不到解决，因为西方社会发展到此时已经形成了一个较为成熟的政治社会生活"系统"，这种"系统的真正目的，它像智能机器一样自我编制程序的原因，是优化它的输入输出总比率，即它的性能"①。而这种系统"当它改变规则而带来革新时，甚至当诸如罢工、危机、失业或政治革命等运转障碍可能让人相信一种抉择而带来希望时，涉及的也仅仅是内部的重新调整，其结果只能是改善系统的'生活'"②。西方的这种政治社会生活状态一方面固然反映西方社会话语系统的牢固霸权地位，另一方面，也说明了西方的现代性叙事失去了诊断并回应自身问题的能力。这正是后现代主义要批判的原因与着眼点。

实际上，自第二次世界大战后，西方市场经济与政治权力的力量更深入地加强了对社会的钳制，这种钳制也就是哈贝马斯所说的以金钱与权力为媒介的系统对生活世界的殖民，③诸多的社会问题如失业、贫困、移民、环境、宗教、种族及男女歧视等，在这个以金钱与权力为媒介的控制系统中得不到根本解决的希望。因为西方的现代社会具有自我调节与修复的能力，即使是社会因种种问题而暂时发生故障，它也会依据自我编织的程序予以不动根本的调整，社会是依然故我的存在，问题也得不到解决。而这种话语系统实际上是得到了西方自近代资产阶级革命以来的关于理性、自由、民主与进步等"大叙事"的编织与支持的，因而，对现代社会系统问题的诊断必然要从现代西方社会的大叙事考问开始，这种考问即是对西方社会现代性的话语诊断。

后现代主义对西方现代性的话语诊断涉及方方面面，对主体性的诊断是其一个重要的部分，因为主体性被黑格尔的哲学定性为"现代的原则"。黑格尔认为，"主体性乃是现代的原则"，"现代世界的原则就是主体性的自由"④。

---

① ［法］利奥塔：《后现代状态：关于知识的报告》，车槿山译，生活·读书·新知三联书店1997年版，第25页。

② 同上书，第23页。

③ 根据哈贝马斯的思想，笔者认为，哈贝马斯所谓的"金钱与权力为媒介的系统对生活世界的殖民"的意思应该是：以金钱和权力为媒介的一体力量对个人及市民社会的控制，亦即，权利无法抗衡权力与金钱对它的侵蚀与宰制。

④ ［德］哈贝马斯：《现代性的哲学话语》，曹卫东译，译林出版社2004年版，第19—20页。

在上述黑格尔对主体性的论断中，可以看出，"主体性—现代性"的一体内涵与内在的深刻关联性：正是因为主体性的发展导致了现代性的发展，而现代性的发展又深刻地推动了主体性的发展。在西方，经过宗教改革、启蒙运动和法国大革命，主体性原则确立于现代宗教生活、国家、社会、科学、道德和艺术之中。通过思辨，主体把握自身，并把自己当作客体，要求在"理性面前，一切提出有效要求的东西都必须为自己辩解"①。通过近代西方关于理性、自由、民主与进步的大叙事与资产阶级的权力相结合，主体性确立了其在现代社会中的霸权地位。随着西方社会的发展，其自身的矛盾也不断地发展演化，西方社会的诸多问题与危机都与其现代性的大叙事息息相关，而这种现代性的大叙事支持的主体性更是随着社会的发展而不断地膨胀。在法律领域，这种主体性的膨胀表现为极为频繁、尖锐与复杂的权利冲突。在不同文化、人与环境、价值理性与工具理性、富与穷、男与女、不同种族之间等不同现象的对立之间，存在着以现代性的大叙事为编织与支持的话语网络。在这种网络中，不同的主体之间形成了不同的地位位阶，处于中心地位的主体使弱势群体日趋地被遮蔽与边缘化。后现代主义的代表人物如福柯、德里达等人将主体看成了现代性的话语叙事的虚构，他们通过话语解构与游戏性主体性的展示将主体送入黄昏，②而主体性当然也就不能因此独善其身。现代社会的主体性从政治与法律的意义上来看，就表现为公民的主体性。后现代主义经过诊断，认为正是现代社会的大叙事使得近代社会得以建立并发展的主体性造成了现代社会的"四分五裂的时代"③，因此，颠覆与解构主体性是诊断现代性的处方之一。

非常有意思的是，后现代主义对现代西方社会理性的批判，并认为现代法政叙事是"讲故事"，这种批判似乎可以用于后现代主义自身。西方社会虽然有许多问题，但用博弈论的观点来看，它的法政制度却是长期演化形成的均衡。批判虽然具有积极意义，但是，社会均衡有其自

---

① ［德］哈贝马斯：《现代性的哲学话语》，曹卫东译，译林出版社 2004 年版，第 20 页。

② 参见杨大春《文本的世界——从结构主义到后结构主义》，中国社会科学出版社 1998 年版，第 290 页。

③ 参见［德］哈贝马斯《现代性的哲学话语》，曹卫东译，译林出版社 2004 年版，第 35 页。

身的规律，后现代主义的批判确实太过文学性，它似乎仅限于一种文本的操作，难以真正对深入社会生活的现代性均衡产生真正的影响。

二　时空错位——后现代主义与我国公民的主体性

基于对现代社会种种问题与危机的诊断，后现代主义拿出了自己的话语应对，即通过批判与解构现代性的大叙事来使处于中心地位的大叙事丧失话语上的权威性与合理性，并借此凸显被边缘化的小叙事的主张与要求；通过不同的叙事之间以不断的迁延与流动进行叙事游戏，使得在现代社会的叙事中处于不同地位的主体都能够获得自我表达与自我主张的正义。然而，这种企图通过对现代性的大叙事进行批判与解构从而达到解决现代社会的主体性膨胀发展所带来的问题与危机显得过于浪漫。因为虽然后现代主义能够横扫文学、艺术与哲学等领域，但是，在政治与法学等社会学领域，它的解构效用是十分有限的，而恰恰是政治与法学领域的话语大叙事是直接为现代性提供合理性、正当性与合法性的叙事支持的，而这种叙事上的支持早就随着西方法治的建立而转变成了制度上的建构，因此，后现代主义对现代主体性的解构的功效可能仅限于话语层面而很难深入到制度层面。正如阿诺德·盖伦所言："启蒙的前提已经死去，惟有启蒙的后果仍在奏效。"① 这表现在"自足发展的社会现代化正是从这个角度把自己同看来已陈旧不堪的文化现代化区别开来，而仅仅履行据称已组成一个独立系统的经济和国家、技术和科学的法律职能"②。正是因为自足发展的社会现代化，它不仅抵御了后现代主义的解构狂潮，而且，现代性的大叙事所支持的能够"自我编制程序"社会政治与法律系统已经表现出再一次消化掉运转障碍并成功地调整自己的能力，只不过这一次不是社会运转上的障碍，而是叙事运转上的障碍。也就说，即使在话语上，后现代主义能够解构主体性存在的前提，但是，由于在西方社会，主体性早已随着其法治的建立而制度化为法律权利，因此，这种话语上的解构充其量只不过是为主体性过度发展可能带来的问题提供一个反思的平台而已。

---

① ［德］哈贝马斯：《现代性的哲学话语》，曹卫东译，译林出版社 2004 年版，第 3 页。
② 同上。

尽管主体性并没有因为后现代主义的解构而被消解，但是，后现代主义解构却引发了现代性的自我反思，这表现在现代社会对不断膨胀的主体性造成的社会问题的担忧。同为对主体性膨胀与现代社会的种种问题的担忧，哈贝马斯与后现代主义对待主体性的态度与方法具有很大不同：前者是现代性与主体性的"补天者"①，他批判是为了重构；而后者则是现代性与主体性的"拆天者"，它批判不是为了重构，而是为了游戏。现代性或主体性的危机更大程度上是一个具有强烈欧陆色彩的哲学词汇，因而，对这种危机作出有力回应且重新建构起具有欧陆色彩论述的人物当然是非哈贝马斯莫属了。正是哈贝马斯，在扬弃现代性的基础之上提出了他的"主体间性"理论。

哈贝马斯认为，黑格尔在其哲学中提出主体性原则的同时就已经表现出了对主体性的疑虑。"主体性只是一个片面的原则。这条原则尽管绝对能够塑造出自由的主体和进行反思，并削弱迄今为止宗教所发挥的绝对的一体化力量，但它并不能利用理性来复兴宗教的一体化力量。"②因此，尽管主体能够发挥其主体性——理性的批判与反思能力——来削弱宗教以及一切传统之魅对主体的矮化，同时主体也因主体性而自命不凡，但是，"主体性不仅使理性自身，还使得'整个生活系统'都陷入分裂状态"③。更为糟糕的是，从主体性中不可能推导出"理性的和解力量"④。而正是这种和解力量的缺失，造就了现代性与主体性自身的危机。因此，黑格尔可以主张以"'爱与生命'中表现出来的主体间性的一体化力量来反抗以主体为中心的理性的权威"。这可以使"主体既懂得与其他主体取得一致，又能够保持其自我"⑤。然而，哈贝马斯认为，黑格尔并没有走上这条路。

在对主体性进行反思的基础上，哈贝马斯对它的诊断表现出了德国哲学偏好宏大叙事建构的特征，他提出主体间性来达成现代社会中不同

---

① 参见［德］哈贝马斯《内在超越与此岸超越》，载《哈贝马斯精粹》，南京大学出版社2004年版，第464页。

② ［德］哈贝马斯：《现代性的哲学话语》，曹卫东译，译林出版社2004年版，第24页。

③ 同上书，第25页。

④ 同上书，第33页。

⑤ 同上书，第35页。

性质力量之间的交往与共生，并从纯粹的程序理性中提取共识，从而既缓解主体性的问题与危机，又使主体性不至于从整体上被后现代主义解构与否定。

从后现代主义思潮与主体间性的话语中，人们可以看到支持西方公民主体性的文化性的一维的发展的确出现了疲态与危机，甚至可能丧失近代以来的霸权地位，即所谓的"启蒙前提已死"。尽管如此，已在西方现代社会制度性的一维中自足发展的主体性既不会因为后现代主义的解构而坍塌，也不大可能因为主体间性的重构努力而发生根本的变化，尽管后现代主义与主体间性论述给人们提供了一些有力的反思的工具。

显而易见，西方的法治制度是其社会自足发展的制度性一维的一部分，主体性在法治制度上正是表现为公民主体性。后现代主义既不能也没有提出对现行公民主体性制度提出根本性的替代方案，而主体间性论述也只是对其进行修补与改良，更何况这种修补与改良的方案因其过于理想化而难以付诸实践。从这个角度来看，后现代主义思潮与主体间性论述所呈现的意义更大程度上是为现代社会提供一种自我批判与反思的话语，而这种自我批判与反思的理性却也正是主体性的一个重要特征。因此，对后现代主义思潮与主体间性论述赋予过多的解读与希望，恐怕是有违我们人类可贵而又常常被忽略的，常识就能提供给我们的判断，那就是，就我们目前理性的认识能力来看，人类社会总是难以达到完美的境界，这个世俗的世界没有天堂。

不仅如此，正如我国法学界普遍所接受的，西方的后现代主义不仅自身有很多缺陷与不足，更与我国的现代性发展是不同步的。① 因此，西方的后现代主义对公民主体性的解构并不适合我国的国情；而且，西方的公民主体性过度发展而导致的种种社会问题在我国也几乎不存在，我国的问题是公民主体性的不足而呈现稳定与可持续发展的法治条件缺失。显然，如若以后现代主义的观点来批判我国公民主体性的发展问题，那只不过是一种学术上的时空错位而已。

---

① 我国法学界对后现代主义普遍持一种十分谨慎与批判的态度。参见季卫东《面向二十一世纪的法与社会》，《中国社会科学》1996 年第 3 期。又见苏力《后现代思潮和中国法学和法制》，载《法治及其本土资源》，中国政法大学出版社 1996 年版，第 272 页。

第二节　传统文化与公民主体性

一　传统文化与公民主体性的一般关系

传统文化对法治均衡的影响是本文的主要论题之一。这里基于行文结构的要求先作一般性的简要论述。传统，它本身就是社会生活方方面面均衡的集合，它由无数的各类均衡组成，由于它几乎包含了几乎制度均衡所需要的所有信息，所以可以想见它对制度均衡的重要性。而传统文化则是制度均衡中所需要的信息的资源集中地，现代中国要构建法治均衡，必须对传统文化作一个深入的探究。

如果说后现代主义对公民主体性的批判使我们面临着一个国际化的话语困境的话，那么，传统文化则是我们发展公民主体性所面临的国内语境障碍。正如前文所论，如果将法律权利机制的建构等同于公民主体性的发展，那么，我们将陷入制度决定论的泥沼。这些年，中国社会已经出现了"法律越来越多，秩序越来越少"的尴尬。① 如果我们先行去除法治初步发展导致的公民主体性发展所需的法治条件不足的原因外，就可以发现，对于公民主体性，如果仅仅企图以建构法律权利来推动，那么一方面公民主体性可能并不会因为权利体系的建立而获得满意的发展，另一方面，权利机制自身的效应可能因此而失去现代性的话语之魅。

对于公民主体性的发展，仅仅以法律权利机制来推定与促进实际上是在现代法治价值主导下的一种认识上的偏颇与急功近利。如果从社群主义的角度来看待公民主体性，兼之追溯西方近现代公民主体性的发展历史过程，我们就会发现，文化传统对公民主体性的发展具有的巨大影响力。

社群主义对权利的看法与自由主义对权利的看法存在很大的区别，这种区别使人们对公民权利的建构具有更深的认识。自由主义将个人规

① 贺卫方：《中国法律职业意识的觉醒》，载正义网（http：//www.jcrb.com/zyw/n3/ca406906.htm）。

定为孤立的先于并超越于社会的个体，这个个体近乎于一个具有神性人世间的神，权利机制则是这个神的神龛。自由主义的个人神性与权利这个神龛是相对应的，这种权利哲学也具有深厚的西方基督教叙事基础。基督教教义中包含着个人对以宗族血缘关系为纽带的社会关系的超越而潜心于对神的追崇，个人超越宗族与社会的文化传统得到了神学的鼓励。① 在这里，神学叙事→个人神性→自由主义的个人→个人主体性→权利机制，形成了一条完整的具有宗教与文化支持的逻辑链条。社群主义则从古希腊亚里士多德公民美德的论述那里获得思想武库，发展出社群型塑个人并优先于个人的论述。在社群主义的论述中，不仅公民权利的实际效果，而且公民权利的产生与确认都取决于社群文化的生态。对比自由主义与社群主义关于个人权利的论述，可以发现自由主义对西方个人与权利的论述近乎是一种价值理想的论断，而社群主义则更近乎是一种社会学与历史主义的论断。而且，尽管从自由主义对个人与权利的论述上看，自由主义与社群主义的基本观点相互冲突，但是，自由主义的观点本身就是西方基督教社群文化的产物。

从公民主体性发展的历史来看，西方的权利制度是个人主体性的结果而不是原因。而在不同法律文化传统的中国，企图通过构建权利机制来发展公民主体性，显然是反西方的公民主体性发展路径而行之。也就是说，在西方的文化传统之下，个人主义具有深厚的文化支持，加之文艺复兴、宗教改革与启蒙运动，个人主体性得到长足的发展，法律权利只是这种发展的结果与标识。相反，我们求诸中国的文化传统，就会发现以法律权利为先导来构建公民主体性的法理基础，显然不会收到西方法治社会中公民主体性的发展效果。

一个社会的文化传统对公民主体的发展具有深刻的影响，而且它还影响到法律权利对公民主体性的型塑。我国政治学学者朱学勤认为，文

---

① 在《新约全书》中，随处可见这种超越血缘对神的崇拜与追随：《马太福音》中讲到"追求耶稣的代价"时说，"耶稣说：'狐狸有洞，天空的飞鸟有窝，人子却没有枕头的地方。'又有一个门徒对耶稣说：'主啊，容我先回去埋葬我的父亲。'耶稣说：'任凭死人埋葬他们的死人；你先从我吧！'"《马太福音》中讲到"耶稣差遣十二门徒"时又说："爱父母过于爱我的，不配作我的门徒；爱儿女过于爱我的，不配作我的门徒。"这种神学叙事中潜藏着个人主义的因子，相反，宗血之亲却受到抑制。

化传统犹如空气，对传统文化进行批判与改造的功效就如同对大气层进行改造一样的荒唐。他说：

> 文化既然被说成无所不在，无所不能，张嘴就能呼吸，那就是第二大气层。大气层怎么能改造呢？文化批判自我放大，慷慨激昂，只不过是发动了一种空气与另一种空气的战争。清风逐流云，比唐·吉坷德都不如，唐·吉坷德前面还有一辆具体的风车。实在没有话题可说，那就不如沉默……①

显然，文化决定论是难以令人信服的；同时，文化具有流动性，的确不像制度那样具有强烈的可塑性。但是，对文化的批判与改造并不是如朱学勤所说的是"只不过是发动了一种空气与另一种空气的战争"。因为文化虽然具有流动性与习惯性且无所不在，但是，文化总是具有一定的表现形式。在后现代主义看来，文化也是一种符码化的存在，它更多地表现为一定时代的以传统和习惯为表征的语境。文化的表现虽然散漫、流动，但从语境主义的视角来看，仍然是可以从理论上把它分成不同性质的话语理解网络，而被分类的话语理解网络显然是有改造的可能性的。法治之中的公民主体性，要注意的正是对法治发生、构建与运行有构造与重塑功能的话语理解网络，从而有利于公民主体性的发生、发展与成熟。但是：

> 无论是在东方还是西方，"依附型"政治文化都伴随着一套特定的礼法和仪式。如果说，愚民教育旨在熏陶人的灵魂，那么，礼法和仪式的基本功能则是要规训人的身体。经过天复一天、年复一年、代复一代的长期塑造，"臣服"不仅成为臣民自愿认同的正当的价值取向，而且成了某种铭刻在他们身上的可遗传的生物性记忆。②

---

① 朱学勤：《书斋里的革命》，云南人民出版社 2006 年版，第 149 页。
② 张凤阳等：《政治哲学关键词》，江苏人民出版社 2006 年版，第 137 页。

由上述引论可见，在该论者看来，依附型政治文化中的礼法和仪式通过对灵魂与身体的规训，进而形成习惯传袭下来并形成依附型的政治文化。其逻辑链条是，礼法、仪式→型塑灵魂、规训身体→可遗传的生物性记忆。显然，从礼法仪式到依附型的政治文化形成"可遗传的生物性记忆"的论断是过于粗糙且没有科学依据的。但是，依附型政治文化通过礼法与仪式对人的身体形成规训，然后通过这种被规训过的身体传承这种依附型的政治文化则是可能的，也是政治法律文化中的现实。法国学者福柯在《规训与惩罚》里就表达了这种思想："古典时代的人发现人体是权力的对象和目标"，并且，"在任何一个社会里，人体都受到极其严厉的权力的控制"①。人体规训的"目标不是增加人的体能，也不是强化对人体的征服，而是要建立一种关系，要通过这种机制本身来使人体在变得更有用时也变得更顺从，或者因更顺从而变得更有用"②。权力如果和文化结合在一起，并以此来推行合乎自己的意志与秩序的文化，那么，这种对人体的规训就能获得相当有效的结果：权力和文化联姻，通过文化规训了身体，而被规训了的身体又通过社会习惯使得权力模式得到了加强与凝固。

二　我国儒家文化传统与公民主体性

在中国，这种权力与文化的结盟主要表现为儒家文化对人思想与身体的规训，并以此形成"文化——权力"模式型塑个人与社会及权力的关系。到如今，儒家的文化叙事依然是我们社会的政治与法律的话语理解网络类型之一。在儒家文化叙事中，"礼"是一个基本范畴，用它来分析"文化——权力"模式型塑个人与社会及权力的关系，进而研究儒家文化之下的公民主体性具有代表性的意义。

"礼"不仅是儒家文化的基本范畴，也是中国人日常生活中的一种思想与行为规范。美国学者郝大维与安乐哲对此有精辟的论述："'礼'是一种社会的语法，这种语法给每一个成员在家庭、社群和政治内部提

---

① ［法］福柯：《惩罚与规训》，刘北成、杨远婴译，生活·读书·新知三联书店1999年版，第154—155页。

② 同上书，第156页。

供一个确定的定位。"不仅如此，礼还"规定着现在的人及其祖先之间恰当的关系，规定着社会、政治权威以及主导社会政治权威和被社会政治权威所主导的人们之间的恰当关系"①。因而，从正面意义上来看，"作为意义的存储，'礼'是代代相传的各种生活形式，这些生活形式使得个体能够分享恒久的价值，并使得这些价值成为他们自己处境的财富"②。由此可见，儒家文化元叙事之一的"礼"构成了儒家文化叙事的一个基石：个人、家庭、社群与政治权威之间的关系得以在这个基石上生成与发展。

在美国学者郝大维、安乐哲眼里，"礼"对中国人的家庭、社会与政治权威来讲，有着莫大的价值。然而，这种"礼"是依靠怎样的权力模式来推行并毫不费力地传承下来的呢？他们通过对儒家经典《论语》的分析，认为"礼"不仅规范了社会、政治权威以及主导社会政治权威和被社会政治权威所主导的人们之间的恰当关系；而且，他们还发现"礼"中"揭示了一种调节面部表情和体态的生活方式，揭示了一个世界，在这个世界中，生活是一种需要冷酷无情地关注细节的表演"③。在《论语》中，孔子通过自己的言论揭示了"礼"对一个人在社会参与时的身体规训，它"通过最细微的体态、衣着的式样、步履的节拍、面部的表情、说话的声调甚至是呼吸的节奏，最大程度地展示了孔子这位士大夫是如何以恰如其分地行为来参与朝廷的日常生活的"④。而作为一个现代中国人，我们知道太多的历史上的皇权通过武力来推行"礼"的故事。许多崛起于民间的帝王夺得权力之后的第一件事就是制定典章制度，将和自己一起出生入死夺得权力的功臣以儒家之"礼"规范起来。而此前，他们之间的关系还具有某种朴素的阶级平等的味道。作为一个现代中国人，我们还有更多的生活经验可以发现，在现代中国的社会生活中，这种通过"礼"而传承下来的身体规训，仍然在文化地调整人与人之间的关系。尽管这种关系不如法律那样具有强制

---

① ［美］郝大维、安乐哲：《先贤的民主——杜威、孔子与中国民主之希望》，何刚强译，江苏人民出版社2004年版，第179页。

② 同上。

③ 同上书，第179—180页。

④ 同上书，第180页。

性，但是，总体性与经常性的，它甚至在原生与第一性上调整着人与人之间的关系；相比较而言，法律制度在调整人与人之间的关系上，甚至只是次生与第二性的。也就是说，只有在原生与第一性的人与人之间的关系调整失败之后，法律规范的调整才开始补充与矫正。① 令那些对传统文化抱更多反对态度的人沮丧的是，这种原生与第一性的人与人之间关系的调整正是文化通过规训身体来实现的，而身体的规训却是通过具有同一社群性质的人们之间不自觉地以口耳相传、言行相袭的方式传承下来，人们难以通过精准的定点与区隔，将其在短时间内作出根本的改变。

由以上分析可知，文化传统实际上是一种话语传统，这种话语与权力之间有着精密而巧妙的联姻关系；而且，这种话语不仅与国家权力发生、设置与运行相互支持，也和社会权力发生与变化相互支持。也就是说，在同质社群之中，权力、文化与身体规训之间往往存在着历史性的铁三角关系，它们相互联结、相互依辅、共同发展。

尽管法律权利中的利益是发展公民主体性的根本驱动力，但是，利益存在状态、分配和发展方式受传统文化的深刻影响，这也就意味着传统文化对公民权利的存在状态、分配和发展方式存在着深刻的影响。而且，中国的传统文化是那种建立在"特权—义务"的模式之上的，这种文化模式通过思想与身体的规训传承下来，对中国现代社会中的公民主体性发展起着相当消极的作用。从这一点来看，尽管我们很难说以正当利益作为内在驱动力的法律权利与公民主体性会受到传统文化的根本性影响，但是，传统文化通过思想与身体的规训肯定会使我们的公民主体性的表现方式有不同于西方文化下的公民主体性的特色。

由于我国传统文化的主流是儒家文化，这里先作一般性的论述，本书将专门开辟章节进行论述。

---

① 这里所说的"礼"及其所致的身心规训，相当于社会学法学家埃利希的活法，即："法律是社会秩序本身，就是联合的内在秩序。"参见沈宗灵《现代西方法理学》，北京大学出版社 1992 年版，第 273 页。

第三节 话语"瓶颈"——亟待突破的公民主体性

我国公民主体性的发展，不仅面临着后现代主义的话语批判和传统文化的消极障碍，而且，它还面临着必须突破的几个话语"瓶颈"，即突破非理性走向理性，摒弃偏执激进走向宽容妥协，消解精英寡头化与民粹主义走向自主公民社会。我国的既有话语体系是支撑传统人治均衡的信息资源库，不突破这些"瓶颈"，引入新的知识与信念，并以之型塑公民主体性，法治均衡将难以形成。

一 理性——公民主体性自我确证的基石

尽管演化博弈论对人类理性有新的解释，这里还是先回顾一下现代法政叙事对理性的理解。

在欧陆及深受其哲学影响的国家，"理性"是一个被神化又被赋予过多意义承载的词语。

西方有学者对"理性"的词义做过考察，归纳出"理性"大致有四种含义：第一，从政治学与法学的角度来看，理性是一套普世的"具有与目标、系统或方法相关的一些假说——这些假说令人深信不疑，以至于质疑它们的人不仅会被视为不合理的，还会被视为是非理性的"①。通过理性，人们可以进行自我确证与社会批判，近现代政治学与法学中有关启蒙、自由、民主、合法与进步的大叙事就是属于这种理性。第二，从逻辑学方面来看，理性是具有逻辑思维与推理、前后连贯思考与理解的能力。第三，从心理学上来看，理性是自我节制并能够控制自己感情的能力。第四，从社会学的意义上来讲，理性是合情理的、条理清楚的，意味着一件事情必然受到规范。② 理性还被赋予其他诸多类似的含义。从理性衍生出的具有目标、价值与体统的学说一般被称为理性主义。理性主义一般被赋予与人类的感情、感性及意志对立且具有受某种

① [英] 雷蒙·威廉斯：《关键词：文化与社会的词汇》，刘建基译，生活·读书·新知三联书店2005年版，第387页。

② 同上书，第386页。

不以人的意志为存在前提与转移的"逻辑"、"必然"、"本质"或"规律"的属性，甚至理性主义就是与"逻辑"、"必然"、"本质"与"规律"的统一体，它高于人类自身的感情、感性、意志与社会、政治和法律制度。实际上，理性主义在西方文艺复兴、启蒙运动、法国大革命与宗教改革之后，逐渐替代了传统社会中的"上帝"与"父亲"的地位，只不过它必然地缺少了"爱与和解"的内涵，因为"爱与和解"是属于感情、感性与意志的范畴。而这正是后现代主义对理性主义的不满所在。在此不赘述。

从理性发生的逻辑理路及其与现实的关系来看，理性可以分为经验理性与建构理性。经验理性强调理性来源于一个社会的历史、传统、习俗与经验。在与现实的关系上，经验理性强调现实的重要性，在理性发展的过程中，它倾向于在现实中接受不断地实验与试错，以此来发展和检验理性。因而，在经验理性中，理性并不高于现实。从这个意义上讲，经验理性实际上可以被看做是合理性而不是唯理性。建构理性，强调理性来源于人类先验的认识人类自我、认识社会、认识自然界规律的能力，这种能力是人类所共有的。不仅如此，人类也能够按照理性的指示来建构自我、社会甚至是自然。正是这种能力，人类才得以从"战争状态"中走出来订立社会契约而建立成近代法治国家；同时，它为近现代法治提供了正当性、合理性与合法性。在建构理性与社会发展、政治与法律制度的关系中，前者被认为高于后者；如果后者不是按照前者的目标、价值与系统来建构，那么，后者便是不合理性的、有问题的。并且，建构理性往往要求按照其目标、价值与系统来推倒不合理性的社会，并从头建立一个新的合乎理性的社会。从经验理性与建构理性的二分可以看出，前者更近乎是"合理的"。而后者则近乎是"唯理的"与"理性主义的"。如果按照后者的含义来看，"政治、法律和道德等方面的活动就会变成'非理性的'"①。

尽管如此，理性在近现代政治法律学说中的地位日显，而且在文艺复兴、启蒙运动、法国大革命与宗教改革中确立了至高无上的地位，但伴随着它的发展一直有来自经验主义、历史主义与民族主义的批判。休

---

① 参见沈宗灵《现代西方法理学》，北京大学出版社 1992 年版，第 438 页。

谟批评理性时尖刻地说，"理性没有任何成分不要我说：我宁愿死 20 个中国人，也不要自己手指被扎一下"①。而德国的赫尔德则将以理性主义为内核的法国启蒙运动看成是"代表了法国人的普世文化霸权"，这种文化霸权即是"法国语文的文化帝国主义意识形态"②。尽管理性与理性主义从一开始便遭到这样的批判而且从未间断，但是，由于理性与理性主义因自身的体系而具有极强的有利于传播的"普遍性、一定的抽象程度和理论基干"③，加之法国大革命的深远影响，理性与理性主义的魅力远播世界各地。在近代西方资产阶级的启蒙运动中，自然法学说的逻辑链条为"天赋人权、自然状态→战争状态→人类理性→释出权利、订立契约→主权成立→保护人权"④。从这个逻辑链条中可以看出，近现代法治国家的自由、民主、进步与合法性的叙事皆建立于人类理性之上。设若没有人类理性，人类将无法走出自然状态，更无法建立近现代法治国家。因此，从某种意义上来说，近现代法治国家是人类理性的产物与表现，法治与理性在近现代的法治话语中是互为背书的，而对法治国家的抵制与反动便是对人类理性的背弃。这在西方的文化中，类似于在其传统社会中对上帝与父亲的背弃与谋杀。

　　真正对理性的崇高地位构成直接致命打击的是弗洛伊德的心理学说。弗洛伊德将人的意识状态分为三个层次，即本我、自我与超我。其中"本我"，即情感层次的意识，它受本能的驱动被置于人类意识的首要地位，而理性则是处于"超我"的第三层次，它只不过是为本我即"情感""制造理由"、"寻找理由"罢了。⑤ 相对于这种心理学上的颠覆与解构，加之理性主义所背负的恶名，理性的魅力也因此而逐渐褪去了其神化色彩。虽则如此，此时对理性的颠覆与解构并不能导致因理性而引起的现代法治语境的瓦解，因为法治社会及为其提供合法性的法治

---

① ［英］约翰·麦克里兰：《西方政治思想史》，彭淮栋译，海南出版社 2003 年版，第 681 页。

② 同上书，第 678 页。

③ 参见［美］萨托利《民主新论》，冯克利、阎克文译，东方出版社 1998 年版，第 77 页。

④ 参见汪习根、涂少彬《人权法治全球化法理分析》，《现代法学》2006 年第 3 期。

⑤ 参见［英］雷蒙·威廉斯《关键词：文化与社会的词汇》，刘建基译，生活·读书·新知三联书店 2005 年版，第 386 页。

语境已经发展出具有自我存在与发展的独立性与自足性。正因为如此，无论是近代休谟、赫尔德还是现代的弗洛伊德，他们对理性的颠覆与解构，更多的影响只是在哲学意义的层面上，法治制度层面的理性却依然对现代法治话语发挥着构成性的意义。

行文至此，可以说，法治意义上的理性虽然要借助逻辑学、心理学与社会学意义上的理性的定义；但是，只要我们不否认当今法治主义全球化发展的趋势有其合理性与可欲性的大趋势的话，那我们就很难否认，就法治层面的核心含义来看，理性是人们的一种以法治话语为根据与依托，对自我进行确证、反思与认同，同时对法治与社会进行批判性认同的一种能力。这两种能力是相互关联、相互促进的：其中，对法治与社会进行批判性认同的能力有赖于现代社会公民的自我确证、反思与认同的能力；而对自我的确证、反思与认同也导致对法治与社会的批判性认同。进一步来讲，现代社会公民的理性乃是一种在批判性中进行认同的能力，而这种能力并非是逻辑学、心理学或社会学意义上的，它是批判并认同法治话语理解网络中的一个关键环节。显然，这种能力不是生而就有的，而是习得的。法治意义上的理性不是一种生理或心理意义上的感情上自我控制的能力，它有赖于法治话语形成一个理解网络，在这个网络中，理性的个体与法治和社会之间相互催生与促进，进而形成法治发展的语境。显然，这个话语理解网络不可以像有形物一样可以迅速地造就与形成，但在法治主义呈全球化发展态势下的现代社会，它也无须重走建构理性主义那种激进的法治路径，它可以凭借现代技术与法治主义全球化的浪潮和平、有序而渐进地形成。

在上述判断之下，我们再来看看对我国公民主体性的型塑具有基础性意义的理性问题。正是因为现代社会的理性是一种基于法治话语为根据与依托对自我进行确证、反思与认同，并对法治与社会的批判性认同的能力，所以，相当悲观地讲，目前中国社会多有批判，少有理性。中国正处于社会转型期，这种转型以市场经济的深入及社会利益的分化为基础，这种转型必然要与法治改革相互呼应。而法治改革必然是对既有的市场经济及利益分化作一定的调整并深入下去，法治在此过程中要对这种市场经济与利益分化作一个相应的政治上的巩固、稳定与发展。这个过程必然涉及社会价值与利益趋向的法治方式调整，而这种调整必然会引发社会各种利益之间的碰撞与冲突。因此，在此过程中，人们必然在其社会价值与利益上产生自我确证、反思与认同的焦虑，并因此引发对国家与社会的批判。但关键的是，这种自我确认、反思与认同以及对国家与社会的批判是引起怎样的自我认同与国家认同，这就会产生现代法治意义上的理性与非理性的分野。

当今中国社会的非理性主要表现在现代法治意义上的自我认同与法治认同的问题上。面对社会的发展变化，人们产生了自我认同与法治认同的焦虑。但是，由于中国社会的法治话语理解网络的模糊、混乱甚至是缺失，人们对这种焦虑的反应就缺乏相应的现代法治意义上反思与批判能力，因而就自觉不自觉地依据传统的威权话语理解网络对社会的这些变化做出非理性的反应。在公共舆论的范围日趋趋向深度与广度发展的今天，这种非理性引发的危机若日渐积累而得不到缓解，那么，转型时期社会中的一件小事，也可能形成"蝴蝶效应"，进而引发真正的社会危机。

在演化博弈论名著《演化与博弈论》中，演化博弈论之父英国学者约翰·梅纳德·史密斯以"演化稳定性"来取代"人类理性"①，这意味着人类理性没有现代法政宏大叙事中界定的那么乐观——它并非是全知全能的，而且甚至可能是非理性的，它有时促成一些低效率的均衡形成，比如囚徒困境中的坦白策略均衡。尽管如此，人类理性也不是那么悲观，在很多情况下，人类在理性的指导下往往形成了具有竞争力的均衡，形成了史密斯所说的演化稳定性。法治就是一种稳定的均衡，这种均衡是演化于西方文化之下的均衡，它同样也是基于人类理性之下所形成的。

二　宽容妥协——公民主体性共存的必然

宽容与妥协以无限次囚徒博弈最易解释它们的价值。在囚徒博弈中，理性的囚徒只顾自己的利益，相互出卖向检察官坦白罪行是最优策略。如此进行有限次重复博弈的话，以牙还牙的相互出卖仍然是各自的

---

① ［英］约翰·梅纳德·史密斯：《演化与博弈论》，潘春阳译，复旦大学出版社2008年版，第2页。

最优策略。但是，如果进行无限次的囚徒博弈，则双方有可能达成非契约性默契，对曾经的出卖表现出宽容与妥协，使双方从合作中获利。

在法治社会中，法治均衡的形成往往并非符合所有人的利益，人们之间有复杂的利益分配，而社会资源又相对有限，人类理性并非超能，宽容与妥协能够较好地避免社会中的不同利益主体陷入囚徒困境的博弈之中。

宪政是现代法治的高级层次，对于宽容与妥协，将其放在宪政层次来理解能够更好地理解其对法治均衡形成的重要功能。

宽容作为一种社会与宪政美德在西方历经了长期而复杂的发展过程。宽容问题的讨论最早出现在 13 世纪意大利神学家阿奎那的《神学概论》中。西方社会早期对宽容讨论所关注的是如何捍卫基督教信仰并对付异端邪说。阿奎那认为，只要有助于推动基督教信仰，无论是对异教进行宽容还是迫害，都只是有利于基督教发展的手段。[①] 在阿奎那看来，宽容只不过是一种策略，而非美德，宽容异教邪说不过是为了不宽容，最终将其消灭。这时候，宽容仅仅作为一种宗教上对付异端的策略，它的指向是基督教之外的宗教。随着基督教内部发生分裂，欧洲内部因教派争端，战乱频仍，无论哪一派都不能形成驾驭全局的力量，基督教内部的分裂已成不可挽回的现实。此时，欧洲各国内部的各教派大都赞同民族的统一，因此，王权就凌驾于各教派之上，统一的民族国家为了建立强大的王权而允许各教派的分歧和存在。由此，宽容作为一个对付基督教外部异端的宗教策略而变成了一个政治问题。民族统一与团结的需要压倒了宗教内部的分歧与争端。不仅如此，欧洲由于不存在中国封建社会式的中央集权，贵族与欧洲的王室之间经常性的谈判与妥协形成了宽容与妥协的政治文化。[②] 在 16 和 17 世纪，随着民族国家的建立，宗教宽容由策略而发展成一种抽象的道德原则和公共性的美德，而政治文化则在其中也起着正面作用。

按照《布莱克维尔政治学百科全书》的解释，宽容是指"一个人

---

① 参见徐贲《宽容、权利与法制》，《开放时代》2004 年第 6 期。

② John Locke, *A Letter on Toleration*, ed. Raymond Klibansky and J. W. Gough, Oxford: Oxford University Press, 1968, p. 85.

虽然具有必要的权力和知识，但是对自己不赞成的行为也不进行阻止、妨碍或干涉的审慎选择。宽容是个人、机构和社会的共同属性"①。显然，这是一个以西方的政治哲学为学科背景的解释，具有浓厚的西方语境色彩。从这个解释中可以解读出：一、主体对被宽容的对象呈否定性的评价；二、主体具有能够对被宽容的对象进行阻止、妨碍或干涉的权力与话语能力；三、宽容是一种人类具有的属性。我国的《现代汉语词典》对宽容的解释为："宽大有气量，不计较或追究。"显然，这是从主体道德性的角度对宽容进行的解释，它与法律权利和法治意义上的宽容相差甚远。因为宽容不仅是一种个人态度，更是一种解决和处理公共事务的原则。② 哈贝马斯认为，"宽容"一词"通常包含两方面的意思，既指赋予人们权利的法律秩序，又指与他人交往时保持宽容的政治美德"③。

在当今法治主义的意义上，宽容至少应该包含三个层面的含义，即个人美德、社会公共生活美德、权利与权力运行秩序中的原则与制度。

从哲学上来讲，个人生活、社会公共生活与政治法律秩序中的宽容具有其本体论、认识论与人性论上的理论依据。西方传统哲学强调，世界本源于"一"、"是"或"存在"，而这种"一"、"是"或"存在"是具有抽象的同一性的，世界上的万事万象皆本源于此，一切事物表象上的差异皆有其本源上的同一性。而"一"、"是"或"存在"具有绝对的真实性、真理性、完美性、永恒性，它是终极的目的与价值源泉。因而，"多"、"异"或"他者"便失去了存在的合理性与合法性，容易便被看成是例外与异端。而现代哲学不仅反对传统哲学上的基础主义与本质主义，更反对这种传统哲学上的霸权同一性，强调世界的非基础性与本质性，更承认世界的差异性。而不同事物之间的差异具有其存在的合法性与合理性，宽容的本体论依据因此而产生。在认识论上，西方传统哲学先是强调神的"全知全能"，进而在以人代替神、以理性代替神

①　[英] 戴维·米勒等编：《布莱克维尔政治学百科全书》，邓正来译，中国政法大学出版社1992年版，第766页。

②　参见秦前红、叶海波《宽容：和谐社会的宪政之道》，《法学论坛》2005年第4期。

③　[德] 哈贝马斯：《我们何时应该宽容——关于世界观、价值和理论的竞争》，《马克思主义与现实》2003年第1期，第107页。

性之后，理性被赋予"全知全能"的地位。而现代哲学则颠覆了理性在认识论上的神圣地位，认为人的认识能力是有限的。因而，这在认识论上为不同的认识主体与能力开拓了宽容的空间。在人性论上，文艺复兴与启蒙运动时期的哲学一方面将人提升至代替神的高度，另一方面又对人性表达了深刻的疑虑。没有人在智能、德性与情感上是完美的，因而，宽容必然也成为这种人性论的必然结果。

在现代社会公共生活中，现代社会的利益与价值的多元化是一个全球性的趋势。在这两个公共生活的基本内容多元化的基础上，民族、种族、性别、宗教、教育与社会地位等也都呈现出多元化的趋势。一个社会要想在和谐与合作中发展下去，宽容就必须成为它在社会公共生活美德和政治法律秩序中的原则与规范。

在法治社会，与宽容相关的另一项原则与美德是妥协。所谓妥协，其要义是对立或冲突的双方或多方通过折中或让步避免冲突或解决争端，从而达到双方或多方利益一定程度的满足和实现。宽容首先体现在个人、社会公共生活中的美德与法治制度的原则与价值，其次才影响个人、社会公共生活以及法治领域进而影响到人们的利益；妥协则往往直接关涉冲突的双方或多方的现实利益增减。现代市场经济社会除了利益分化是一个基本特征外，还有"价值多元主义与合理的分歧"的存在是另外一个重要特征。[1] 利益分化与价值多元在经济领域与价值领域互为表里，只要其中一个领域发生冲突必然会涉及另一个领域的冲突，而价值与利益双重领域的冲突必然会增加社会妥协的难度。

在宪政话语中，妥协不仅"具有手段合理性，还被赋予了某种程度的价值正当性"[2]。在现代宪政或以宪政为发展目标的社会，妥协之所以必要且具有价值正当性，第一，在于宪政社会中各种利益主体的生存与发展被赋予了使宪政得以存在的前提性的权利、价值与条件，而正因为这种前提性的权利、价值与条件使得宪政产生必然要使这些主体的生存与发展的权利、价值与条件在宪政产生后能获得宪政上的进一步保障。这种保障使得各种利益主体在发生冲突时没有哪种利益主体可以彻

---

① 参见石元康《自由主义与现代社会》，《开放时代》2003 年第 1 期。

② 张凤阳等：《政治哲学关键词》，江苏人民出版社 2006 年版，第 251 页。

底消灭另一种主体而获得绝对的生存与发展地位，即使是宪政政府自身也是一样。而宪政社会又是一个价值与利益多元的社会，各种价值与利益在进行竞争的时候势必发生冲突，但是，基于宪政存在的前提条件与价值就在于冲突各方具有使宪政得以存在的权利、价值与条件，所以，这种冲突不能以冲突的某一方被强制取消其价值、利益甚至主体存在为解决冲突的方式。因此，妥协必然产生，这是关涉宪政能否存在的根本性的条件。如果冲突主体被取消其价值、利益与自身存在，那么，宪政也就不存在。因而，从这个意义上来说，妥协是宪政存在的一个前提性条件。当然，这里面必须存在一个共识，即宪政是冲突各方希望实现的政治追求。

第二，价值与利益冲突各方的理性是有限的，无论是在伦理价值还是在利益冲突的结果上，对不妥协的追求并不一定合乎各方的最优利益。因为，妥协本身不仅具有手段合理性，更具有价值正当性。也就是说，妥协不仅具有功利上的价值，更具有超越功利而有利于宪政发展的更高价值。冲突的你死我活的解决方式并不一定合乎冲突胜利各方的长远与根本利益。因为这种解决方式为不信任、怨恨与新生的冲突埋下了种子，加之胜者之所以胜利，并不一定代表了宪政发展的正确方向。因此，这种不妥协的冲突解决方式可能为宪政的存亡埋下了祸根。虽然妥协可能不合冲突各方的最优利益，它意味着"每个人的所得均少于预期"①，但是正如美国的宪政先贤富兰克林所说："当你召集一群人集思广益时，你也不可避免地集中了他们所有的偏见、他们的感情、他们的错误观点、他们的地方利益以及他们的自私之见，能期望从中产生完美的成果吗？"② 在美国宪法制定以后，富兰克林说："我支持这部宪法，因为我并不期望得到一部最好的宪法，也因为这部宪法不一定就不是最好的宪法。"③ 富兰克林的话代表了美国建国之初宪政中的广泛存在的妥协精神，也正是有这种妥协精神，才有了美国1789年的宪法。

---

① 参见［美］纪念美国宪法颁布200周年委员会《美国公民与宪法》，劳娃、许旭译，清华大学出版社2006年版，第91页。

② 同上书，第92页。

③ 转引自王希《原则与妥协：美国宪法的精神与实践》，北京大学出版社2000年版，第112页。

第三，妥协本身趋向结果上的正和博弈。在利益分化与价值多元的社会，利益主体之间的博弈结果有三种，即：零和博弈，一方所得正是另一方所失；负和博弈，即所谓两败俱伤；正和博弈，即至少有一方利益有所增加而另一方利益又不会减少，从而在整个社会利益上有所增加。宪政机制为利益冲突主体的存在与价值提供了权利制度上的保障，这为社会生活中的冲突提供了正和博弈的前提性条件。正和博弈致使至少一方得利而另一方不会失利且整个社会利益又有所增加，这就会产生合作剩余，而这种"合作剩余的分配既是妥协的结果，又是达成妥协的条件"①。最后，世界宪政发展史上的妥协成就为现实的宪政冲突提供了可资借鉴的范本，它是人类宪政制度发展史上的共同文明成果。英国是一个有着深厚妥协精神传统的国家，正是这种难以解释的、促使英格兰人面对冲突容易达成妥协的精神使得长期以来各种极端主义思潮难以在英国立足。从1215年的《自由大宪章》和1258年的《牛津条例》开始起，英王与贵族之间的不断妥协促使着英国政制不断地沿着渐进、温和和稳定的路线前进，到1688年的"光荣革命"，终致君主立宪形成。宪政的成功为英国在国际上的霸权地位奠定了基础。不仅如此，盎格鲁—撒克逊民族的这种妥协精神在其殖民地北美也得到了传承。一部美国宪政史可以说就是一部宪政妥协史，其中颇有影响的妥协法案包括："康涅狄格妥协方案"、"3/5妥协"、"1820年密苏里妥协案"、"1850年大妥协"。即使是南方和北方在奴隶制问题上不能达成妥协，在战后北方工业家集团亦与南方的奴隶主集团达成了诸多的妥协，虽然这些妥协在今天看来是极其不光彩的。而致美国奠定今天霸权地位的联邦宪法，也"被描述成为'一堆妥协物'"②。

在我国的文化传统与社会公共生活中，是不存在作为社会公共生活与宪政意义上的宽容与妥协的话语及语境的。那种以"仁者爱人"、"恕道"、"君子和而不同"和"己所不欲，勿施于人"等儒家说教作为中国存在宽容本土资源的证明是误读了现代社会公共生活和宪政法律制度

---

① 张曙光：《论妥协》，《读书》1995年第3期。

② ［美］纪念美国宪法颁布200周年委员会：《美国公民与宪法》，劳娃、许旭译，清华大学出版社2006年版，第91页。

中宽容的含义的。儒家的"仁"、"爱"、"和"及"推己及人"的思想是有差等序列的，是上下有别的，而且，这种"仁"、"爱"、"和"及"推己及人"只是一种"德治"上的政治统治策略，它随时会被"刑杀"政策取而代之。儒家这些道德教化充其量不过是一个意欲在作为统治者的上层知识分子中宣扬的一种私德。在中国传统文化中，即使是儒释道三家的分歧与存在，也并没有带来一种作为社会公共生活与政治生活中的宽容美德，而作为宪政意义上的妥协也是不存在的。从哲学本体论与认识方面来讲，宽容可以近乎是妥协的前提条件。从世界政治与法律发展的历史上来看，宽容与妥协似乎并非是某种理性主义的产物，它更多的是特定的民族在长期的历史发展中发展出来的实践理性。①

自1840年以来，中国外患内忧，为了挽救民族危亡，欧洲大陆的激进主义、理性建构主义与中国的小生产者及其哲学土壤结合起来，②宽容与妥协无论是在社会公共生活还是政治生活中更是没有存在的语境，不宽容不妥协成了民主、革命与进步的象征。而直至今天，宽容与妥协虽然在社会经济生活中逐渐扎下根来，但是，作为一种社会公共生活与政治领域的美德与原则，宽容与妥协还仅仅是存在于学术研究的话语中。如果不改变在当今社会公共生活和政治领域的宽容与妥协的话语生存形态，那么，经济领域中的宽容与妥协的根基就会随着社会危机的爆发而步入更曲折的发展道路甚至是被摧毁。只有经济上的宽容与妥协和社会公共生活及政治语境上的宽容与妥协相辅相成，才可能使宪政意义上的宽容与妥协真正发展起来。

在当今宪政主义全球化的社会中，很难看出市场经济的发展与深入具有逆转发生的趋势。尽管如此，如果公民社会没有对宽容与妥协的认同，那么一个基于利益分化、价值多元与宪政竞争性的社会便是"一个

---

① 有学者在论及罗马法格言"君主不受法律限制"对法国公法发展的影响时认为，英格兰很走运，没有受到这一格言的影响。而且，"这种不寻常的好运，常被归因于盎格鲁—撒克逊传统下英格兰的自由制度，归因于中世纪后期无法解释的代议制的发展，或归因于英格兰血统或性格中促成自由的神秘气质"（参见［美］C. H. 麦基文《宪政古今》，翟小波译，贵州人民出版社2004年版，第50页）。在本文看来，宽容与妥协作为一种实践理性，它似乎同样可以"归因于英格兰血统或性格中的某种神秘气质"，更是一种政治与法律实践中的好运。

② 参见李泽厚《中国古代思想史论》，天津社会科学院出版社2003年版，第67—68页。

冲突的社会"，并且，这种冲突的社会"可能沦落为一场一个人对所有人的战争"①。"市民认同的功能颇似市民社会的管理者"②，而对宽容与妥协的认同正是市民认同的途径与重要表现。

从建立在近代理性主义之上的主体性原则来看，公民的主体性并不能推导出公民之间基于利益分化与价值多元的宽容与妥协。黑格尔讲，主体性无法推导出爱与和解的力量；密尔也认为，理性无法推导出宽容。作为现代西方哲学界的代表人物哈贝马斯在论及主体性和社会和解力量的关系时也说：

> 相反，命运的动力来自对主体间生活语境对称性和相互承认关系的破坏，在这种生活语境中，某个部分如果自己孤立起来，就会造成所有其他部分的自我孤立和从共同生活中疏离出去。主客体关系正是产生于主体间性生活世界中的分裂行为。主体将这种主客体关系作为异化因素，至少是后来才引入主体间关系，而主体间关系具有的是主体间相互理解的结构，而不是单个主体的对象化逻辑。……把有限变无限，再也不能依靠高度膨胀的主体性——因为它的要求已经过分了——而是要依靠一种异化的主体性，因为它脱离了共同的社会生活。由此而导致的压制，应该追溯到主体间平衡状态的扭曲，而不是对一个成为客体的主体的征服。

在这里，哈贝马斯坚持要从已经被后现代主义冲得七零八落的现代性中小心地补出主体间性，以诠释宪政社会中宽容与妥协的价值依据，这是欧洲大陆传统的理性建构主义在哈贝马斯身上的延续。在英美经验主义的传统中，宽容与妥协毋宁是从历史与传统的社会生活中偶然衍生出来的具有实用性的一种宪政美德与原则。因此，本书既不打算从哈贝马斯的主体间性中来推导宽容与妥协，也无意坚持把英美经验主义式的宽容与妥协硬塞进公民主体性中。因为从现代宪政社会应然人权法定化

---

① ［美］爱德华·希尔斯：《市民社会的美德》，李强译，载《国家与市民社会：一种社会理论的研究路径》，上海人民出版社 2006 年版，第 60 页。

② 同上。

的范围与程度不断地扩张来看，公民作为主体，其生存与发展所需要的权利大都得到了法律上的保障。正是这种保障，使得每个公民都作为法律上的主体而具有主体性。因而，在利益分化与价值多元的社会，各利益主体之间的利益与价值冲突都必须基于这种权利的保障之上来解决，否则，各利益主体便没有办法生存与合作下去。也就是说，在缺乏宽容与妥协的宪政美德与原则传统的国家，法律制度对公民作为权利主体的确认与保障，使得社会的发展必须以宽容与妥协作为美德与原则，并渐进地在这种法律制度中发展出宽容与妥协的宪政文化。这是一种实用主义的态度。

　　而我国公民目前并未享有这方面的语境与共识。① 我国当前的语境主要是由传统的礼俗叙事、卡理斯玛叙事与阶级斗争叙事构成，由这些叙事构成的语境使得我国公民对宽容与妥协的理解形成负面评价。尤其经苏联语境过滤再传到中国的阶级斗争叙事，虽然在当时的语境下具有其政治动员的巨大效应，但是这种叙事正是建立在反对宽容与妥协的基础之上的。② 无可否认，在特定的历史时期，基于革命斗争的需要，这样的选择是有其合理性的。在当今宪政主义的语境下，阶级斗争的叙事显然是不能取得利益分化与价值多元的公民社会的整合与认同功能的。尽管在宪政主义全球化的影响下，宽容与妥协作为经验主义的话语在我国狭小的学术领域内获得了宪政意义上的肯定，但在作为一个整体的社

―――――――――

　　① 语境，它作为一种现实社会的表征与再现，具有符码性。正是通过这种对现实社会符码化的呈现，"真正的"现实社会才能够得到表现和理解。语境又具有能动性与迁延性。正是因为语境的能动性，使得一方面作为主体行为结果的语境又反过来对主体自身及其理解能力构成一种型塑，且主体对"真正的"现实社会的理解必然要受制于这个语境对他的限制；另一方面，语境的迁延性使得语境又能够在主体的作用下进行转换，使得主体及其理解能力能够在新的语境下得到型塑。

　　② "列宁生活在革命时代，他在同第二国际修正主义斗争时强调阶级斗争、无产阶级革命和无产阶级专政，着重揭露资产阶级自由、民主、平等的阶级实质和虚伪性。"而"斯大林对马克思主义和社会主义、对阶级斗争和无产阶级专政作了片面的理解，很少讲民主、自由、个性、人道，很少讲人的自由而全面的发展。这种理论上的偏差导致实践上阶级斗争严重扩大化，民主、法制不健全，个人的自由受到不应有的限制，由此发生了许多严重侵犯人权的事件，严重损害了社会主义的声誉"。紧接着，"我国的先进分子是在激烈的阶级斗争中接受马克思主义的，因此他们关注的重点自然是阶级斗争和革命"。参见许全兴《怎样理解马恩"自由人的联合体"思想》，《北京日报》2007年4月9日。

会语境下，我国的社会冲突在公民社会中往往只能获得传统语境下的各种偏执激进话语的理解与诠释。

在宪政意义上，公民主体性与宽容和妥协是共生共存的，它的表现模式是"主体性—主体性"。宪政意义上的公民主体性是获得了法律上权利装置的保护的。由偏执激进带来的不宽容不妥协的逻辑走向势必要取消一部分公民法律上的权利保护装置，由此带来的主体性表现模式是"主体性—依附性"。而且，这种"主体性—依附性"模式必然要以利益分化与价值多元的取消以及个人尊严分配的垄断为基础才能够保持下去。结果，这种"主体性—依附性"模式带来的必然是公民社会与宪政共识的丧失，紧接着，公民社会就会被整合进国家从而取消了其存在的可能性。

因此，宽容与妥协不仅仅是价值观上的，更是一种生存与发展空间上的原则与制度。因为前者只是后者的反映，而后者是前者生发与存在的基础。如果仅仅强调价值观上的宽容与妥协，那么这是一种虚伪的宽容与妥协，它阉割掉了宽容与妥协赖以存在的基础。如果仅有生存与发展空间上的宽容与妥协，那么，这种生存与发展空间上的宽容与妥协也无法具有可持续发展性。不仅如此，在宪政社会，宽容与妥协的空间应该随着社会的物质财富与人格尊严分配的增长而增长。宽容与妥协本身在社会物质财富总量增加的条件下更容易达成，[①] 而人格尊严的分配也随之法律化、社会化与多元化。由此，在物质财富与人格尊严被多元享有的情形下，宽容与妥协也能得到更好的发展。

尽管可能是巧合，但西方社会在宪政意义上的宽容与妥协的衍生与发展可能刚好是现实社会中类似无限次囚徒博弈经验的结果。这种有价值的历史经验值得中国在法治建构过程中吸取，并用于促进法治构建积

---

① 美国学者 Carles Boix 教授在其《民主的根基》一文中表达了这样的一个判断，即："自1950年以来，80%的人均收入在8000美元以上的非石油输出国都实现了稳定的民主。"之所以在这样的国家容易达成民主与法治而不是不妥协的丛林斗争，其中一个重要的原因是："民主选举中的失败者能够预料到他们暂时的失败不是太致命的，这就是说，这种失败一般不会危及他们的生活水平和政治生存。因而，他们愿意接受选举的结果。"这就是说，当社会物质财富和人格尊严的分配总量够大且分配较为合理时，宽容与妥协将会得到更大的生存空间。参见 Carles Boix, *The Roots of Democracy*, http://www.hoover.org/publications/policyreview/2913481.html.

极因素的形成。

三　精英寡头化与社会民粹化——公民主体性二维消解

对法治后发国家来讲，精英寡头化与社会民粹化是法治均衡构建的危险障碍，这两个障碍，只有成熟公民社会的存在方是破解这两个障碍的结构性基础。

在现代法治主义的发展潮流中，要想使法治能够稳健发展并成熟运作，必然要经受住来自右的精英寡头化与左的社会民粹化的挑战，这无不关涉到公民主体性的发展与成熟问题。

精英对民主与法治侵蚀的危险在精英主义那里有着精辟的论述。精英主义产生于 19 世纪末 20 世纪初，迄今已经过两个发展阶段。第一个阶段是第二次世界大战前的影响甚大的传统精英主义，其代表人物有意大利的莫斯卡、帕累托和米歇尔斯。第二次世界大战之后，传统的精英主义发展成为新精英主义或民主精英主义，其代表人物是熊彼特、米尔斯和萨托利等人。

精英主义号称无意对现代法治社会进行价值分析而崇尚实证研究。精英主义通过研究发现：

> 一个异质社会——一个有许多不同部分的社会——其每个构成部分都可能产生一组权力行使者。……所有在某一层次上可以"现代"称之的社会，无不如此，较为进化较不进化的社会之间的主要差异是，在现代社会，精英在功能上远更多样。在古代社会，主持局面的可能是教士与战士。[1]

也就是说，精英主义并不愿意以某种意识形态为出发点去观察每一个"异质社会"，而更多地从实证层面去对现实社会进行分析。精英主义发现，在现代法治社会，可以观察到的事实是，每一个社会都可以发现两个不同的阶级，即作为精英的统治阶级和被统治阶级的一般社会大

---

[1]　［英］约翰·麦克里兰：《西方政治思想史》，彭淮栋译，海南出版社 2003 年版，第714 页。

众。而统治阶级又可以分为两个阶层，第一个阶层是掌握政治权力的政治精英，他们占的人数极少。另外一个阶层是统治阶层中的其他成员，这个阶层是政治精英中的后备力量。精英又可以分为传统社会的精英与现代法治社会的精英，无论是传统还是现代，社会政治斗争都表现为："旧有统治精英自卫抗拒新兴精英，一切社会的政治斗争大致就是这两者之争。"① 从这里可以看出，传统政治理论的价值分析在精英主义的叙事里被尽可能地剔除掉了。精英主义还认为，传统的精英统治社会与现代精英统治社会的运作方式不一样。传统精英比较倚重武力，而现代精英更多的倚重"说服"，因为说服符合成本效益之道。精英主义的这个论断似乎与近现代的法治论述很合拍。近现代的法治哲学认为，经过文艺复兴、启蒙运动、宗教革命与资产阶级革命，法治社会的公民理性得到开发，且其主体地位得到了法治社会中的各种权利制度的确认与保障。代议制的实行使得法治社会的权力合法性由被统治者的同意生成，而这种同意必须建立在合意之上。因而，法治社会的不同利益集团之间的竞争就要表现为价值与利益分配方式能否得到更多主体性公民的同意，这就不得不依赖竞争的论述与宣传来达到取得被统治者合意的目的，从而取得统治的合法性。国家权力的这种法治组织方式在精英主义看来不过是更合乎成本效益之道而已。由此看来，"新兴统治精英如逐渐得势的狐狸，旧有统治精英是渐失天下的狮子"。② 正是成本效益之道使得新兴统治精英获得了统治地位。由此可见，现代法治哲学中的价值因素已被精英主义剔除殆尽。

正是在这种价值无涉的方法上，精英主义进一步分析了资本主义的代议制与社会主义运动。精英主义认为，无论是资本主义社会的代议制还是社会主义运动，它们尽管在价值观与代表的利益上是相冲突的，但是，它们都有一个共同的特点，即组织。"一切有组织的人类生活，都是由精英安排其中秩序。"③ 也就是说，不仅资本主义通过代议制一方面组织起精英的权力运作模式，另一方面借此过滤一般大众的粗鲁意

① ［英］约翰·麦克里兰：《西方政治思想史》，彭淮栋译，海南出版社 2003 年版，第714 页。

② 同上书，第 715 页。

③ 同上书，第 717 页。

志；而且，社会主义运动也必然有组织，而这种组织必然造就出运动领袖，在这种组织内部的不同成员之间，不平等是显而易见的。并且，西方的社会主义运动通过议会斗争为普通大众谋取利益，逐而渐之，其领袖也与资产阶级精英阶层没什么区别了，成为了工人阶级与资产阶级之间的权力掮客。①

后现代主义认为，现代性的大叙事往往都是"以'自我构造的'逻辑为根据的。它们是循环论证、自我指称和自我满足的；它不存在为之辩护的外在有效性或实体性的根据"②。在建构现代法治话语的理解网络上，每一种话语理解网络都是建立在某种自我满足、自我指称与循环论证的大叙事之上，进而创造出具有"说服"效应的话语理解网络。精英主义也不例外。现代社会的各种分工领域都有各种各样的"选择机制"，而这些选择机制正是产生社会精英的途径与方式。

既然按照精英主义的论述，无论在哪一种社会，精英的产生与存在都是不可避免的，那么，在现代法治社会，如何避免精英对法治的操控而使之走向寡头统治呢？这就必须由主体性公民来承担这个功能。在现代社会，要使法治能够起步并稳健地发展，公民主体性的发展与成熟则是避免法治走向精英控制而致寡头化的基础与保障。公民主体性的发展与成熟不仅可以抵抗住权力精英寡头化而导致对法治的右的威胁与侵蚀，而且还能够有效地防御民粹主义对法治稳健发展所带来的左的挑战。这里就必然要论及另一种政治哲学流派——民粹主义。

民粹主义最初出现在 19 世纪后半叶，当时在北美和俄国都出现了以农民为主体的各种运动，这被视为第一代民粹运动。在 20 世纪的六七十年代，民粹主义混杂着民主、民族独立和民族复兴的运动和要求席卷了全世界。自 20 世纪 80 年代末至 90 年代初以来，随着苏联和东欧社会主义运动的挫折而兴起的民粹主义运动再次席卷了世界上的很多国家。虽然民粹主义是一个含义极其丰富又难以定义的词汇，③ 但是，人们一般可以从以下三个层面去理解它：一是作为一种社会政治思潮的民

① 参见［英］约翰·麦克里兰《西方政治思想史》，彭淮栋译，海南出版社 2003 年版，第 720 页。

② 高中：《后现代主义法学》，法律出版社 2005 年版，第 220 页。

③ 参见［英］塔格特《民粹主义》，袁明旭译，吉林人民出版社 2005 年版，第 3 页。

粹主义。社会政治思潮意义上的民粹主义具有现代法治理论上人民主权的理论依据。民粹主义以人民主权为依据，将政治运动、政治权力及其组织方式的合法性归结为一般社会大众的直接要求与普遍意愿，反对政治精英阶层对人民主权的僭越。这种意义上的"民粹主义对应于直接民主，其特征是民主的极端主义"①。二是作为一种政治运动的民粹主义。这种意义上的民粹主义和一般政治运动的关键区别有两点：第一，它是"惟一的诉诸和求助于人民群众的所有运动和学说"；第二，它缺乏"组织化的权力和独立自主"②。正是在这两种意义上，民粹主义作为一种运动与已有组织性和独立性的公民社会的政治运动虽然在表面上没有什么区别，但在其法治理论依据、运动功效与社会功能上是存在着很大不同的，而这种不同就是建立在公民主体性的差异之上的。三是作为一种政治动员方式的民粹主义。与前种意义上的民粹主义不同，这种意义上的民粹主义是由占有合法性的社会统治精英发动的，而发动这种民粹主义的目的往往是延续统治精英的政治合法性与统治权力。

　　无论是哪一种意义上的民粹主义，其鲜明特征在于通过将社会思潮、政治运动或政治动员方式直接诉诸民众的某些朴素价值观与利益追求而获得其合法性、动员能量与利益。民粹主义的兴起与发展中有一个精英主义意义上的奇怪现象，即一方面，民粹主义反对的是社会精英对一般大众利益与价值追求的僭越，因而它要通过社会大众的直接意愿与运动来表达对这种精英僭越的超越；但另一方面，这种超越背后实际上不过是社会精英中的一部分通过民粹主义的动员方式来表达自己的利益与价值观而已。因而，学界一般认为民粹主义反对精英主义的论断实际上是一种很含糊的说法。准确的表达方式应该是，民粹主义在价值观上反对精英主义，但是，它自身的兴起与发展却无论如何也离不开精英的力量与精英主义的运作方式。

　　从民粹主义的发生学上来看，它是对社会变革或危机的一种应激反应。尽管从学理上来讲，民粹主义是现代性的产物，但是，从其价值与

---

① 俞可平：《权利政治与公益政治》，中国社会科学出版社 2005 年版，第 264—265 页。
② 同上书，第 265 页。

利益追求的特征上来看，它在中国具有十分深厚的历史亲和语境。① 从中外民粹主义的历史作用来看，它对法治的发展具有十分消极的负面作用，因为一方面，社会资源是有限的，通过以有限的资源来维持一般大众的政治运动热情是不具有可持续发展性的；而另一方面，由于对一般大众的政治价值动员的边际效应是递减的，因此，它也不具有可持续发展性。然而，国家若以民粹主义的方式来进行政治运动必然会造成社会资源与价值观效用的双重递减，这对法治的发展具有很大的危害性。因此，在法治初步发展的中国，如何使民粹主义不至于吞没了法治的启动与稳健发展，则是一个相当棘手的问题。不仅如此，在现代法治后发社会中，寡头化的精英与民粹主义实际上是分别从右与左两面夹击对法治主义进行挑战的。并且，并非总是在所有的时候都是成平行状态对法治主义进行挑战，而是在一定的条件下会凝合成一股能量对法治主义进行挑战。在一个法治初步发展的国家，这种挑战是相当致命的。因此，精英寡头化与社会民粹化就会形成一种反法治主义的力量，它们不过是这种反法治主义力量的一体两面，随时可能往相反的方向演化。②

　　有学者认为，"人的主体性与公民社会是内在联系的。一个缺乏主体意识的人也是对自己要面对的各种关系——例如个人与国家的关系缺乏认知的人，对应享有权利和义务懵懵懂懂的人，精神上容易任人摆布和利用，不可能成为负责人的公民"③。而实际上，这只看到了主体性

①　对于这种现象，李泽厚有过这样的论述，他说："时间又过去了一二百年，墨子在近代中国再一次被重新发现。"而且，人们纷纷"颁发给墨子"以"伟大的平民思想家"、"劳动阶级的哲学代表"的称号。不过，李泽厚认为，代表小生产者利益与价值追求的墨家与近代民粹主义思想有着"血缘关系"。"在中国近代以至今日，我以为，始终有一股以农民小生产者为现实基础的民粹主义思潮的暗流在活跃着。"参见李泽厚《中国古代思想史论》，天津社会科学院出版社 2003 年版，第 66—67 页。

②　法国的思想家勒庞用政治心理学描述了这种现象，在他看来，没有组织化的一般民众与精英经常有如下的表现："就人类的群体而言，所谓头领，有时不过是个小头目或煽风点火的人，但即使如此，他的作用也相当重要。他的意志是群体形成意见并取得一致的核心。……一群人就像温顺的羊群，没了头羊就会不知所措。"不仅如此，"领袖最初不过是被领导者中的一员。他本人也是被一些观念所迷惑，然后才变成了使徒"。参见［法］勒庞《乌合之众：大众心理研究》，冯克利译，中央编译出版社 2005 年版，第 96 页。

③　肖雪慧：《从"主体性"到"公民社会"》，《中国图书商报》2004 年 10 月 15 日第 A16 版。

抵御公权力随意扩张的一个方面，而迎接精英寡头化与社会民粹化对法治的挑战一样是公民主体性的任务。最终能够抵御精英寡头化与社会民粹化这两种左与右的力量对法治进行挑战的，必然要依赖自主的公民社会力量，而这种力量最终可依赖的来源就是公民主体性的发展与成熟。从价值无涉的意义上来看，精英主义所表述的精英对社会的统治的确是不可避免的，但是，如何使这种精英主宰的社会不至于发展至寡头化，从而对法治形成一种过度的侵蚀与腐化，则只有依赖建立在公民主体性之上的公民社会的自主性。在帕累托的精英主义中，现代法治社会的精英是通过说服来获得自身的统治权力及其合法性的，而这种说服实际上就是后现代主义所批判的所谓"霸权叙事"。后现代主义认为，正是这种霸权叙事，使得那些对自己主体性没有定义能力的公民为精英所定义，而这种被精英所定义的状态就是失去主体性的状态。这里面便存在一个悖论，一方面社会政治精英通过提供给一般大众以现代社会的霸权叙事并通过他们的说服来获得其统治权及其合法性，另一方面，他们又要求一般的大众具有对自身主体性定义的能力，这实际上就是赋予了每个公民能够成为精英的要求。正因如此，本文认为，法治社会的公民必须具有某种神性，它自我欣赏且自命不凡，具有批判能力与意志自由，这样他才能够在一定程度上摆脱被精英定义的命运，共同参与到法治共识寻求的活动中去。正是在这种对法治共识的共同寻求的过程中，一般大众才能在一定程度上摆脱精英寡头化给法治带来的危害，从而为法治的稳定与可持续发展提供可能。不仅如此，公民主体性发展与成熟的同时也必将使民粹主义产生的基础得以瓦解，从而将那种对法治足以构成致命威胁的民粹主义消灭在萌芽状态之中。之所以会这样，就是因为民粹主义是建立在一般大众缺乏组织化的权力与独立自主性之上的，而具有主体性的公民所组成的自主公民社会将民粹主义直接与国家最高统治权力或寡头化精英的利益与价值观之间的联系拦腰斩断，使得自己能够在国家、寡头化精英与一般大众之间形成一个坚不可摧的法治堡垒。这样，主体性公民及其集合就从根本上消解了寡头化精英与民粹主义能够摧毁法治根本的能力。

由上述分析可见，在一个由具有主体性的公民组成的自主性公民社会里，寡头化精英与民粹主义根本缺乏危及法治的能力，因为基于利益分化与价值多元，加之权利自身组织化与自主化，从根本上分解了精英寡头化与民粹主义存在的社会根基。这个论断可以从全球社会法治国家中的法治运行经验中得到证实：在一些主体性公民发展不成熟的国家，精英寡头化与社会民粹化的双重危害使得法治动荡不安；而在一些公民主体性发展成熟的国家，寡头化精英与民粹主义难以撼动法治的根基，法治的发展则比较稳健与和谐。

实际上，精英寡头化与社会民粹化都有着强有力的均衡支持。当一个社会缺乏法治基础，缺乏成熟的公民与公民社会，寡头化精英就能通过社会民粹化，形成一种反法治的均衡，当今中国社会法治均衡的构建对这种危险仍然需要警惕。

第三章 公民主体性与我国公共领域的发展

第一节 公民主体性发展的社会条件

现代意义上的公民主体性是首先在西方发展起来的。因此，对西方公民主体性发展的社会条件做一个简单的反思与回顾，将有利于我们清醒地认识我国公民主体性的发展环境与条件。

一 经济条件

市场经济是近代西方公民主体性发展的一个基本动力。正是在人类前进的永恒动力——利益的驱动下，西方的市场经济在近代之前就已经取得了长足的发展。而贵族阶级则由于占有大量的土地可以剥夺农民的生产成果，反而对参与到新兴的生产方式中去缺乏兴趣。新兴的市民阶级则与新兴的生产方式紧密地联系在一起，市场的发展使他们在经济上取得了前所未有的成功。正是这种成功使得新兴市民阶级的利益和封建统治阶级的权力发生了激烈的碰撞。与农民的地位不一样，新兴的市民阶级实际上在实然上拥有了一些自由权和财产权，这些都是使他们的利益能够进一步转化为近代法治法律体系中的权利的母权利。正如权力一样，权利也有着利益的内在驱动力，不过它是沿着正义的方向不断向前拓展并试图获得法律的基础与外壳的保护。正是这种前法治时期公民社会手中的实然自由权和财产权，使得新兴的市民阶级在利益的驱动下趋向追求更多的权利，而这一切都是近代公民主体性产生的强大驱动力。

二　思想条件

在西方的前法治时期，新兴市民阶级的主体性不仅获得了市场经济的驱动力，而且从古老的希腊与罗马文明甚至是基督教思想中获得了强大的理论渊源。正是这些强大的理论渊源，为西方前法治时期的个人蜕变成近现代意义上的主体性公民提供了叙事上的可能。随着近代西方社会基督教意识形态支配下的社会经济、政治与文化逐渐发生了重大的质的变化，以理性为号召构建的近代抽象叙事体系成了基督教意识形态的替代性体系。这种抽象的叙事体系在后现代主义的一些思想家看来，就是建立在有关以理性、自由与解放等允诺的"元叙事"之上的"宏大叙事"。这种宏大叙事就是西方进入近代社会以来的公民主体性背后的巨大叙事支持：它以理性、主体性、民主、自由、平等、科学、契约精神和批判精神为其内在规定性，并与制度层面的经济运行市场化、行政管理科学化、公民社会组织化、公共权力法治化相结合。正是这种神奇的近代西方理性与进步的宏大叙事，构筑了西方的个人从身份走向契约的正当性与合理性，并在此基础上为个人主体性向公民主体性提供法律制度条件。

三　政治条件

在市场经济与近代理性叙事的推动下，主体性的个人为了获得法律权利的确认与保护而要求建立法治制度是历史发展的趋势。不过，在欧洲，由于各个国家内部的阶级力量对比、市场经济发展的程度、民族文化的传统与特点不一样，因而，个人主体性迈向公民主体性在欧洲表现出了不同的政治模式。不过，无论是什么样的模式，个人主体性要获得其政治法律上的保护从而转变为公民主体性，都要求某种形式的革命来承载这种转变。基于以上原因，欧洲几个主要大国的革命表现形式也不一样："德国人是信仰基督教唯灵论的民族，他们经历的是哲学革命；法国人是信仰古代唯物主义的民族，因而是政治的民族，他们必须经过政治的道路来完成革命；英国人的民族性是德国因素和法国因素的混合体，这两种因素包含着对立的两个方面，当然也就比这两个因素中的任何一个都更广泛、更全面，因此，具有这种民族性的英国人就卷入了一场更广泛的社会的革命中去。"① 虽然革命的表现形式不一样，但是，它所带来的结果是近代法治制度的建立或者是促进了近代法治制度的建立，进而为公民主体性提供法律、制度、社会与叙事方面的支持；反过来，法律、制度、社会与叙事也因为公民主体性的逐渐确立而获得正当性、合理性与合法性。

　　由以上分析可以看出，西方国家公民主体性的发展是一系列社会条件发展变化的结果。我国的市场经济已经发展 20 年了，社会利益分化逐步稳健发展，全球化的法治主义对我国的影响也日趋深入；不仅如此，我国宪法还确定了人民主权与人权两大世界宪政公认的原理，公民的基本人权与权利获得了宪法与部门法发展的逻辑起点与保障，公民主体性的发展获得了前所未有的大好时机。

第二节　公民主体性与公共领域

　　在考察公民主体性的时候，我们需要考虑到它赖以存在与发展的社会空间，正是这种空间才使得公民主体性的形成与发展成为可能。法治均衡的演化与发展，离不开公民行为对传统均衡的选择性偏离，但是，如果不存在公共领域，这种偏离就会被严格限制。正是因为公共领域的存在，使得公民能够在偏离传统均衡而顺应法治均衡的过程中得到激励，从而使得法治均衡更快地形成。人是社会的人，在进入近代社会以来，个人以两种身份存活于这个世界上，即公民的身份和私人的身份。本节所论述的公共领域，正是个人以公民身份出现的社会空间。

　　"公共领域"这一概念成为法学的研究范畴得益于德国学者哈贝马斯。自哈贝马斯之后，"公共领域"便成为欧洲主流政治话语的一部分，欧美各国学者的专题性著作和论文层出不穷，公共领域与法治之间的关系也日益受到重视。哈贝马斯的所谓公共领域，主要是指介于国家与社会之间、公民参与公共事务的地方，它凸显了公民与政治领域的互动。这种意义上的公共领域可上溯至古希腊时期，当时的社会就出现了

---

① 恩格斯：《英国状况·十八世纪》，《马克思恩格斯全集》第 1 卷，人民出版社 1972 年版，第 658 页。

"公"（公共事务）与"私"（私人事务）的分化。哈贝马斯认为："公共性本身表现为一个独立的领域，即公共领域，它和私人领域是相对立的。有些时候，公共领域说到底就是公众舆论领域，它和公共权力机关直接相抗衡。有些时候，人们把国家机构或用来沟通公众的传媒，如报刊也算作'公共机构'。"① 公共领域对于法治的建构具有重要性，卢梭认为"公共场所是法治的基础"②。康德也对公共性表达了相似的观点，他认为："任何一个个人要从几乎成为自己天性的不成熟状态之中奋斗出来，都是很艰难的……然而公众要启蒙自己，却是很可能的；只要允许他们自由，这确实几乎是无可避免的。"③ 哈贝马斯虽然在论及西方资产阶级的公共领域时所指非常广泛，但他主要是指公共舆论领域。相对于比较狭义的公共领域来讲，本书认为，在法治国家中，能够为法治提供源源不断的理论资源、构筑法治的深厚社会根基并为法治提供全面的价值支撑的公共领域，应该是"形式上是跨市民社会、私人领域和公共权力的第三域"④。尤其是在法治初步发展的中国，如果把公共领域的含义界定得过于狭窄，那我们就可能忽视一些对法治发展具有重大影响的国家与社会两个层面的力量。

一　公民主体性与市场领域

自由市场领域的存在对公民主体性的培育与发展具有两面性。首先，自由市场领域的存在为公民主体性的培育与发展提供了权利机制、利益驱动、资源供应与自由空间，这些因素为公民从团体身份中脱离出来走向契约提供了可能，并且，这些因素还为社会从国家的控制中发展出自主性提供了条件。

自由市场的存在首先必须厘定其存在与发展的必要权属、交易与纠纷解决机制。市场经济是权利经济、交换经济、竞争经济，市场交易的

---

① ［德］哈贝马斯：《公共领域的结构转型》，曹卫东译，学林出版社 1999 年版，第 38 页。

② 同上书，第 77 页。

③ 同上书，第 83 页。

④ 史云贵：《论哈贝马斯的"公共领域"理论及其对我国政治现代化的启示》，《武汉大学学报》（哲学社会科学版）2006 年第 6 期。

前提是权利归属的法定化。商品的交换实际上是一种权利的交换，商品交易者在市场上为了寻求利益的最大化必然为了交易安全、纠纷解决、利益获得而自然地寻求权利的确认与保障。因此，市场交易主体的权利确认与保障势必为公民主体性的培育与发展提供可能。

市场经济是契约经济，只有契约的自治才能够使得市场竞争能够充分、完全而彻底，而自治的契约必然要求市场交易主体具有自由的意志。在市场交易的利益驱动下，获利的可能性、获利方式的选择、契约立废都促使个体从团体中脱离出来形成自由意志。这种市场交易中培育的自由意志的行使为公民在公共领域中的其他场域的自由意志行使提供了演练的机会。

在全能国家之下，国家几乎掌控了所有的社会资源。个人若要获得发展，势必要依附于国家的各种组织与机构中去。因而，个人的自由意志必然会受到国家权力的规训。而自由意志被个人发展所需的资源绑架于国家权力的手中，个人主体性发展的空间就几乎被压至为零。在市场经济的条件下，国家要获得经济发展的效率，必须要放松对社会资源的全面掌控并交由个人来自由支配，以便调动个人的积极性、主动性与创造性。如此一来，一方面，个人便获得了生存与发展的必要资源，因而，市场经济一方面为国家发展的经济效率提供了制度条件；另一方面，它也为个人主体性的发展提供了社会资源，自由的市场经济因此而成为了个人主体性发展的避风港。在这种条件下，国家权力若对市场经济进行广泛的强行干预，便会遭遇到以社会为主体的资源拥有者的抵制。

市场经济发展所必需的权利机制为个人提供了法律空间与意志自由，同时，市场经济发展也必然带来资源的社会拥有、储备与增长，加之个人作为市场利益主体的驱动，自由市场为公民主体性的发展提供了一个坚实而广阔的空间。

然而，市场经济社会必然意味着具有主体性公民的自然产生与充分发展吗？从市场经济权利机制、利益驱动、资源供应与自由空间来看，市场经济的确能够使得公民主体性得到相当有利的发展空间。然而，市场经济作为一种契约经济，它实际上主要是私法上的契约在推动市场的发生、运行与发展。这种私法上的契约表现在权利上则体现为占有性的权利而非参与性的权利，或者说它主要是一种私法上的权利而非公法上的权利。

　　一般而言，在人类法治发展史上存在这样一个普遍现象，即自由的发展先于法治的产生，法治往往是首先产生于市场的无法律权利上的自由发展到一定程度的产物。也就是说，在法治与法治下的权利产生之前，存在着法治缺失下的权利与自由，这种自由没有法律依据，但是，它因有着深厚的利益驱动所以能够发展并推动法治上的权利的确立。在市场经济条件下，随着社会掌控的资源增多，个人的权利发展更为全面和深入，个人在市场领域中的自由意志发展更为充分，它就会创造一个中产阶级，这是法治的基础之一。当市场经济发展到一定的程度，有人认为就会出现以下的社会情形：

　　　　第一，经济发展创造了一个庞大的中产阶级，这是民主的基础之一。中产阶级是天生的民主派。他们与这个体制有着利害关系，他们希望改革它而不是推翻它。第二，中产阶级……多数人都是高中毕业，许多人上过大学。他们不再受到忽视，而且不会盲从煽动家和极端分子的观点。第三，……人们逐渐认识到自己的利益并希望表达它。他们需要考虑商业的、职业的、地方的和宗教的观点。他们……不愿意被当小孩子看待。最后，市场本身教会公民自立、多元化、宽容以及不要期待过高，所有这些态度都有助于维持一个民主制。①

　　这种乐观的估计实际上也可以解读为市场经济对法治可能发生的一些正面的推动作用。然而，这种分析要么是过于乐观，要么是忽略了与市场经济一起起作用的其他重要的法治推动因素，只不过人们通常把这种存在的因素视为当然会发生的因素而已。也就是说，市场经济可能会推动上述引文中的一些对法治有正面推进作用的因素产生，但是，我们必须认识到，这些因素也可能是不必然的。我国学者朱学勤就认为：

---

　　①　［美］迈克尔·罗斯金等：《政治科学》，林震等译，华夏出版社2001年版，第78页。

从已见的西方学理上说，中产阶级作为民主社会的必须结构，理应护卫；但是这样的学理逻辑并不是从今日大陆中产阶级产生的特殊背景而出，此其一；其二，目前特殊背景下产生的中产阶级，出现这样一种品相：民主要中产阶级，中产阶级却不要民主，似乎还未引起应有的注意；其三，即使将来中产阶级产生民主要求，其精神趣味却是不值得恭维。如何给中产阶级社会属性留下足够的发展空间，与此同时，抵制其精神趣味，将是一个越来越重要的问题。①

上述引文不仅指出了我国中产阶级社会属性的问题所在，而且间接地道出了学界存在的一个有问题的学术方法，即在引进西方的学理对中国的社会经验进行分析时，往往为了迁就西方学理或者以西方的学理与经验为理想模型来建立对中国经验批判的制高点进而强行削足适履。这种学术品性所产生的学术观点往往十分前卫，结果不仅为现实社会的发展进程所难以接受，而且将西方的能指与中国的所指强行"拉郎配"，结果造成了能指与所指的龃龉，以致遮蔽了真正可以转换西方学理进而同中国经验相契合的途径。应该指出的是，朱学勤的这段话可能将今日中国大陆中产阶级的精神趣味（作为私的）与其作为一个特殊公民群体的主体性属性（公私兼有的）混为一谈。因为一个具有主体性属性的中产阶级公民并不一定具有高的私人精神趣味，反之，一个具有高的私人精神趣味的中产阶级公民却也并不一定具有主体性属性。因为市场经济促使中国中产阶级产生，虽然，一个特殊的且在社会中占有相当比例的中产阶级产生后无论其主观愿望如何，他们都会具有对法治发展具有相当积极的社会意义，但是，市场经济并不会必然地产生对中产阶级作为法治社会的公民所具有的主体性属性进行正面的选择与培育功能。

不仅如此，市场本身也是一个对个人主体性进行宰制的社会领域。首先，在一个像中国这样的法治初步发展的社会，公权力不仅仅是在国家层面运行，在社会层面，公权力也会以权力的衍生形态对社会以及社

---

① 朱学勤：《书斋里的革命》，云南人民出版社2006年版，第72页。

会权力进行宰制。① 由于市场主体与资源并未充分、彻底和全面的市场经济化，而且，在现代社会，国家对经济的调控已成为全球市场经济普遍的现实，这使得市场经济主体所拥有的社会权力因为自身利益的需要而对国家权力形成各式各样的依附关系。相对应，这种社会权力依附于国家权力的关系，在中国，作为市场主体的领导力量——企业家阶层的观念状态是怎样的呢？有学者对于公民"权利是党和国家给的"还是"权利是公民身份或生来就有的"这样的问题作过调查。选择"权利是党和国家给的"远远高于"权利是公民身份或生来就有的"；而选择"权利是公民身份或生来就有的"企业家的人数又明显低于体力劳动者和白领阶层，仅仅略高于农民。② 这一调查说明了公权力对社会权力的宰制体现在权力组织形态与权利观念两个层面，而且是一种有效而深入的宰制。国家权力正是依靠这种权力依附生态，通过市场主体对公权力的依附关系再经由市场主体的组织力量实施社会宰制，从而就会出现"权力宰制亦将透过各种社会等级组织和各种社会力量而盛行于社会内部的事实"③。

正是因为公民主体性的缺失，所以，那种乐观地认为市场经济能够带来具有独立自主公民社会的观点恐怕值得商榷。之所以出现这种观点，恐怕主要是在公民主体性与公民社会的关系上出现了逻辑链条的断裂。首先，从市场经济发展的主导力量来看，西方市场经济的发展是在公民社会主导下发展起来的，而中国市场经济的发展是在国家主导下发展起来的。因而，在市场经济中逐渐发展起来的公民社会一开始就受到国家权力的宰制，而公民个人的主体性发展也从一开始就被国家权力与依附权力的社会权力双重规训着。因此，期待徒有其表的公民社会具有法治社会所要求的独立于公权力的自主性，无疑是很不现实的。其次，西方公民社会的学理中有一个前提性的条件，即个人主义随着文艺复兴以来的社会运动逐渐发展成熟，"在整个西方宪政史中始终不变的一个观念是：人类的个体具有最高的价值，他应当免受其统治者的干预，无

---

① 参见宋惠昌《现代社会权力结构新探》，《政治与法律》1999 年第 1 期。
② 参见夏勇《中国民权哲学》，生活·读书·新知三联书店 2004 年版，第 112 页。
③ 邓正来：《市民社会理论的研究》，中国政法大学出版社 2002 年版，序言第 10 页。

论这一统治者为君王、政党还是大多数公众"。① 因而，具有主体性的公民在西方发展到现代社会不是主体性的不足乃至缺失，而是主体性过度膨胀致使社会共识成为一种稀缺的资源。不仅如此，而且"由于个人是实在的，而社会是抽象的"②，因此，没有主体性的公民，公民社会更难建立起自主性。故而，国内学者用西方公民社会的理论直接来建构中国的公民社会理论，有把西方的能指与中国的所指当成具有共量属性的谬误。

因此，一方面，我们应该看到市场经济作为公民社会的公共领域对公民个人主体性的型塑具有相当积极的意义；另一方面，我们应该注意到，对于市场领域对公民的宰制从而对公民主体性成长不利，人们应该有足够的认识，并且，人们应该对市场经济对公民社会的自主属性的正面意义持相当谨慎的态度。

二　公民主体性与政治领域

政治领域是以国家立法、行政与司法为中心的公共领域。在公民社会理论中，有一种观点将"市民社会视为集权专制政治下的一个'避风港'"，对人民来说，对集权专制的"最佳战略是把自己的精力投入经济、宗教、文化等重要的组织活动，而对专制者所把握的国家不予理睬"③。显然，这种自行将公民主体性发展空间缩小的态度是很不可取的。

在计划经济时代，国家全面控制社会并垄断所有社会资源，个人拥有极少甚至是无从拥有社会资源，社会利益被国家强力整合成一种单一的以国家或集体利益为依归的状态。这种利益整合表面上看起来是从根本上消除了根本利益的冲突和社会内部各不同阶层之间的冲突，但实际上，由于这种利益整合的方式是建立在以国家政治资源为基础与支持的价值动员之上，它固然能造就短时的生产力大飞跃，然而，这种价值动

---

① ［美］弗里德里希：《超验正义：宪政的宗教之维》，周勇、王丽芝译，生活·读书·新知三联书店1997年版，第77页。

② ［英］马丁·洛克林：《公法与政治理论》，郑戈译，商务印书馆2002年版，第140页。

③ 邓正来：《市民社会理论的研究》，中国政法大学出版社2002年版，第15页。

员忽视了人们的主体性与经济规律，短期内的成功并不能改变这种对主体性与经济规律的忽视，相反，它还为这种忽视提供了依据与合理性。历史实践证明，这种以价值动员与庞大的行政力量投入的经济发展方式长期采用必然会造成社会生产力的低下。并且，由于以国家政治资源为基础与支持的价值动员又反过来极其地依赖社会生产力，这使得国家的这种利益的整合方式所需要的政治资源难以为继，不具有可持续发展的可能，这时候，潜伏的社会矛盾就会出现。又由于国家与社会同一且社会资源被国家整合成单一的运行模式，人们之间的利益无从出现分化，这时候，人们的利益冲突就被利益的实际存在形态型塑成单一的"国家←→社会"形态，冲突主体之间出现和平的均衡机会没有利益的均衡为依据与基础，"历史周期律"危机就会出现。上述过程可以表述为以下关系的逻辑链条：国家与社会的同一、国家统合社会资源→政治与价值动员→社会生产力短期飞越→社会生产力增长后续乏力→政治与价值动员的资源匮乏→国家与社会的同一、国家统合社会资源的合理性缺乏→"国家←→社会"单一格局的矛盾呈现→"历史周期律"危机出现。

显而易见，在计划经济时代，由于国家统合全部社会资源并与社会同一化，社会中存在的是单一化"国家←→社会"的矛盾，这使得社会没有动力与能力去参与国家活动；并且，由于单一的价值形态支配着政治系统中的社会动员，因而，政治系统中权力也无从分化，高度的集权化使国家也丧失了作为公共领域的可能，充其量，国家也只是一个极其有限范围内的公共领域。

在现代市场经济社会，竞争与社会资源的市场化分配不仅在公民社会中形成不同的利益阶层，而且，政治领域中也会因为制度改革而出现权力职能分化。其中，前者的利益分化对后者的职能分化具有引发、促进、巩固与加强的作用。在社会利益与政治领域中的权力职能都出现分化的情形下，这就意味着国家与社会两个层面的利益分化开始形成，法治产生与发展的原动力就会产生。[1] 并且，国家与社会两个层面的利益分化在第一阶段表现为横向关系，尤其是在由政府主导下的市场经济发展的中国。在市场经济进一步发展的过程中，公民社会中的不同阶层的

---

[1]　参见潘红祥《利益主体的多元化与宪政发展》，《兰州学刊》2005 年第 2 期。

利益冲突与国家层面中的权力理性改革同时发展。由利益分化而导致的利益冲突发展到这一阶段，国家层面不同职能的权力与公民社会中的不同利益阶层之间为了在利益冲突中获得优势地位，两者之间的向心力就会产生并逐步趋向法治发展所需要的联合，这种联合使得计划经济时代作为有限范围内的公共领域的国家在市场经济之下成为全体公民的公共领域的国家。

　　然而，正如本书前面所论述的，市场经济与公民社会并不必然会使公民主体性生成并发展成熟，而公民社会的自主性也不会自动生成。而且，在我国，虽然计划经济时代以价值动员来促进经济发展的方式已经淡化，但是，与市场经济、利益分化以及成熟自主公民社会多元共存共容的价值形态并未形成。因而，在社会转型与法治初步发展的阶段，利益的冲突并不会必然以妥协与宽容的形态出现。亨廷顿分析西方立宪政治蓬勃发展的原因时说，"经济发展产生了更多的公共资源和私人资源可供在各个团体中分配，政治变得越来越不是你死我活的零和游戏"。因此，"妥协和宽容都得到提倡"的情况在中国可能并不会出现。①

　　从中国的历史发展来看，遥远的共存与共和的政治是传说中周公共和，中国实际上并没有共和的历史传统；从亚洲的法治发展来看，2006年下半年泰国的法治危机以军事政变的方式得以结束，这种结束法治危机的方式与专制时代的宫廷政争并无二致，即政治权力精英之间的利益分配与斗争，并不是以妥协与宽容的方式来达成共赢，而是以零和游戏的方式结束。在这种法治斗争中，泰国的公民社会并未起到学者们所期待的稳定法治的作用。而在我国台湾地区，民主乱象的产生与绵延被学者们归结为自主公民社会的缺失与乏力。② 亚洲社会并无政治领域妥协与宽容的历史传统，因此，在社会转型与法治发展的过程中，社会利益的分化并不一定会造成对法治有正面意义的妥协与宽容。

　　中国近代以来，欧洲大陆的理性构建主义成为了政治领域的主流话语，其中，以法国激进民主思想通过马克思主义与革命思想传到中国，

---

① ［美］亨廷顿：《第三波——20世纪后期的民主化浪潮》，生活·读书·新知三联书店，第77页。

② 参见林琬绯《台湾知识分子失声》，http：//www.zaobao.com/special/china/taiwan/pages10/taiwan060715a.html。

对中国社会具有极其深远的影响。可以说，近代中国的启蒙是革命的启蒙，这种启蒙在解放后以国家资源为基础与支持在历次社会运动中以价值动员的方式得到深化。

> 从清末举子上书光绪，引荐法兰西革命的激进范例开始，让·雅克·卢梭、马克西米利安·罗伯斯庇尔的时间在百年中国已是耳熟能详。大学历史课堂不断提及那个激动人心的年代，使得一代又一代的中国学生为之神往；每当民族危亡人心动荡的年代，马赛曲的歌声总是在知识分子的救亡曲中首先唱响——塞纳河畔飘来的旋律既融进了国际歌，也融进了中华民族的国歌，它再好不过地证明：法兰西风格的政治文化已经融进了中华民族的政治血液、政治性格。①

在当代中国的政治公共领域，无论是中国传统社会官民二元对立意识；旧有的与计划经济、全能国家相对应的意识形态还是与市场经济、利益分化时代的法治思想，都没有做好宽容与妥协的准备，都受着理性构建主义、激进主义与某种价值理想的深刻影响。正是这种影响使中国的政治公共领域在公民社会层面与国家层面的利益分化导致利益矛盾扩大时，冲突主体并没有自觉理性地以自己的利益最大化及其他主体之间的利益均衡分配为主导意识。也就是说，在这些意识、意识形态与思想的影响下，人们为理性建构主义、激进主义与某种价值理想的宏大叙事所主宰，社会中利益条块化并不能带来政治公共领域同步的法治上的妥协与宽容的出现。进而，这种利益上的分化可能不仅不能造就法治起步、发展与成熟的利益根基，反而可能酿成法治发展后退的理由与社会事件。

三　公民主体性与公共舆论

由于现代信息技术的发展，公共舆论成为了现代社会参与成本最低

---

① 朱学勤：《道德理想国的覆灭：从卢梭到罗伯斯庇尔》，生活·读书·新知三联书店2003年版，第1页。

及最具参与普遍性的一种公共领域。要探讨我国公共舆论领域对法治发展的意义，有必要回顾西方公共舆论发展与法治关系的历史。

在西方，公共舆论的发展历史相当复杂，在其历史发展的过程中，公共舆论在不同的语境下被赋予不同的意义、属性与社会政治功能。英语中的"舆论"一词源自拉丁语 opinio，意指"没有得到充分论证的不确定的判断"①。西方的"公共舆论"一词是"从 18 世纪末期出现的，指的是有判断力的公众所从事的批判活动"②。在西方资本主义公共领域发展的过程中，"舆论"由纯粹的意见以及意见当中所表现出来的声誉发展到"公共舆论"。在西方资产阶级夺取与建立资产阶级政权的过程中，公共舆论被赋予"良知"、"合理性"、"千百万人的知识"、"立法的媒介与喉舌"、"权威力量"、"宪法精神"③，甚至是"对社会秩序的自然规律的概括，它没有统治力量，但开明的统治者必定会遵循其中的真知灼见"④。随着资产阶级夺取了统治地位并建立了自己的政权，资产阶级"进入政治公共领域，并开始拥有属于其自己的公共性武器，如出版物、政党和议会，资产阶级所锻造的公共性武器转而针对资产阶级自身"⑤。然而，随着社会的发展，资本主义市场经济的深入发展与社会利益深入的条块分化，资产阶级内部的利益条块化日趋严重，它们都竞相要求在公共领域谋求自己的利益，因此，公共领域得以扩大。"随着公共队伍的扩大，涌进公共领域的各种利益相互之间变得难以调和"⑥，而这些利益都企图在"分裂的公共舆论中努力表现自己，使得公共舆论永远都是主导舆论，从而成为一种强制力量"⑦。虽然公共舆论领域已经因为资产阶级内部的利益条块分化而使得公共领域的公共性降低而强制性增加，但是，英国的密尔仍然期望以宽容而不是理性来协调仍然在资产阶级的公共领域占多数的有产者的利益。因为"理性无法

①　[德]哈贝马斯：《哈贝马斯精粹》，曹卫东译，南京大学出版社 2004 年版，第 68 页。
②　同上书，第 69 页。
③　同上书，第 77 页。
④　同上书，第 74—75 页。
⑤　同上书，第 105 页。
⑥　同上书，第 111 页。
⑦　同上书，第 111 页。

解决公共领域当中不同利益的冲突所导致的失望……特殊利益再也不能用普遍利益来加以衡量"，此时资产阶级"要求的不是批判，而是宽容，因为剩余的教条部分被压制了，用理性无法加以统一。理性和公众舆论的同一性缺乏利益的社会整合或普遍利益的理性证明这样的客观保障"①。

随着资本主义社会的进一步发展，资本对市场的垄断越来越深入，自由资本主义的公共领域发展到以无产者而不是有产者占多数的境地，公共领域的范围也进一步扩大。这时候，以前资产阶级"不惜一切可能把公众舆论这副枷锁紧紧地套到所有公共权力机关的脖子上"的情形已经发生了变化。公共舆论的发展已经越来越多的代表无产者的声音与利益了，自由主义思想家密尔对此很恐慌，他说："如果我们使一种权力最为强大，我们也就的确做得很够了，接下来我们必须操心的是不要让这种强大的权力吞噬其他一切的权力。"② 托克维尔则也认为，"大众激情所主宰的公众舆论需要通过真正独立的公民的权威认识加以净化"③。因为在密尔和托克维尔看来，公共舆论已经由一种解放工具而变成了一种压迫机制。"为了捍卫公共性原则，反对一种蒙昧的公众舆论的专制统治。"④

实际上，西方公共舆论的发展至少经历过四个时期，这四个时期是以资产阶级在国家政权中的地位、社会利益分化与共存的形态为基础与依据的。这四个时期即是启蒙运动至资本主义国家建立之间的时期、自由资本主义时期、垄断资本主义时期与后现代时期。第一个时期由舆论发展到公共舆论，这是资产阶级与其他社会阶级的联盟并以公共舆论为中介，发展市民主体性与对国家权力展开理性批判的时期。第二个时期是资产阶级夺取政权的时期。这一时期资产阶级开始发展自己的公共性武器，如出版物、政党和议会，在资产阶级内部不同集团之间展开利益竞争，这一时期资产阶级内部的特殊利益使得理性与公共舆论缺乏同一

---

① ［德］哈贝马斯：《哈贝马斯精粹》，曹卫东译，南京大学出版社 2004 年版，第 113 页。

② 同上书，第 114 页。

③ 同上。

④ 同上书，第 115 页。

性，公共舆论逐渐走向蜕变。由于资产阶级内部的各个集团都坚持其利益与意识形态上的主体性，具有批判意识的公众无法再达成合理的意见，为了协调差异性的利益与意识形态转化而成的舆论冲突，资产阶级开始强调宽容而非理性与批判性，因为后两者再也无法统一公共领域内的冲突。第三个时期是随着资本主义的经济进一步发展，无产者的社会人数与利益主张增多，西方社会的公共舆论进一步分化，这时西方资本主义社会的公共舆论开始逐渐"蜕变成一种压迫机制"①，至此哈贝马斯认为西方的"批判公共性失去了其原则的力量"。② 第四个时期是后现代时期，资本主义社会的利益分化、贫富分化与宗教、移民、种族等问题使得社会问题日趋复杂，传统的理性主义也使得社会分裂日趋严重，各个利益阶层对其利益的主张使得公共舆论的发展进一步蜕化。不同的利益集团对其主体性的主张膨胀发展，这使得公共舆论进一步失去了其作为批判性的力量。

在中国，公共舆论的发展实际上一直局限在比较小的范围之内，这种小范围内的公共舆论可归因于媒体由国家公权力掌握，而支撑这种公权力的政治公共领域的范围又相对较小。改革开放之后，随着市场经济的深入发展，社会利益分化、媒体市场化、电子媒体网络等也得到深入的发展，公共舆论的发展就出现了多元化的局面。一方面，国家公权力继续保持对公共舆论的基本控制，而且，由于新闻立法的缺失，使得媒体的权利不是由法律而是由自由裁量的行政权力来"界定"，而这种"界定"实际上是使媒体权利处于一种模糊不清的状态。加之国家权力仍然掌握着媒体的重要资源分配，所以，公共舆论仍然受到国家权力的有效控制。另一方面，由于社会利益的分化与电子网络媒体的发展，在社会利益与技术发展两个方面因素的推动下，媒体为了自身利益在新兴电子技术的辅助下为公共舆论的发展提供了更多的空间。

从法治发展尤其是公民主体性的发展角度来看，目前我国公共舆论的发展还处于一种很不成熟的状态之中。一方面，市场经济发展造成的

①　参见〔德〕哈贝马斯：《哈贝马斯精粹》，曹卫东译，南京大学出版社 2004 年版，第 115 页。

②　同上书，第 118 页。

利益分化在公共领域并没有表达自己的制度性渠道，或者这种渠道并不通畅，利益多元化获得表达的机会只是随机性的，各种利益之间的舆论表达并不能够展开平等与充分的竞争与协调；另一方面，由于传统文化、基础教育话语与传统价值动员对公众的影响，公共舆论与理性和宽容之间的同一性十分缺乏。这在上海中学历史教科书改革事件中可以看出，公众对与自身利益正面要求相关的基础出版物的改革却持没有逻辑的反对态度，[①] 这充分证明了我国目前公众舆论的盲目化、直观化与情绪化。传统本土文化叙事与五四以来的理性建构主义的大叙事使得公众的主体性与其自身的利益发生深刻的背离，他们对新的社会利益分化所对应的理性话语理解网络明显的缺乏，新的利益格局与权利需求却只能用旧的叙事来表达，这使得公共舆论在利用既有的利益分化格局平稳推动法治改革。也就说，不仅新的利益分化的社会状态得不到公众合乎理性的话语理解网络的支持，就连社会开始提供这种话语理解网络本身也遭到公众无逻辑的反对。一方面，国家公权力基于惰性与既有公共舆论范围及其运行通道的控制，对待公共舆论缺乏有效的引导，使得公众未能习得理解社会合理分化的话语理解网络；另一方面，在社会层面，公众舆论也被一些受自身语境与方法所限制的自由主义知识分子的施魅。因而，公民在舆论领域的主体性受到来自国家控制、社会误导与施魅的多重局限。实际上，当代中国的公共舆论领域，问题的关键也许并不在于公权力对公众舆论的控制，因为这种公权力的控制无论是从理论上还是从经验上来看，都是随着社会经济政治与文化的深入发展而渐行渐退，问题的关键在于公民主体性的缺乏使得公众舆论的理性与市场经济深入发展所带来的利益分化不能同步发展，利益分化并没有带来公众舆论领域的多中心性。因而，公共舆论领域的多元、宽容与共存精神就难以发展起来，这使得作为新的法治话语在其发展的路途上面临着本是代表其利益的公民社会中大多数一般公众的旧的大叙事的话语围剿。可以

[①]　代表了法治发展方向与新时期社会分化和价值多元特征的基础性教育改革竟然被广大媒体与公众大肆抨击与反对，可见我国公共舆论领域的法治逻辑缺乏到何种程度。"发自上海的一场历史教科书改革风波，一时被中外媒体炒作成了'政治事件'。实际上，这场教材改革始于八年前，是历史学界的学术成果缓慢地进入大众视野的结果。"参见《历史教科书改革：删减屈辱史会给教育带来什么》，http://learning. sohu. com/20061103/n246185360. shtml。

想见，在公众舆论领域，如果没有新的叙事话语与利益分化及可用的法治改革格局相互促进，那么，这种公众舆论领域给法治带来的可能是各种难以想象的危机与陷阱，这使得公权力在公共舆论领域逐渐放松控制之后，公共舆论领域能够在多大程度上保持理性与自足发展就成为了一个大问题。

而寄望于中国公民社会中着意于将自己神化成现代社会中的卡理斯玛式人物的"自由主义"知识分子来建立公众舆论的多中心化是不现实的。中国传统文人沉溺于审美的性格仍然在他们身上传承着，而且，基于那种认为中国人拙劣于逻辑与思辨思维的判断让他们深感文化上的自卑，① 将自己卡理斯玛化给他们带来的利益又使他们沉溺于此不能自拔。于是，传统文人的审美心理结合因文化心理自卑造成的对欧陆理性与激进主义的心理补偿式的偏爱，加之个人利益驱使下致使自己卡理斯玛化，这使得他们根本无意于在市场改革、利益分化、法治改革与公众舆论发展的良好环境下致力于公民主体性的发展与提升，而特别中意审美法治、激进法治与自我神化，因为公民主体性的提升与他们的法治路径和现实利益可能是相反的。而那种意欲通过公共舆论领域培育、发展与提升公民主体性，通过对公众"启蒙并教会他们尊重自己对事物的深刻看法"追求法治的知识分子，② 是少之又少。可惜的是，那种以审美法治、激进法治以及施魅公众的方式来"构建"法治，这是一种认识上有问题的法治问政路径，在实际效果上往往是矮化乃至阉割了公民的主体性，其结果要么是法治基础力量的发展后续乏力，要么是整个社会的失范，这在法治发展的路途上是非常危险的。

四　公民主体性与社会组织

当今中国的社会组织按照权力与权利的组合程度来看，大致可分为两类。一类是少数的政府权力很少渗入且具有相当自主性的社会组织，这类组织占不到30%；另一类是在其启动与组建过程、职能与活动范

---

① 参见李泽厚《中国古代思想史论》，天津社会科学院出版社2003年版，第95—96页。

② 参见［德］哈贝马斯：《哈贝马斯精粹》，曹卫东译，南京大学出版社2004年版，第114页。

围、管理与服务功能、资金与利益供给上都具有十分强烈的国家权力支持背景的社会组织，这一类组织占多数地位，约70％强。[①] 法治社会中的社会组织本应是社会资金与权利的结合体，独立于国家权力，而在当今中国，多数社会组织却主要依赖国家的资金与组织支持才能够得以生存并运行。国家通过对社会组织的关键构成要素提供支持以达到以社会组织为中介与载体，将国家权力的触角延伸到社会从而达到对社会治理的目的。因而，社会组织自身的权利需求在这种权力与组织关系的生态下，通过国家权力时必将经过权力的过滤而大打折扣。在这种社会组织的组织与运行的状态下，社会组织自身的自主性与其成员的主体性必然会受到相当程度的限制。这是当今中国的社会组织受到诟病的主要原因。

虽然如此，从促进与稳定法治发展的功能来看，即使是政府资金支持的社会组织，它仍是有积极作用的。虽然在法治初步发展的阶段，国家对社会组织的组建、职能、管理与资金上都有着很大的影响，这使得社会组织具有很强的官方色彩；但是，社会组织对其自主性的追求是有其自身的利益驱动的，一个社会组织如果完全丧失自主性，那么它将会失去其存在的必要。在法治初步发展的阶段，社会组织是一个收集民意与协调公民社会的不同利益需求和主张的中介机构。正是因为社会组织的半官方色彩，其民意传达与利益协调才更具有一定的公信力与效率，并使得社会组织能够在国家权力向法治方向进行改革之际为其提供合乎理性的话语引导与支持。

在法治平稳发展的时期，社会组织起着引导权力改革的内容与方向、协调权利与权力互动关系及权利主体之间的利益分配的功能。当下中国的社会组织与国家关系在法治方向平稳渐进的发展过程中，正是社会组织的特殊身份使得它在人才、话语及其沟通渠道、法治改革思路上与国家权力机关之间形成互动，对法治的发展具有相当的正面作用。

在法治制度改革集中的时候，它通过引导、协调和制约权力与权力、权力与权利、权利之间的关系从而起着稳定社会与法治发展的作

①　参见马长山《法治进程中的"民间治理"——民间社会组织与法治秩序关系的研究》，法律出版社2006年版，第176页。

用。在法治制度改革比较密集的阶段，国家权力的收缩与分立会日趋加剧，而公民权利的扩大与集合也日趋深入，这时候，权力与权利的互动若要不致失范就必须依赖自主的社会组织及其主体性成员的参与与协调。法治制度的密集改革不仅包括权利与权力的互动，更包括公权力的成功法治配置。而公权力法治配置的成功若要防范因人设事、因人建制，独立自主、具有社会影响和动员能力的社会组织的力量可起到极其重要的作用。一般而言，在法治制度改革密集的阶段，社会组织的官方化色彩会日渐褪去，其社会化过程也会在社会组织的存在范围与程度上得到深入的发展。在法治制度改革密集的阶段，社会资本的充沛与自主性会在社会组织的属性上与国家对社会组织的控制上开展正面的竞争，就制约社会组织存在与运行的自主性关键因素而言，资金与人事的输入是影响社会组织的自主性的关键因素。社会资本的充沛与自主性发展与密集的法治制度改革应该是同步的，在这个阶段，经过长期锻炼的社会组织就会凸显其自主性、公信力、动员力，国家权力的法治配置阶段所面临的权力收缩与分解所散发的权力失范的能量就会被以社会组织为中介的公民社会吸收与"熨平"。一个没有法治传统的国家，在法治制度密集改革的阶段，如果没有以社会组织为中介来将公民集结起来对公权力的配置形式施加影响，公权力的法治配置就可能给法治改革的发展制造更多的障碍与陷阱。而且，随着市场经济与利益分化的深入发展，在法治制度改革密集的阶段，公民社会的利益分化与公共领域的分化也是同步的。这时候，国家对社会组织的控制减弱乃至消失，社会资本可能在资金、人事与组织上对社会组织的自主性施加影响与控制，这就导致社会组织彻底社会化并与其所属的利益阶层在资金、组织、人事与价值上相融合。不同的社会组织之间在法治初步发展阶段的横向联系主要表现为，与国家公权力之间的张力变成了既与国家之间产生张力又与代表不同的利益阶层的社会组织之间产生张力，而这种张力关系对权利之间的利益博弈与协调起着对抗或沟通的作用。

　　正是因为社会组织在法治发展中的作用，公民通过对社会组织的参与而得到了自主性锻炼；同时，也正是因为社会组织，使得公民能够由原子式的个人得以组织起来并发挥出比个人更大的社会力量，从而使得其自主性在社会组织之中获得更大的发展。

五　公民主体性与社会运动

社会运动主要是一个社会学概念，它是多元化法治社会体系中社会表达其权利与利益的一种方式。社会运动的缘起一般是被动的，但是它往往又是一个主动介入法治系统的过程，并且，其目的更多的是为了保障运动主体的社会权利与利益。与法治体制内的权利与利益表达行为相比较，社会运动更多的是一种体制外活动。尤其是在一国法治制度改革比较密集的时候，社会运动往往频密发生，它在很多时候甚至会影响一国法治的进程、状态甚至是成败。

"现代社会最为显著的特征之一是，为了促进社会和文化的变迁，今天的人们更愿意进行集体的、有目的的行动。伴随而来的最重要方式之一是社会运动。"① 社会运动作为一种有意识地改造社会的集体力量，虽然在目前受到国家权力的严密控制，但是，当法治改革深入到一定的程度时，它必将不断地从方方面面影响到法治改革本身。因为在法治改革的路途上，必然出现不同利益的激烈碰撞，这种力量的碰撞加之法治改革导致的国家权力收缩或分立与社会权利的扩张或集合，使得权利自身的能量获得更多的合法性空间并日趋"发酵"。在社会运动中，公民的主体性的成熟与否是决定法治的成败与模式的直接因素。

一个社会运动的进程、状态和效果和多方面的因素息息相关，而其中每一种因素又受到公民主体性的深刻影响。第一，社会运动的参与主体、缘起与状态必然和社会的利益分化状态密切相关。当社会运动的主体基于其权利或利益的主张而发动社会运动时，社会利益的分化格局与状态必然在社会运动的缘起、规模、主张与进程上产生一种相应的影响。当一个社会的利益分化格局与状态严重失衡，而且，法律上的权利供给也相应匮乏，那么，社会运动要么就被压制下去，但一旦兴起，却可能以革命运动的方式发生。第二，社会运动受社会的话语理解网络所影响。有欧洲社会运动研究学者认为，"政治文化在塑造运动话语和符号性行为中具有巨大的作用"。这种观点认为，"社会运动者的行为和

---

① ［美］戴维·波普诺：《社会学》，李强等译，中国人民大学出版社 1999 年版，第 610 页。

话语都是由文化文本决定的"①。也就是说，在社会运动中，如果历史是舞台的话，那么社会运动者就是演员，而文化则是剧本，社会运动的发展状态是受剧本制约的。社会运动与国家权力之间的关系将深受政治文化的影响。第三，社会组织对社会运动的影响。在一个社会组织发达的国家，社会运动往往是在社会组织的引导与组织的下发动起来的。这种社会运动对国家权力的影响更深刻、更持久，而且社会因这种社会运动而付出的成本较小。但是，在一些"威权国家中，独立于国家控制之外的社会组织发育不良，异见性网络一般也被国家控制在一个很小的范围内"，因此，"这些社会发生社会运动的可能性较小，但一旦发生，往往就是大规模的革命性运动"②。

当今中国，由于公民结社权并没有完全展开，公民的社会运动在相当程度上受到国家权力的抑制。但是，由于市场经济的发展，国家与社会已经开始分离，公民权利发展初具一定的体系。在这个基础上，随着社会利益分化与价值多元的深入发展，国家与社会随着权力的扩张与权利的发展，二者之间的张力越来越大。当这种张力发展逐渐积累起一定的社会能量，法治改革进入一定的阶段后，有三种主要矛盾将会引起剧烈的社会运动：一是社会内部的矛盾。在市场经济的驱动下，社会利益分化与价值多元使得习惯了以前社会利益相对均等与价值单一的人们之间的冲突日益复杂。这种冲突往往具有以下特点：其一，缺少代表性的社会组织；其二，缺少相应的利益与价值竞争的公共领域；其三，不断发展的社会利益所带来的社会冲突能量缺少法律权利外壳的保护与释放。因而，社会内部的冲突发展到一定的程度势必会以失范的方式表现出来，而国家作为社会矛盾的最高裁决者势必会介入，激烈的社会运动往往会因此而产生。二是国家权力的配置不能反映发展了的社会利益关系与价值状态的矛盾。公民社会中不同的利益与价值阶层为了表达自己的权利与利益，会发动社会运动从而引起国家权力的介入而导致更加剧烈的社会运动。三是国家权力系统内部的权力矛盾运动失衡。这种失衡的权力矛盾运动进而会引发剧烈的社会运动。

---

① ［美］赵鼎新：《美欧合流后的社会运动研究回眸》，《社会观察》2005 年第 5 期。

② 同上。

　　上述三种社会运动最终可被分解为利益之间的冲突，而这种利益的冲突只不过或是缺失法律权利的外壳，或是缺失法律体系内的权力运行机制的外壳。虽然社会运动最终可以被分解为二元乃至多元利益冲突的模式，但是，这种冲突有没有法律权利与权力的外壳，而其在怎样的法治话语理解网络中进行，则对法治的作用和意义会有很大的不同。

　　一、缺乏法律权利外壳的社会内部利益冲突。在法治初步发展的国家，由于法律权利国家供给的不足，以整个社会为单位的利益冲突往往缺乏法律权利的规范与保护。这种权利的缺乏固然在一定的程度上可以抑制社会内部的利益冲突程度，但同时也容易导致冲突失去法律权利的诱导路径，给整个社会与国家造成巨大的损害。因为，国家对社会严格控制法律权利的供给，一方面固然会使权力受到更少的社会制约，但是另一方面，它也失去了借提供法律权利的机会增加权力的合法性和权利主张的合法路径。公民的利益主张在失去了权利的保护与路径引导之时，也会因此而对国家权力产生怨恨，"非直接利益冲突"的群体性事件就会频频发生。①

　　二、即使社会内部的利益冲突具有权利机制的保障与引导，但是，如果在社会运动中，相互竞争的政治文化中的激进部分取得了优势，这种具有权利机制保护与引导的利益冲突也不会导致良好的法治。"在威权国家中，独立于国家之外的中层组织力量薄弱，社会运动具有很强的自发性，大量竞争性的话语和符号性行为往往同时并存于一个运动之中。"② 然而，一国的市场经济、中产阶级数量与良好的教育水平是使社会运动对竞争性的话语与符号朝有利于法治的方向选择的重要条件，但不是充分条件。因为即使在这种条件下，社会运动仍然有可能选择不妥协的极端主义，这会使一国的法治走上回头路或者步入成本极大且曲折动荡的前进路。东欧和前苏联的法治就是这样。这些国家有市场经济、中等的经济条件和受过良好教育的中产阶级，但是，他们的法治给经济、政治造成了持续性的巨大动荡，而且经常发生大规模激烈冲突的

---

　　① 公众对与自己个人利益无直接关系的冲突较大范围地参与而导致的群体性事件，被称为"非直接利益冲突"的群体性事件。参见罗干《政法机关在构建和谐社会中担负重大历史使命》，《求是》2007 年第 3 期。

　　② ［美］赵鼎新：《美欧合流后的社会运动研究回眸》，《社会观察》2005 年第 5 期。

社会运动，法治的成本极高，对社会造成极大的危害。有学者认为，之所以出现这种现象，就是因为虽然他们的"教育水平是好的，但他们的教育并不包括宽容、多元主义和避免极端主义"[①]。正是这种有缺陷的教育使得他们对社会运动中的竞争性话语与符号的选择并不利于建立一个和谐有序的法治。在一些国家，包括中国，公民主体性到现今都被理解为斗争性与不妥协性。一个人是主体具有主体性就意味着与其竞争的个体、社会与国家被客体化，也就是被他者化。这样，即使这个个体具有法律权利的保护，但是，支配权利运行的话语也往往是无视他人作为一个主体且享有法律权利的存在。在这种情形下，即使享有法律权利保护的社会运动，这种运动也可能导致社会的崩溃与毁灭。尤其是在中国这样一个法治与民族、民生问题深深纠缠在一起的国家。如果认为法治就是权力的合理配置与法律权利的国家全面供给，这未免把复杂的问题简单化了。

社会运动是对公民主体性需求最为强劲的领域，随着我国的利益分化与价值多元的状态的深入发展，国家对社会的控制能力的下降并不仅仅导致有利于法治现象的产生与发展，反法治的意识与现象也会死灰复燃。这在我国目前的公共领域中所表现出来的非理性、偏执激进、民粹主义、国家主义与民族主义等现象可以看出来，国家权力与法律权利运行都会深深地受到它们的影响，其结果往往是与权力的合理性分配和权利供给的法治目标背道而驰。所以，这些现象都是实行法治的深层次的障碍，它们对社会运动的影响也是十分巨大的。

综上所述，可以推论，法治改革应该是将权力的配置与权利的供给按照社会利益分化与价值多元的状态来进行，这种改革往往会造成一些利益与价值冲突从而导致社会运动的发生。公民主体性的发挥将是这种社会运动走向何方的关键，但是，如果把公民主体性建立在不妥协不宽容的话语之上，那么，这样的公民主体性将会把社会运动引向反法治的危途之上。

第三节　强势公权力下的公民主体性

我国公民主体性与公共领域发展中的诸多问题，都有其共同的局限

---

① ［美］迈克尔·罗斯金等：《政治科学》，林震等译，华夏出版社2001年版，第79页。

性与根源。在中国这样一个法治后发的国家，它主要表现为两个方面的困境。一方面，法治后发国家公民的主体性需要更少国家权力的限制和更多的权利空间以及成熟的公共领域，这样，公民主体性的生长才能够造就自主的公民社会，进而为法治的发展提供一个稳定与促进的堡垒；另一方面，由于法治后发国家往往面临着国内与国际两方面的压力，加之现代公民社会内部的矛盾也空前增长，使得国家权力客观上有增长的需求。而这种需求引发的权力增长又反过来会对公民主体性与公共领域的发展构成压力与限制。

也就是说，一方面，需要给公民更多的空间来促使他们形成顺应法治的策略，促进法治均衡的产生；另一方面，由于社会问题短时间增多，又需要权力加大控制，这样又限制了公民的自主空间，不利于自发的法治均衡的演化。

一　供给不足的权利

在市场经济的条件下，利益分化与价值多元使得新的利益形态与价值取向不断的生长，这种新的利益形态与价值取向如果缺乏权利机制的确认与保护，就必然与既有的法律体系表现出强大的张力。正如前文所述，无论是公权力还是公民社会的公共领域都存在着权利与权力的失衡，这种权利与权力关系的失衡使得权力制约只能依赖权力的矛盾运动来制约，加之权力主体的集体无意识，使得权利很难获得与社会利益形态和价值多元相对应的确认与增长。①

---

① 集体无意识本来是一个心理学概念，是瑞士心理学家荣格所创立的，它是指在人类个人身上表现出来的却又为个人所无法意识到的人类先祖的心理、情感与经验。人们的行为受这种先祖的心理、情感与经验支配却又不自觉。这里借用这个词来表达在一个权力系统中，权力仅仅依靠上一个位阶的权力行使者以及权力行使者个人自己的道德与意志节制而表现出来的整体上无序而不受控的状态。这种状态在权力系统中是不受权力行使者个人意志所支配的，就如同人类先祖的心理、情感与经验在支配着每一个人而被支配的人却不知的状态。中国封建社会以君王为首的权力系统就是处于一种集体无意识的运行状态。在这个系统中，无论是君主还是清廉的大臣，其个人道德与意志是对整个权力系统的约束是相当有限的，亦即，整个权力系统的运行表现出来的则是类似集体无意识的结果，处于一种无意志不自知不自觉的状态。因而，这个权力系统的效能是不受控的衰变与递减，而君主或个别清廉大臣的意志与能力也是呈边际效用递减的趋势。

　　在现代市场经济社会，利益与价值多元并不因为缺乏权利机制的确认与保障就丧失了其对公权力的压力。在法治社会，由于权利与权力之间总会保持一定的平衡，这种平衡使得新的利益与价值形态能够通过立法机制得到新的法律权利的确认与保障，因而新的利益与价值形态得以以合法的方式来体现自己。因而，新的利益与价值形态在得不到法律权利确认与保障的情况下，就会仍然对公权力保持它的压力。不过，如果这种对公权力的压力缺乏权利机制的外壳，从而缺乏实体法与程序法上的主张途径，它就会变为赤裸裸的容易失范的利益与价值主张。在一个法治初步发展的社会，公权力面对这种没有权利外壳的主张时，往往倾向选择公权力的压制。因此，权利与权力的冲突常会因此而起。

　　在现代法治语境下，公权力的合法性必须从权利与权力的关系中去寻找。新的利益与价值主张被赋予权利外壳将造就新的利益和价值主张与公权力之间的双赢，相反之则可能获得双输。不仅如此，新的利益与价值主张在得不到权利外壳的确认与保护时，表面上看，公权力因此而保留了更多的自由裁量空间并因此产生更多有利于自己的利益。但是，这种权利供给的缺乏造成了公权力合法性的侵蚀：（1）从立法上来看，对新的利益与价值主张赋予法律上的权利外壳，这实际上等于间接加强了立法权的合法性。新的利益与价值主张能够获得立法权的回应，将为这种主张规范一条有序及合法的发展道路。相反，对新的利益与价值公权力如果不愿意以立法权来回应，那公权力实际上是在对立法权的合法性进行自我阉割。而当立法权的合法性被整体而深入地否定时，公权力的合法性危机就会到来。（2）从执法上来看，赋予新的利益与价值主张以权利外壳可以弥补仅仅依靠权力自身的矛盾运动来对自身进行制约的不足。这就是所谓的权利制约权力或社会制约权力，正是这种制约机制和状态使得权力自身的合法性得到了另一种方式的确认与加强。（3）从司法上来看，由于司法是"正义的最后防线"，获得了权利外壳的新的利益与价值主张得到司法裁判权的确认时，司法裁判权也被新的利益与价值主张赋予了合法性的确认与加强。综上所述，当公权力赋予新的利益与价值主张以权利外壳时，公权力机关不能仅仅把这理解为一种让步或损失，它更应该被理解为一种其自身合法性在新的利益与价值主张之上的再确认与加强。相反，那种失范的利益与价值主张不仅会造成公权力所维持的法律秩序的危机，更会造成其合法性的流失。

既然对新的利益与价值的权利确认与保障无论是对于权利主体还是公权力来讲都是双赢的，那拒绝对新的利益与价值的权利确认与保障的动机与利益何在呢？黑格尔意义上的国家主义遮蔽了这个问题。黑格尔认为国家是理性的体现，它具有高于个人与公民社会的伦理。正是因为这种意义上的国家被人们认为其应具有高于权利的更高利益与价值，所以，在对公民社会中新的利益与价值主张权利外壳的确认与保护时，它不愿意做出更多的让步。实际上，现代经济学告诉人们，国家远远不是理性的体现，它具有其自身狭隘的利益追求。正是这种利益追求被绑缚上权力的集体无意识，使得国家的这种利益追求成了一个黑洞，它趋向于不断从拒绝新的利益与价值主张转变为权利之中谋利益，从而容易导致权利与权力的正常互动关系而脱序。

二 "系统权力——原子权利"模式的失衡

公民主体性的发展需要权利机制作为其制度发展空间，也可以说，权利机制是公民主体性的法律制度神龛。法治发展需要公民权利和公民社会的权利集合构成一个堡垒来对公权力进行制约。但是，这里面临着两个难题：一是法治后发国家的限权与扩权之间的冲突。从法治发展的一般规律来看，法治的发展意味要对权力进行限制。即使是公民社会自身矛盾的发展要求国家的权力扩张，但这种扩张必须要求有实体法与程序法上的同步限制。在西方资本主义法治发展的历史上，这种权利增长与权力扩张的矛盾被分散在两个不同时期，即近代法治时期与现代法治时期。因此，权利与权力的矛盾也被分散了。而在法治后发的国家，一方面法治的本质要求限权，但法治的推动却需要国家发挥权力的能动性，这就内在地要求权力扩张；另一方面，法治后发国家面临的近代与现代问题都被时间拼凑到一起，因此权利与权力之间的冲突可能会更激烈。二是法治发展对自主公民社会要求的难题。一方面，法治的发展要求自主公民社会对其起推动与稳定的基础性作用，因为没有自主的公民社会，就不可能有稳定发展的法治；另一方面，由于公民主体性的缺乏，使得这种自主的公民社会无法形成。

在上述两种情形下，国家权力便直接地面对一个个孤立而有限的权利持有者——公民个人。这种权利与权力的共存形态可以表述为：系统权力←→原子权利，它缺乏一个有组织与权力的自主公民社会中介。如果存在这种自主公民社会的中介，那么，国家与公民个人之间的共存形态便表现为：系统权力←公民社会→原子权利。在权力与权利共存的两种形态——"系统权力←→原子权利"、"权力←公民社会→权利"——中，前者更容易失衡使得法治的建构格外艰难，而后者却在某种程度上却依赖法治本身的先行建构，这是中国法治的建构之难。

在法治初步发展的社会，权力与权利的平衡缺乏来自主公民社会的中介必易导致失衡，这种失衡主要表现在两个不同性质的公共领域，即公共权力领域与公民社会领域。其中，在公共权力领域，权利与权力的失衡表现在立法、执法与司法三个层次上。在利益分化与价值多元趋向时期的立法领域，权利与权力的失衡容易导致权力的限制与权利的保护几乎完全建立在权力的自我矛盾运动的基础之上。由于权力主体的集体无意识导致权力运作状态除了权力自身的矛盾运动所带来的随机性的自我制约外，权力几乎没有任何其他的控制动力。加之公民社会自主性的缺失，公共领域的空间狭小，而此一时期利益分化与价值多元又逐渐形成。所以，立法领域的权利与权力之间完全没有能力展开力量对等的博弈，如此则易导致在立法领域，权利与权力关系的发展态势不能够代表与显现公民社会领域的利益分配与法治价值追求的状态。正如前所述，国家权力并非完全如黑格尔所说的具有独立的目的、价值和理性，无论是从自然法学的叙事上还是从经验上来看，权力永远都具有自己的利益追求且具有易腐化的属性。甚至连马克思主义也认为"国家最多不过是无产阶级在争取阶级统治的斗争胜利后所继承下来的一个祸害"①。从这句话中可以看出，马克思主义对黑格尔意义上的国家所具有的独立目的、价值与理性的不认同，进而从中我们也可以推导出马克思主义对权力易腐化属性的认定。基于此，这种权利与权力的既有失衡往往容易使这种失衡状态呈无限扩大化的发展趋势，而那种基于权力自身矛盾运动来对权力施加自我控制的意志与能力的边际效用只会随着这种扩大的失衡状态而递减。因此，权利与权力关系的失序危机便可能随时出现。

---

① 《马克思恩格斯选集》第2卷，人民出版社1972年版，第33页。

　　而建立在权利与权力失衡状态之下的执法与司法由于自身的利益追求往往有使这种失衡状态放大的趋势。在目前我国法治初步发展的状态下，立法领域的权利与权力的失衡使得无论是公民个人还是公民社会都并不足以对权力形成一个有效的制约。因而执法与司法领域的权利制约也主要是建立在权力自身的矛盾运动之上，而基于同一道理，这两个层次的权利与权力的失衡会与立法领域中的失衡一样而渐趋扩大化。

　　由于现代社会公共领域依赖一定的权利的发展与权力的限制，因此，权利与权力在公权力领域的失衡则必然导致公共领域的空间与功能的缩小。实际上，由于权力主体的集体无意识，使得权力只能靠自身的矛盾运动来制约自己。公权力领域的权利与权力的失衡，必然导致公民社会的公共空间也呈现同样的状态。在公权力领域与公民社会领域权利与权力双重失衡必然使得公民社会中的公民个人无法以法律上的公民形态存在，而往往更多地呈现出"顺民"或"暴民"的属性，各种极端或消极思想就会产生。加之传统社会传袭下来的话语理解网络对权利与权力关系的诠释与解读，温和、稳健、渐进与可持续发展的法治改革也就倍加艰难。

　　法治后发国家构建法治均衡的目标应该是具有帕累托优势的均衡，然而，法治后发国家建构法治均衡的过程中，权力与权利之间可能陷入囚徒困境博弈的风险而形成低效率的均衡。在规避这一风险的过程中，权力本身的正确决策当然重要，但是，由于权力本身具有扩张属性，规避权力与权利陷入囚徒困境博弈之中的最重要也是最可依赖的基础还是具有公民主体性的成熟的公民社会。

第四章　中国语境下的公民主体性
　　　　发展路径

第一节　"公权力"型塑公民主体性的动力

对于公民主体性的型塑，我们不必悲观地认为公权力对此完全没有动力，并因此认为公民主体性的型塑是没有希望的。实际上，在现代社会，公权力基于种种原因，它会主动或被迫去承担型塑公民主体性的任务。

一　合法性论述发展的需求

人类社会国家权力合法性的论述在不同的历史时期与历史条件下具有不同的标准，也就是说，合法性的论述是在不断地发展变化之中的。虽然如此，如果以人类社会法治语境下的合法性为标准来对合法性论述进行分类的话，那么，人类社会政府权力的合法性论述主要可以分为两种：即有效统治型的权力合法性和被统治者同意型的权力合法性。

有效统治型的权力合法性。这种合法性是从权力的取得方式、过程与统治效用的角度来界定的。尽管西方近代自然法学说中的社会契约论认为，人类社会政府的权力取得在于人们从自然状态中通过社会契约成立政府，由此政府获得了权力及其合法性。但正如功利主义与历史主义法学所批判的，这种说法不过是胡说八道。事实上，在传统社会，人类社会的政府往往是通过征服或反征服建立起来的，而反征服本身也是另一种形式的征服。因此，有效统治是权力取得合法性的最重要特征。也就是说，合法性只是权力有效统治的产物而非前提。尽管有效统治是取得合法性的重要方式，但是这并不能够说合法性仅仅出自于有效统治。

在同一血系之内权力发生转移时，就需要以血统、伦理与传统社会的法律为依据来确定权力转移与取得的合法性。因而，在这种以有效统治来构成权力合法性的社会里，转移权力合法性的最重要依据是血统，伦理不过是保障这种血统纯正的道德规范，而法律则是保障这种血统纯正的强制规范。因而可以看出，在传统社会，没有超越有效统治与血统伦理的权力合法性。

在近现代社会，法治话语意义上的合法性开始取得统治地位。正如意大利精英主义学者帕累托所说的，"近代政治信念系统都是狐狸为衍理披上正当性"①。这里的狐狸主要是指近代以来的统治者，而衍理则是指一些现代性的话语。可以看出，帕累托的话颇具后现代主义的意味。因为后现代主义也认为，现代性的话语大叙事不过是资产阶级通过霸权性的元话语组织成一个现代法治意义上的话语理解网络，从而为其权力的合法性提供依据。

从经验主义的角度来看，帕累托以及后现代主义关于权力合法性的论述不过是愤世嫉俗之言。因为在可预见的将来，人类社会如果放弃权力来组织而实行无政府主义的话，那它就有可能重新返回到自然法学所说的自然状态。就近现代社会科学与人类经验对人性的判断来看，人类无法生活在一个没有权力强制但又和谐美好的最优社会之中，只可能生活在一个充满着权力强制但这种权力强制又受制于一定规则的次优社会之中。

尽管权力在起源上往往不一定是社会契约论的产物，但是，近代以来的社会契约论为权力合法性的取得、改造与诠释提供了一个现代性的话语理解网络与标准。按照自然法学的经典学说，在自然状态下，人们具有天赋的人权。但是，这个自然状态是一个无序且多恶的状态，人们在这个状态中过得并不幸福。然而，幸亏人们还有足够的理性通过释放天赋人权并订立社会契约将自己从这种状态中解放出来。于是，权力产生了，人权也得到了它们的确认与保障。以上权力产生的过程可以表述为以下逻辑链条：天赋人权、自然状态→战争状态→人类理性→释出权

---

① ［英］约翰·麦克里兰：《西方政治思想史》，彭淮栋译，海南出版社2003年版，第715页。

利、订立契约→权力产生→保护人权。这个权力合法性获得的逻辑链条的真理性自其产生之时就受到了功利主义法学与历史法学的抨击。而且，到了19世纪末，德国哲学家尼采又在这种抨击之火上浇上了一桶视角主义之油。最终，自然法学意义上的权力取得与运作的合法性在21世纪的后现代主义话语里完全丧失了它的真理性，蜕变成了一种"意见交集"。只是，这时候，这种取得了合法性的权力已经可以独立于创造它的自然法学说大叙事了。因为这时候权力不仅仅是以一种叙事的状态存在着，更是以具体的社会制度形态存在着、自我更新着，并且反过来以权力来支持创造它的大叙事的霸权地位。

在后现代主义的猛烈颠覆之下，现代性的权力合法性叙事已经失去了它的真理性光环。连当代美国最权威的哲学家罗尔斯和法学家德沃金也不得不在后现代主义的颠覆面前让步，退出现代权力合法性的真理指向而回到共识指向。虽则如此，由于权力取得的社会契约论合乎现代社会权力统治的成本效益之道，往往更容易取得共识而虏获人心。更重要的是，用一句后现代主义的话来说，权力与知识的合谋取得了胜利并成功地摆脱了叙事本身的支持而获得了自足性与独立性。这种权力合法性所依赖的制度性安排和并未完全被击溃的现代性大叙事结合在一起，继续占据着现代社会的合法性霸权叙事的地位。

法治主义全球化的发展过程，实际上也是这种法治主义意义上权力合法性的话语全球化的过程。自1840年以来，中国知识界一是为西方的强力所震慑而致自信缺失，二是为中国的发展所需要，在现代性的叙事上基本是按照"示范—接受"的模式以西方的现代性叙事来分析中国的问题。① 近代以来，西方的各种现代性叙事更是蜂拥而入，这些叙事无不直接或间接地涉及合法性问题。五四以来，在中国占住脚跟并发挥重大影响力的马克思主义与自由主义，都是西方现代性的产物，并在现代性的叙事下试图对权力合法性进行各自的诠释。其中，马克思主义以一种更贴近卢梭的直接、激进与不受制约的民主方式来表达它对权力合法性的观点，通过这种民主，马克思主义以阶级分析的方法排除了法

---

① 参见邓正来《中国发展研究的检视：兼论中国市民社会研究》，载《国家与市民社会：一种社会理论的研究路径》，上海人民出版社2006年版，第459页。

治中的共和与分权的因素，强调人民主权这一要素表现得纯而又纯。

马克思主义的权力合法性以卢梭的直接、激进与不受制约的民主为内核，加之阶级斗争与未来美好全善社会的叙事展望，当它被用来分析深处传统语境中的社会现实矛盾时，就很少有什么力量可以阻止它对革命的狂飙突进的欲望与步伐了。然而，当阶级对立的社会被取代后，若国家还以阶级斗争为主要矛盾并吞并社会，且现代法治意义上的"同意"已被阉割了自由意志存在的前提，那么，"合法性"就只剩下阶级分析的狂欢与贴在现实权力斗争之上的马克思主义话语标签了。

现代法治社会，权力的合法性表现为多个层次。从应然价值层面来看，根据现代法治国家人民主权与人权保护的两个基本原理，权力合法性的首要来源在于被统治者对公权力的产生与运作的同意。也就是说，如果宪法是一份契约的话，那么这份契约的合法性建立在双方自由意志的基础之上。这种建立在被统治者同意基础之上的宪法契约实际上就是以人民主权和人权为其价值导向的。然而，权力的合法性并不仅仅来源于此。因为"同意"不是民主与专制的分水岭，政府的善良动机也可能在不知不觉的情况下带来压制。[①] 所以从实证层面来看，权力有时虽然在产生与运作上并不一定以被统治者的同意为依据，但是它能在法治国家的运作过程中产生良好的秩序与效率，也能使得自己具有一种较弱意义上的合法性。[②]

如果对法治国家权力合法性进行实证分析就会发现，即使典型意义上的西方法治国家，其权力也并不是产生于由自由意志所达成的契约之上的。法治意义上的权力产生的条件，也就是自由意志得以表达的条件，往往是由武力造成的。在这个基础上，被统治者以其自由意志的表达而产生权力及其合法性。

很显然，从实证意义上来看，我国与西方的法治一样，权力的产生

---

① 参见［美］P. 诺内特、P. 塞尔兹尼克：《转变中的法律与社会：迈向回应型法》，张志铭译，中国政法大学出版社 2004 年版，第 5 页。

② 这种合法性论述在一些西方的论著里也有表达。参见［英］约翰·格雷《自由主义的两张面孔》，顾爱彬、李瑞华译，江苏人民出版社 2005 年版，第 28 页、第 90—91 页；［美］杰克·唐纳利：《普通人权的理论与实践》，王浦劬译，中国社会科学出版社 2001 年版，第 229—231 页。

并非是全民自由意志选择的结果，而是进步的革命战争的结果。从毛泽东"民心向背决定革命战争的胜败"的论述来看，这种权力产生的前提性条件具有正当性与合法性。我们甚至可以这样理解，革命战争的胜利正是在某种意义上体现了人民自由意志的选择。只不过，消除阶级对立后国家仍然一直以阶级斗争、秩序与效率话语来追求与强化权力的合法性，这在一定程度上就忽略了人权与正义的价值。

传统法治中以秩序与效率为权力合法性的主导价值追求，在现代法治语境中应该得到调整，以延续与充实权力合法性的基础。因为在以秩序与效率为追求来奠定权力合法性的法治秩序有以下不利：第一，国家以权力及其控制的社会资源为手段全面吞并社会，造就国家与社会一体化。这种国家与社会一体化的局面不利于社会发挥其能动性来创造财富和抑制国家权力的腐败与扩张。第二，国家权力运行与维持的成本巨大，这种成本包括现实成本和风险成本。以秩序与效率为合法性基础的权力为了维护权力秩序不惜耗费巨大的社会成本；在这种权力秩序下，权力具有对社会资源的绝对支配力，加之权力本身难以受到有效的制约，因此，在追求生产力发展的过程中，社会资源面临着被浪费的巨大风险。第三，不具有可持续发展性。由于这种权力秩序忽视了人们自由意志的运用与选择，造成权力意志与人们自由意志之间的紧张局面，二者之间则容易发生冲突。因而，这种权力秩序难以具有可持续发展性。第四，权力的政治动员能力边际递减。在这种权力秩序的建立之初，由于价值动员的力量巨大，加之国家对社会的全面控制，使得这种权力的政治动员能力十分巨大。然而，随着国家对社会控制的松弛，加之价值动员的效用边际递减，权力的政治动员能力将趋向日益递减。第五，权力秩序的脆弱性。在现代法治主义语境下，这种仍然以秩序与效率为追求的权力秩序势必与人们人权意识的增长发生冲突，权力正当性的基础日益流失，合法性因此也受到侵蚀，因而权力秩序表现出了脆弱性的特征。第六，可资利用的叙事资源匮乏。我国当前权力秩序的叙事基础是经"卢梭的人民主权论述→马克思主义→苏联马克思主义→马克思主义中国化"的路径发展而来。这种权力合法性论述的内核在于卢梭的人民主权论，然而令人尴尬的是，在当今全球的法治主义话语中，卢梭因其不受限制的人民主权与法国大革命时期的激进主义关系密切而饱受诟病。加之，当今我国政治学界中把我国权力的合法性低水平归结于是历史发展中形成的，这种观点显然不利于学界对我国权力合法性的论述进行革新。在这两个局限性之上，权力合法性可资利用的叙事资源势必匮乏。

在当今我国利益分化与价值多元的发展趋势下，国家与社会的二元分化，社会内部亦趋多元分化。其中，后者的分化必然催生并巩固权力的分立进而使得社会内部的多元分化与权力的分立建立纵向的结构性联系。这种"权力—权利"的结构性联系生态与以前那种以秩序和效率为权力价值导向合法性势必相冲突，并且使得那种合法性的维持必然付出更大的社会成本。因此，这种"权力—权利"生态必然要求突破旧的合法性叙事并要求新的合法性论述来表现、确认与保护。

我国法治转型要实现从以秩序与效率为价值追求转变为以人权和正义为价值追求，则必须要求公民主体性的发展与成熟。从传统法治的合法性转型到现代法治的合法性，缺乏具有主体性的公民是很难成功的，甚至有可能导致倒退。尤其是中国所处的国内与国际环境复杂，民族、民主与民生问题纠缠一起，法治转型如若失败或者不能够稳定发展，其结果是相当负面的。

市场经济的发展、利益与价值多元化、国家对社会的控制能力下降为当前法治转型的时期社会主要特征，随着法治的发展，这种特征还将深入发展下去。然而，国家对社会控制能力的下降不仅仅促使有利于法治的因素出现，还会导致反法治力量的增长、国际政治力量的介入，以至于法治想自足发展都不可能。这时候，就容易出现法治力量与反法治力量的博弈，极有可能出现一个社会离心化、涣散化而不是自主化、多元化的状态，在这种的状态下，社会很有可能应激反应出一个极权或者瘫痪而徒有其表的"法治"。

在法治力量与反法治力量博弈的过程中，只有具有公民主体性的发展成熟才能防止社会分裂，进而组织起一个自主化与多元化的公民社会，抑制反法治的力量支持并推动法治的稳定发展。当然，毫无疑问，这种成熟的公民主体性在法律权利制度的框架上能够发挥更大的作用。因而，全球法治主义导致的权力合法性论述的发展与完善的重要表现就是推动公民权利的更大规模与更深入的国家供给，并以此来容纳公民主体性的深入发展和展开稳定法治的作用。

至此，可以看出合法性发展在推动公民主体性发展中的作用，以逻辑链条表达如下：计划经济→国家吞并社会→合法性维持的成本增高、效率降低→市场经济→国家与社会分离→利益分化、价值多元→个人权利与社会自主性增长→国家意欲发展出新的权力合法性叙事→法治改革的需求及其稳定发展→公民主体性的发展与成熟→法治发展成熟。

二　权力矛盾运动逻辑的推动

一切事物都在矛盾运动之中，权力运动也不例外。在传统社会中，一国权力的矛盾运动状态表现在两个层面上：一是在纵向上，中央和地方权力的矛盾运动；二是在横向上，同一层次的不同分工之间权力的矛盾运动。在传统社会中，权力除了自身的制约外，几乎不会受到来自社会的任何制度性制约。即使存在社会制约，它在通往制约权力的链条上也缺少法律的途径与保障，充其量也只能通过非法的方式来表现这种"制约"。不过，这种"制约"的出现往往意味着旧的权力体系的涣散乃至瓦解和新权力体系的诞生。因此，在传统社会中，权力被集中于中央一个人或少数人手中，权力的矛盾运动完全依赖于权力自身维持平衡的意志与能力。

在法治国家中，权力的产生与运行逻辑则大为不同。首先，权力的产生源于权利的授权或是契约的结果；其次，权力之间不仅存在中央与地方之间的分权，还存在每一位阶权力之间的分立与制衡，从而在整体上维持一个法治意义上的权力平衡；再次，权力运行的过程要受到权利的限制与监督。可以看出，在法治国家中，权力的矛盾运动不似传统社会，传统社会的权力矛盾运动从法律上来看几乎是封闭的，除了西方极个别像英国这样"特别幸运"的国家，① 其君权自 13 世纪起便为一系列的法律所制约着。在中国传统社会中，君权几乎没有任何权力能够制约，即使有制约那也只是道德意义上的，最终还是要依赖君权自身的意

---

① 参见高全喜《立宪时代的法政哲学思考》，中国法学网，http://www.iolaw.org.cn/showarticle.asp?id=1824.2。

志自觉性。而在法治国家，权力之间的矛盾运动不仅仅限于内部，它还开放性地引入权利对其进行终极性的制约。

当前我国权力的矛盾运动状态分析。从总体上来看，我国的权力矛盾运动状态是从传统社会到法治社会的过渡状态。在宪法上，我国的权力矛盾运动引入了现代宪政的基本原理，即人民主权。我国宪法第二条规定："中华人民共和国的一切权力属于人民。"这一宣示可以解读并引申为：第一，我国的权力来源于人民，人民的意志是权力之源；第二，权力运行的目的是为了人民；第三，权力要受到人民的监督。这就从宪法上规定了权力来源于人民的根本性质，为人民行使权力监督权提供了根本法的依据。但问题是，虽然宪法规定了权力的人民性，但是，人民对权力的监督从权力的设定、范围、运行以及权利的救济全程控制的法律机制并不完善甚至是缺乏。正是这种不完善与缺乏，使得权力矛盾运行的特征类似于传统社会，即对权力的制约仅仅来源于权力本身。

一般而言，如果权力的制约仅仅依靠权力自身，那么这种制约往往表现在两个层面，即：一是中央权力对地方权力的制约，二是各权力位阶之间的分工制约。然而，在实际运作上可以看到，第二个层面的权力制约往往流于形式。因为权力行使者有自身的利益追求，不同分工的权力之间很少有直接的利益驱动去进行权力制约；相反，由于现阶段，我国的权力对社会资源仍然有极大的超越合理性的支配力与影响力，因此，权力之间相互交换支配力与影响力比相互之间的制约拥有更大的驱动力。除非各个权力行使者拥有来自权利的更大利益驱动，否则，第二个层面的权力制约往往落空。也就是说，在我国当前的权力制约体系下，对权力的行使主体来讲，权力相互之间交换得来的利益超过来自权力之间相互制约所得来的利益。因此，这种权力制约表面上是很合理的，但是，由于关键的逻辑环节存在缺漏，所以，它并不能达到设置它的目的。当第二个层面的权力制约基本实效后，权力制约的全部压力就转移到中央对地方权力的制约之上了，而这种权力的制约形式就类似于传统社会中的权力制约了。也就是说，权力制约的效果主要就取决于中央权力的意志与能力。然而，这种权力制约的动力也可能被权力之间的支配力与影响力的交换而削弱，这种削弱与同权力之间的横向制约逻辑是一样的。因此，一方面，这种权力制约形式使得权力制约的压力往往被权力之间的支配力与影响力的交换而削弱了它的预设功能，另一方面，却也大大加强了中央权力的权威。

尽管从权力制约的实然运作来看，我国权力制约的压力往往因为权力之间的支配力与影响力的交换而最终转移到中央一级的权力上去了。然而，在这种权力制约模式呈现传统的权力制约特点的时候，与传统社会不同的权力与社会利益的生态却发生了改变。与现代社会不同的是，传统社会中的个人并没有法律上的权利，有的只是特权与义务的悬殊；而现代社会的权利获得宪法与部门法上的起点与地位，权利的内核就是利益，这种法律上占据了起点的权利，一旦获得了利益的驱动力，就会沿着正当或正义的路线不断扩张，不会限于既有的法律确认与保障，且不会停止。而扩张的权利与制约失衡的权力同处一个有限的法律空间，它们之间势必发生冲突。所以，当权利的实现与扩张受挫于权力体系的各个层次时，权利主体不仅会对权力造成压力，而且权利主体更会直接从中央权力的合法性这一层次来看待自己的权利受挫，这使得中央权力感受到了莫大的合法性压力。一方是在法律上获得了一定范围内的权利主体组成的社会在新的利益生长与利益分配状态下具有不停扩张的趋势，另一方是实然层面制约失效的权力在自身利益的驱动下也具有不断扩张的趋势，进而，权力的自身矛盾运动只有靠二者之间的博弈来实现平衡状态了。虽然权利对权力的制约在终极层次上获得了法律承认，但是，由于在具体的操作层面，权利制约权力的逻辑链条存在缺失与断裂，所以权力与权利的关系易致脱序，而权力制约权力自身的成本也因此加大。

在法治改革的过程中，公民主体性的发展对权力的法治改革具有推进与稳定的作用。首先，公民主体性的发展使得权利在与权力的博弈中，逐渐获得法律的承认与保障，这对权力制约起着重要的作用。一方面权利获得确认，另一方面权力得到制约，这都使得权力本身的合法性得到加强；尤其是中央权力，在发挥确认与保障公民主体性的发展过程中，通过公民权利制约权力，使得自身的合法性与权威得以巩固与加强。其次，公民主体性的发展与成熟可以承担权力在分立、分散与下放的过程中引起的社会问题；同时，由于公民社会自身的矛盾也会因法治改革而凸显，公权力的介入势成必然，因而其合法性与权威也会得到质的加强。因为在自主公民社会内部的发生主体性公民之间的权利冲突时，公权力的介入与裁判则是法治存在的重要根据。

随着法治改革的深入发展，不仅中央和地方之间的权力矛盾需要引入主体性公民的权利来做终极裁决；而且，各层级分立权力之间的矛盾也需要引入具有主体性公民的权利来做终极裁决。虽然不同的国家，法治之中的同一层级的权力之间的关系是不同的，而且同一层级的权力之间的关系和各种因素相关，但在公民主体性充分发挥的条件下，权力之间的关系如果是建立在公民社会内部的利益分化与价值多元之上，那么，这种权力的组织与矛盾运动方式则是相对比较稳定的。

综上所述，无论是在法治初步发展的阶段还是法治深入发展的阶段，公权力都会产生型塑公民主体性的动力，以保持法治的稳步启动与深入发展。

第二节　公民教育——公民主体性的社会再造

一　学校教育——公民主体性话语型塑

从社会学的意义上来讲，法治的发展与稳定必须有三个重要基础，即制度的、经济的与话语系统的，其中"话语系统"也就是美国学者亚历山大所说的"理解网络"。这三个方面的基础在法治发展运行过程中既互相积累，又互相转化。

因此，不仅要在制度领域使主体性的话语成为法治的话语理解网络，而且，要在经济与公共领域使主体性的话语成为法治的话语理解网络。只有这样，才会有利于法治发展的资源以法治所需要的方式组织起来。这种话语理解网络是法治资源的一种组合方式与蓝图。"对现代性话语而言，从十八世纪后期开始，现代性就已经成为'哲学'讨论的主题。"[①] 与此同时：

---

① ［德］哈贝马斯：《现代性的哲学话语》，曹卫东译，译林出版社 2004 年版，第 1 页。

市民社会并非只是一个制度性领域。它还是一个有结构的、由社会确立的意识领域，是一个在明确的制度和精英们自我意识到的利益之下和之上起作用的理解网络。要研究市民社会的这一主观维度，我们就一定要承认并集中关注一些独特的符号性准则体系，这些符号性准则体系对于构成哪些处于社会内部或外部的人们的社会感来讲极为重要。①

公民社会的制度性领域主要表现为权利机制，而权利机制只是公民主体性发展的一个外壳，公民主体性却具有不断地突破这个外壳的动能与欲望。每一次的突破都将获得一个新的权利外壳。但是，这种外壳需要一个大的法治话语理解网络为其提供方向、目标、模式与方法。美国学者亚历山大为了研究公民社会的话语特征，对民主（法治）社会的社会动因、社会关系与社会制度的话语结构作了一系列的对比排列：②

1. 关于社会动因的话语结构

表 4.1   民主与非民主社会动因话语结构对比

民主的准则体系	非民主的准则体系
积极主动	消极被动
自主性	依赖性
理性	非理性
合乎情理	歇斯底里
冷静	激动
自我节制	情绪化
现实	不现实
心智健全	疯癫

---

① ［美］杰弗里·亚历山大：《作为符号分类的公民与敌人：论市民社会的极化话语》，朱苏力译，载《国家与市民社会：一种社会理论的研究路径》，上海人民出版社2006年版，第199页。

② 同上书，第201—202页。

2. 关于社会关系的话语结构

表4.2 　　　　　　　　民主与非民主社会关系话语结构对比

民主的准则体系	非民主的准则体系
开放	秘密
相信他人	多疑
批判	遵从
廉耻感	自利
良知	贪婪
坦诚	欺骗
直截了当	算计
深思	阴谋
朋友	敌人

3. 关于社会制度的话语体系

表4.2 　　　　　　　　民主与非民主社会制度话语结构对比

民主的准则体系	非民主的准则体系
规则调整	专断
法律	权势
平等	等级
包容性	排他性
非个人性	个人化
契约性	有归属的忠诚
社会群体	派别
职务	人格

正是亚历山大所列举的一系列的话语体系构成了他所认为的民主的公民社会的话语理解网络，这种话语理解网络当然也是法治稳定发展所需要的。我们可以很简单地看出，它的核心正是公民主体性。

法治在国家层面表现为两个层面的相互支撑关系：首先是国家权力与公民权利之间的合理安排，其次是国家权力之间的合理配置，这两者是紧密关联的。其中，前者是后者的基础，而后者是前者的保障。然而，从根本上来说，国家权力的配置应该是公民社会的利益分化与价值多元在权力层面上的反映，正是这种有组织性和自主性的公民社会内部各种力量之间的博弈达到某种平衡的状态，使得建立并反映在这种平衡状态之上的国家权力的组织方式能够和谐而稳健地运行。

正因为如此，所以在法治国家中，有组织性与自主性的公民社会是法治得以建立与运行的根基。然而，正如前所述，这种有组织性与自主性的公民社会并不是空中楼阁，而是主体性公民按照利益分化与价值多元的状态的组合。前者是因，后者是果；没有前者，就没有后者。也许正是在这一意义上，美国大法官路易斯·布兰代斯才"将公民这一角色称作是美国大陆'最重要的职位'"①。因为"美国在探索自治政府的过程中最主要依靠的并不是总统、国会议员或是大法官，而是每一位公民"②。然而，主体性公民并不是可以自动形成的，也不必然以法治的存在为前提。可以说，只有在法治话语理解网络成为一国的主流话语理解网络，即法治话语成为支配公民社会中的个人对权力与权利问题进行理解、思考、批判与服从的话语的时候，主体性公民才能真正形成。那种仅有法律地位的公民，在面对权力与权利的问题进行理解、思考、批判与服从的时候被反法治的话语理解网络所支配时，作为一个公民，他是有名无实的。

　　为了进一步阐述法治话语理解网络的内涵与功能，这里有必要阐述几个概念之间的关系，即语境、话语理解网络、大叙事、话语。语境是社会历史或现实的符码化呈现，是人们对社会历史或现实进行诠释之后的结果。人们所理解的社会历史与现实，都是也只能是被诠释过的历史与现实，没有赤裸裸的本真历史与现实。而话语理解网络往往决定了社会现实被怎样地理解，因为这种话语理解网络支配着人们理解社会现实与建构社会现实的途径与方式，而主流的话语理解网络则造就了社会现实的语境化。大叙事是指建立在某种元叙事基础之上的，具有自我指称、自我论证、循环论证与自我满足的范畴、原则与价值体系，它不存在也不以为之辩护的外在有效性或实体性的根据。话语理解网络正是建立在一系列的这样的大叙事之上的。而话语是被书写被言说的话，是人们交流与沟通的工具。与语境、话语理解网络、大叙事相比，它对人们思想与行为的影响力与支配力相对而言是最小的。

　　个人是语境的产物，也是历史话语理解网络的产物。尽管身处历史中的个人与社群参与语境的创造才有了语境的发展与迁延，但是，语境

---

　　① ［美］纪念美国宪法颁布 200 周年委员会：《美国公民与宪法》，劳娃、许旭译，清华大学出版社 2006 年版，第 221 页。

　　② 同上。

总是以历史与传统为基础的，它相对于个人来说具有能动性，具有对个人思想与行为的型塑性。即使是个人与社群参与对语境的创造，但是，这种创造实际上还是被限定在特定的语境之内，尤其是缺乏异质大叙事竞争的情形更是如此。这里可以以中国历史上的儒学大家治学的方法来解释语境与个人的关系：无论是汉儒的"我注六经"还是宋儒的"六经注我"，都难以逃脱"六经"对"我"的限定，而这个"我"即使能发挥宋儒的所谓"常心"，也早已不是也不可能是什么本真与纯真之我的"常心"，不过是早被"六经"所定义与限定的"常心"了。① 语境与个人的关系，就类似"六经"与"我"的关系。

尽管语境具有能动性，但同时它也具有迁延性。因而，个人与社群对语境也有能动性，而正是这种能动性，使得人们能够在一定程度上摆脱语境的定义与限定。当受某种传统历史叙事支配的语境面对异质叙事的竞争时，不同的话语理解网络就可能出现，这将导致历史与传统语境的改变。然而，竞争需要人们有选择不同的话语理解网络的机会，这就必须给不同的话语理解网络以平等的地位，只有这种平等的地位才能够让人们进行自由选择。在一个法治成为人们可欲的社会，公民主体性教育应该成为这种选择的话语理解网络。

当前，我国的公权力有动机、动力与压力发展公民的主体性，正如前所分析，公权力因为合法性论述的发展与权力的矛盾运动有必要这么做。而公民的主体性在既有的语境与话语理解网络中是无法生而就有的，必须以新的话语理解网络来实现公民主体性的发展与成熟。只有有竞争力的话语理解网络才能更快地引发传统的话语理解网络的迁延，因为有竞争力的话语理解网络能够适应当今利益分化与价值多元状态下的话语需要，它能够理解、解释、提供合理性并有效地对人们的思想与行为进行支配，并为市场经济之下的利益分化与价值多元的权利与权力的生态提供合理的解释与话语环境。在当今法治主义全球化的社会，法治主义正是这种话语理解网络的核心。

对公民主体性提供学校教育并非仅仅是对公民法治意识与法治逻辑进行提升，对法治改革而言，它更重要的是营造了一种现代法治、公共

---

① 李凯：《"六经注我"：宋代理学的阐释学》，《中国哲学史》2006 年第 3 期。

领域和权利与权力关系的理解网络。这种理解网络使现代法治社会中的公共生活、权利和权力的运行得到这种理解网络的支配。美国 19 世纪教育家霍勒斯·恩曼甚至认为，"学校是共和政体的要塞"①。这一论断对学校的法治教育与法治意义的描述是十分适当的。虽然很难说通过学校的法治话语理解网络教育就一定能形成法治话语理解网络，但可以说，如果没有这种法治话语理解网络的教育，是很难形成法治话语环境的。

学校的法治话语理解网络的形成是理性公共领域形成的基础，没有法治理解话语网络的教育，企图依靠公共领域的理性自觉自发的形成，那只能是花费巨大的时间与社会成本来收获一个粗糙而不完善的公共领域。这种公共领域，它很难承担起权力的法治配置与权利不断扩张所带来的压力。在现代法治社会，"意义世界是我们人类穷尽大部分生命时间之所在，人类悬浮于我们自己织成的意义之网中。我们命名事物和对它们进行讨论的方式塑造着我们的情感、判断、选择以及行为，包括政治行为"。② 法治话语理解网络也是这样，它的形成必将使我们的行为能够按照现代法治主义的方式得到型塑。

要让我国的学校教育承担起型塑法治话语理解网络的功能与任务，必须要首先分析我国目前学校公民教育中的问题。当今社会，正如后现代主义认为，现代性的大叙事获得了稳固的"话语霸权"，除此之外的话语体系，"几乎不可能建立一种与之不同的，能够同时为国家和社会精英所认同的，从而能够将其作为建立国家合法性基础的价值体系"③。又如前文所述，现代法治话语体系虽然褪去了"真理"的光环，但是，它作为共识更容易虏获人心，而且它能更合理地解释一个利益分化与价值多元社会的合理性，并能够为权力的合理配置与权利的法律保护提供合理的理由。如果以现代法治话语为参照系分析，那么我国中小学阶段的人文与社会科学教育显然与现代法治社会所需要的良好的公民主体性

---

① ［美］纪念美国宪法颁布 200 周年委员会：《美国公民与宪法》，劳娃、许旭译，清华大学出版社 2006 年版，第 223 页。

② ［美］玛丽·安·格林顿：《权利话语：穷途末路的政治言辞》，周威译，北京大学出版社 2006 年版，第 15 页。

③ ［美］赵鼎新：《美欧合流后的社会运动研究回眸》，《社会观察》2005 年第 5 期。

的培养相距甚远。具体来讲当今我国中小学的人文与社会科学教育对公民主体性的培养来说存在以下问题：

（一）中小学语文教育中的问题

中小学的语文教育除了教授学生的基本读写知识、读写能力、美学欣赏与创作的能力外，还应潜移默化地培育学生作为一个法治社会的公民所应该具有的主体性。现行中小学的教材中是以阶级斗争和儒家德治礼教为主要价值导向的。正如前文所分析的，阶级斗争叙事固然反映了个人主体性的某些因素，但是，它更多地传达了一些不利于个人主体性发挥的内容：它不仅过于强调主体的斗争性与不妥协性，更重要的是它在一个有着专制传统的社会容易异化为"主体性—依附性"的官民二元对立的价值模式；而儒家品格的教育本质更是去主体性与臣属的道德教育，泛道德主义的精神气质弥漫，对公民主体性的成长与发展起着强烈的抑制作用。在此简单分析一例：人民教育出版社高中教材第四册课文的内容如下：

表4.4　　　人民教育出版社高中教材第四册课文内容一览

第一单元	第二单元	第三单元	第四单元	第五单元	第六单元	第七单元
1. 沁园春·长沙 2. 中国现代诗四首 3. 中国当代诗四首 4. 外国诗四首 5. 诗经三首	1. 离骚（节选） 2. 孔雀东南飞（并序） 3. 汉魏晋五言诗三首 4. 梦游天姥吟留别 5. 琵琶行（并序）	1. 近体诗八首 2. 词七首 3. 故都的秋 4. 我的空中楼阁 5. 灯	1. 假如给我三天光明 2. 灯下漫笔（节选） 3. 巴尔扎克葬词 4. 短文两篇 5. 散文诗两篇	1. 陈情表 2. 祭十二郎文 3. 愚溪诗序 4. 赤壁赋	1. 药 2. 项链 3. 守财奴 4. 林黛玉进贾府	1. 智取生辰纲 2. 失街亭 3. 杜十娘怒沉百宝箱 4. 雷雨（节选） 5. 罗密欧与朱丽叶（节选）

以上语文教材的主要内容除了抒发个人情怀与反封建的主题比较突出外，其他的几乎很少有反映社会多元价值追求的主题。如果说这些教材中的内容承载了意识形态的话，那也多是与现代法治的价值相冲突与去主体性的；偶尔有相符的，也并不是有系统的现代法治叙事的表现，只不过是阶级斗争叙事与现代法治叙事的偶然交集而已。

（二）公民课教育的缺失

在我国现阶段的高中教育中，实际上是不存在真正的公民教育的，现阶段的公民教育内容被简化、淡化在高中政治课里。本来，我国中学的政治课教育应该是公民教育，它至少应该教育学生基本的人文主义精神、自主精神、法治精神、生活逻辑、批判能力与法治逻辑。尤其是要通过公民课教育，让学生了解"当今国际社会主流文明的构建原则"，因为"从启蒙的角度看，这是中国实现民主化和制度现代化的最重要的先决条件"①。但是，我国当今的高中政治教育却是以阶级斗争为根本叙事基础之上的泛政治主义与泛道德主义教育，这种教育对现代法治的负面作用是十分巨大的。虽然，学生作为受众并不一定能够理解并接受这种教育的内容，但是，潜移默化中形成的阶级斗争叙事、泛政治主义与泛道德主义，却阻挠了学生在学校与社会中去加强自己的法治理解能力。

（三）历史教育的泛政治化

我国中学的历史教育是以生产力与生产关系的矛盾关系为历史的根本推动力、阶级斗争为历史的基本推动力为元叙事展开叙述的。这种史观充满了宏词大事，它挑动着人类身体里可能永远无法进化掉的嗜血基因；这种史观迷信以毁灭性的手段来实现社会的整体与实质正义，它宣扬暴力，迷信暴力；同时，它弥漫着法律虚无主义，鄙视法律与个案正义。它更多地宣扬了一种英雄史观、子民史观、阶级斗争史观，暗含着权力与暴力崇拜，且坚持一元与绝对的历史态度，它还忽视了社会文明与千千万万普通人生活的发展史。

从公民主体性的角度来看，这种历史观型塑的是个人对其所属阶级的从属性，其异化的模式为"团体主体性—个人依附性"；对从属敌对阶级的个人则又呈现"主体性—客体性"的模式，根本不利于形成公民主体性。

从总体上来看，我国当前中小学的人文与社科教育基本上是一元主义教育、去主体性教育、去公民教育、去批判能力教育、去法治与法治精神教育；与之相对的是，人文与社科教育中的泛道德主义、泛政治主义与规则虚无主义盛行，加之以冲突的价值体系、断裂的法治逻辑、臣

---

① 张博树：《从高中政治教材编写看"泛政治化教育"》，《当代中国研究》2005 年第 2 期。

属的守法观念、矛盾的逻辑论证更是让学生的精神与逻辑混乱不堪。这种人文与社科教育无异于一个话语网络的障碍与陷阱，不借助法治的话语竞争体系学生便无法走出这个泥沼。

就这种教育对公民主体性与法治话语理解网络的形塑来讲有以下几个方面的消极意义：（1）学生在认识社会与法治的逻辑上出现混乱，无从提炼培养自己主体性的人文精神与社科逻辑；（2）在日后的社会生活中，他很难理解进而怨恨利益分化与价值多元基础之上的法治现象。（3）出现其自身的法治意识与法治理解能力的激烈冲突。[①]（4）社会的法治话语理解网络失去了最有效率的教育起点，而这种话语理解网络形成的过程转移到社会，将使社会付出巨大的成本与代价。

中学阶段的公民主体性教育是最为关键的公民教育，因为无论是从教育成效的质、受众的量还是法治话语理解网络的形成上，都具有大学教育所无法替代的效果。然而，我国中小学的这种人文与社科教育既体现了教育指导精神在智识上的不能，更多的是反映了传统意识对公民主体性与法治精神培养上的消极态度。这种态度可能反映了传统意识对公民主体性与法治的真正态度，因为"在那些还未实现民主化的地方，执政者的教育政策是其对民主政治是否有诚意的试金石"[②]。正是从这一角度上来说，如果传统意识有意识地去培养学生的去主体性意识与反法治精神，这种人文与社科教育的模糊与含混战略是相当成功的。但是，这种教育对国家与民族的整体素质的发展来说是相当不利也是十分不负责任的。正是这种教育使得社会无法取得法治主义全球化背景下的社会所应该取得的法治共识，这种共识的缺失在中国复杂的民族、民生与文化的条件下最终可能导致极为不利的后果。

二　公域实践——公民主体性社会型塑

从总体上来看，学校的公民主体性教育应该是成本低廉的型塑法治

---

①　这在当前的公共舆论领域随处可见：一方面，公民对实施法治改革的欲望是人所共知的；但另一方面，并不令人奇怪的是，当公共领域出现了某些有利于法治发展的现象时，这些对法治望眼欲穿的公民却基于学校畸形教育所形成的话语理解网络对其进行大肆围剿。也就是说，公民的法治意识与法治话语理解能力充满着激烈矛盾与冲突，而社会危机就深深潜伏其中。

②　肖雪慧：《公民社会的诞生》，生活·读书·新知三联书店2004年版，第175页。

话语理解网络的基础与前提，而社会公共领域的实践既是公民主体性发展的空间，也是法治话语理解网络运行与发展的空间。但是，学校的主体性与法治教育若受传统意识控制，那么社会公共领域不但要成为公民主体性与权力的法治配置和权利的法治确认的公共场所，还要承担起公民主体性培养与发展的重任。这就形成了一个悖论：一方面公共领域的成熟与发展需要学校教育所提供的主体性公民与法治话语理解网络；而另一方面，公民的主体性与法治话语网络却又不得不在传统意识的限制下转移到公共领域来发展。表面上，这使得公民主体性、法治话语理解网络与公共领域都不可能得到发展；但实际上，由于现代科学技术与法治主义全球化的发展，传统意识的模糊与混乱战略不可能阻挡住现代法治思想的竞争，而且，基于市场经济的利益分化与价值多元基础之上的权利与权力之间张力的发展，使得权力不得不以种种方式来推动公民主体性的发展。

（一）市场领域

市场领域是公民社会利益分化的起点与基点，随着公权力从市场领域逐渐退出，公民社会要学会自我管理与自我发展，更要学会与不同的利益团体博弈而达致某种意义上的利益均衡与和谐。

第一，市场是不断产生新的利益主体与利益形态的地方，这种新的利益主体与形态的产生是公民主体性发展的基本推动力。在市场经济条件下，市场交换的基本条件为法律所权利化，新的利益主体与利益形态就会在这个基础上产生。在利益的驱动下，公民的主体性得到加强，能力也会得到锻炼。正如英国自由主义法学家密尔所认为的，在经济中，个人最清楚自己的利益与责任；在市场中，他是他自己的最高主权者，也能够锻炼自己的才能与判断力。[①]

第二，市场内部的利益冲突促使公民重视通过结社的方式来维护自己的权利和利益，这加强了公民社会内部各种主体和利益进行充分博弈的机会，公民在这种博弈中势必会锻炼其主体性。在市场内部，雇主与雇员、生产者经营者与消费者以及其他不同层次的利益团体之间的基本

---

① 参见张宏生、谷春德《西方法律思想史》，北京大学出版社 1990 年版，第 335—336 页。

利益冲突，都可以通过结社的方式来进行充分的博弈。只有这样，不同市场主体之间的利益冲突才可能得到充分持续的博弈，利益的分配才可能均衡。正是这种充分的利益博弈，为正常形态的利益分化与价值多元创造了可能。而且，在中国这样的法治初步发展的国家，因市场内部的利益冲突而出现的结社行为，其权利指向往往并不是公权力，因此，一般能够得到公权力比较宽容的对待。

第三，市场也是社会利益分化与冲突的起点，这种冲突的解决有利于培养公民的法治与妥协精神。无论是权利交换过程中产生的利益冲突还是经济发展造成的结果上的利益冲突，国家公权力最大限度的退出为公民自主解决市场内部的权利与利益冲突创造了条件。这种权力最大限度的退出使得司法的裁判权力得到最大限度的发挥，这为公民的法治精神的培养创造了条件。而且，无论是市场内部还是以市场为基础的整个公民社会内部，利益冲突与持续的利益博弈是纠缠在一起的。因此，对囚徒困境的恐惧所导致的妥协往往能够达致纳什均衡。无论是市场内部的利益冲突还是整个公民社会内部的利益冲突，那种完全的不妥协气质往往容易导致双方利益的受损甚至是社会的崩溃。正是由于市场内部利益冲突的解决模式、能力与习性，为法治运行之中的利益冲突提供了良好的模式借鉴与文化。

第四，市场内部所培育出来的利益博弈模式、冲突解决文化以及相应产生的人才、信息与财力，为权力之间的矛盾在法治内部的规范运行创造了坚实的基础。市场内部的利益博弈模式、冲突解决文化、人才、信息与财力这些因素都会使市场的自主性大大增强，权力系统内部的权力斗争形态与发展模式甚至将会形成对市场内部的资源依赖与文化影响，权力斗争将会因此而更容易在法治体制内得到解决。

（二）政治领域

我国的政治领域作为一个公共领域，其范围是随着经济体制的变化而逐渐得到扩展的，只不过这种扩展始终受到法治发展阶段性的限制。第一，现代法治国家公共领域的形成一般是充分的公民自由意志的产物，而我国公民自由意志在政治公共领域的形成则是一个不能完全发挥的过程；第二，现代法治国家的政治公共领域是一个意志与意见能够公开与充分博弈的领域，而我国的政治公共领域的意志与意见目前受到一定的限制而不能充分展开；第三，现代法治国家的政治公共领域是其公民社会利益与价值结构在权力领域的微型再现，且其功能按照立法、执法、司法三种权力形式进行分立制衡。而我国的政治公共领域的权力配置结构没有能够完全及时地反映公民社会的利益与价值结构的状态，因而，立法、执法与司法三种权力的配置有待合理改革。

尽管从现代法治国家的公共领域来看，我国的公共领域与其存在相当大的距离。但是，这并不意味着我国的政治公共领域或者毫无可用之价值而要完全重构，或者是已经十分完善而不需要进一步发展。在中国这样一个民族、民生与法治问题十分复杂的国家，对政治公共领域抱有不切实际或激进法治改革的期望，最后可能会把所有的问题都弄糟。对公民主体性的培育与发展来讲，我国的政治公共领域并非完全不具有可资利用的价值。

第一，总体上来看，我国政治公共领域的形式可以包含更为广泛的内容。形式与内容的辩证关系是不同的内容可以有同一种形式，而同一种内容也可以有不同的形式。我国现行政治公共领域的形式不变或缓慢改变并不意味着其内容的发展完全受其制约。随着公民主体性与社会自主性的不断增强，即使是在同一种形式下，政治公共领域的内容也会发展改变。

第二，从政治公共领域的组成过程来看，公民主体性与社会自主性的作用越来越强，这对我国政治公共领域的组成过程必将发生渐进的改变。而在这种改变过程中，必然会有各种各样的受公民主体性驱动的突变，在一定时期与一定空间内突变的集合势必造成有利于成熟法治发展的政治公共领域的形成。

第三，从政治公共领域的内部结构来看，随着公民主体性与社会自主性的增强，公民社会内部矛盾的日益发展，政治公共领域的内部结构必将随之发生变化。从长期来看，政治公共领域的结构必将是公民社会利益与价值结构的结果与反映；否则，一个不反映公民社会内部利益与价值结构的政治公共领域，必将耗费巨大的成本去力图保持这个政治公共领域的组成与结构，这种耗费的巨大成本必将与公民的权利与利益发生结构性的冲突而难以维持下去。

第四，从政治领域的运作来看，公民主体性的发挥即使仅仅是在民族与民生领域取得的成功都会对政治领域发挥很大的正面作用。这种成功能够使公民主体性都得到锻炼与鼓励，并且公民主体性发挥的过程往往会形成相应的制度机制或政治习惯，这将为公民主体性在法治领域的发挥提供条件。

总之，政治公共领域的每一步发展都会与公民主体性、社会自主性之间形成一个相互抬升而不断进步的螺旋式上升态势。

（三）公共舆论

公共舆论领域是一个常态下观察公民社会成熟与否的重要指标。尽管我国政治公共领域的结构不尽人意，且公民社会属性强的公共舆论领域的表现也差强人意，但一个不容忽视的发展趋势是，随着我国市场经济的深入发展，公共舆论领域的发展趋势对公民主体性的培育与发展起到巨大的正面作用。

尽管在中小学校这个最大公共教育平台上，公民主体性及其法治话语理解网络受到传统意识的消极对待，但是，建立在现代科学技术发展与公民社会内部利益驱动之上的公共舆论对公民主体性的培育与法治话语理解网络的形成中的功能，在现阶段有超越中小学校公共教育所承担的公民主体性培育的功能的趋势。

第一，受众数量巨大、范围广泛。据我国信息产业部的相关统计数字，我国互联网网民在 2006 年上半年底达 1.32 亿，在 2006 年底已经超过美国居全球首位。而且，我国互联网民呈低龄化特点，以 35 岁以下的未婚网民为主。在 2 亿中小学生中，上网学生目前已达 3000 万。[①]这样的一个数字与年龄结构的互联网网民对成熟公共舆论领域的形成与参与，对其主体性发展的现实意义是十分明显的。

第二，公共舆论领域载体内部之间的竞争使得其去泛政治化的趋势将会加强其公民社会的属性。我国大量互联网网民的存在对各种性质的媒体来说意味着巨大的商业诱惑。电子媒介的特质是成本低廉且发展迅速，且网民获取电子信息的成本也十分的低廉；不同于传统的纸质媒介，在电子媒介中，商业利益的追求使得其更多地反映公民社会的意见

① 参见《信息产业部副部长称我国上网人数突破 1 亿》，http：//news. mmxx. net/2005628182827. html。

与利益，去泛政治化的趋势明显。作为受众的网民的主体性也得到了极大的尊重与发挥。在市场竞争的压力下，传统的纸质媒介若固守泛政治化的传统，必然在商业收益上大打折扣。因而，在商业利益的驱动下，在电子媒介竞争的压力下，纸质媒介必然也会呈现去泛政治化的趋势。而正是这种媒介去泛政治化的趋势使得它们的公共舆论属性在增强。

第三，公共舆论领域为多元的利益与价值观自由竞争提供了一个相对平等的空间。尽管我国电子媒介中的去泛政治化的趋势使得很多不利于法治的话语展现在公众面前，但是，这种展现不过是曾经被公权力压制的话语的公开展现而已，它并不能够说明我们公众法治素养比以前更糟糕。而且，正是这种展现使得潜伏的问题得以暴露，这为问题的解决提供了可能。而且，在这种新的公共舆论领域中，非理性的、偏执激进的、民粹主义的、国家主义与民族主义的话语面临着法治话语的强有力竞争，公民势必会在这种多元话语的竞争中进行自我教育与自主选择，这必将有利于其主体性的发展与法治话语理解网络的形成。

（四）社会组织

公民主体性是公民得以在现代法治语境下走出自身的原子性，并与其他公民之间连丝成线，由线变绳，然后再结成绳索的基础与动力，[①]这种绳索正是社会组织。而正是社会组织使得原来形单影只的个人权利与国家系统权力之间的对峙关系变成了社会组织的权利集合体和国家系统权力之间的关系，并且，这种关系由纯粹的对峙关系而逐渐演变为联结、博弈与合作的关系，甚至是社会组织支配权力运行的关系。

值得注意的是，当前我国社会组织的自主性面临着两个方面的侵蚀：一是大多数社会组织难以摆脱半官方性质的属性从而难以摆脱公权力对其自主性的侵蚀，二是资本力量对社会组织自主性的侵蚀。正是这种公权力与资本力量对社会组织自主性的侵蚀，使得公权力、资本与社会组织之间的力量过度失衡，这种过度失衡造成了现有社会组织的独立性、动员力与公信力不足以承担将公民连丝成线、由线变绳的能力。但是，这种状态同时也是重构社会自主性的重要转机。因为"除了传统文化和政治体制等的制约外，我国民间社会组织缺少独立性和社会动员能

---

① 参见林深靖等《公民不服从在台湾》，http：//guancha. gmw. cn/show. aspx？id＝1427。

力较低的一个重要因素，就是还没有足够的利益分化基础和自由权利主张根基"①。而利益分化与权利主张正是公民主体性的重要发展基础，在这两个基础之上，主体性公民的发展必然寻求社会组织来表达自己的结社愿望与进一步的利益与权利主张。

（五）社会运动

在传统社会中，社会运动往往受到权力的严格限制。但是，随着市场经济、利益分化与价值多元的社会状态深入发展，权力的法治配置与社会分化必然会造就利益冲突，社会运动很难因为公权力的压制而消失。只是在公权力的压制下，社会运动暂时处于潜伏状态而已。但是，这种社会运动在公权力进行法治改革时，因为受权力的控制开始减弱，利益冲突与权利主张就会以一种十分激进的方式发生。因为在公权力的法治配置之前，社会组织一般发育不良，而在"组织力量很弱的情况下……大量思想和经历相似的人员聚集在同一社会运动空间下，从而为一哄而上的运动创造了条件"②。而正是这种一哄而上的社会运动可能给法治改革造成巨大的损害。

在现代法治社会中，社会运动几乎是不可避免的。而社会运动要想避免陷入非理性的、偏执激进的、民粹主义的、国家主义与民族主义的陷阱，社会利益分化与价值多元是最为重要的。只有在利益分化与价值多元的情形下，公民主体性得到发展与成熟，竞争性的社会组织与社会运动才能形成，宽容与妥协的能力与智慧才会在社会运动中得到成长，社会运动对法治的威胁也就会降低。

第三节　主体公民——法治国家的根基与归宿

一　公民主体性与社会自主性

在现代社会，公民主体性与社会的自主性是建立在同一种利益与价

---

① 马长山：《法治进程中的'民间治理'：民间社会组织与法治秩序关系的研究》，法律出版社 2006 年版，第 151 页。

② ［美］赵鼎新：《美欧合流后的社会运动研究回眸》，《社会观察》2005 年第 5 期。

值形态之上的，这种利益与价值形态就是利益分化与价值多元。社会不过是一个抽象物，个人永远先于它的存在。"不能设想每个人不能发展，而社会有发展"①。对于社会的自主性也一样，很难想象，公民主体性的缺失能够发展出社会的自主性来。人的主体性必须是建立在利益的驱动之上，只有有利益的驱动，这种动力在促使人发挥其主体精神时才不至枯竭。只有利益的驱动之下的公民主体性，才能和国家权力的扩张相对抗。因为，国家权力的扩张正是同样基于利益的驱动。所以，公民主体性的存在与发展基础就在于利益，而市场经济最能促成这种利益的追求。然而，如果人们仅仅是有利益的驱动而没有利益分化与公民权利的结社权，那么，暴风骤雨一哄而上式的社会运动就可能在摧毁国家的同时也摧毁社会。所以，利益分化与结社权结合在一起，才能形成公民社会中的不同利益集团，正是这些集团将由利益分化带来的强劲驱动力分散成不同的相互竞争的力量。只要消除了一元主义与极端主义的梦魇，多元价值必然能够扎下根来，并且在竞争中得到发展。利益的多元化与价值的多元化相辅相成，公民社会内部的均衡必将因此而形成。

社会自主性的形成与实现依赖于公民主体性的成熟与发挥。公民权利并不能必然成就公民的主体性，它只是为个人主体性走向公民主体性提供了一个法律外壳与逻辑起点。个人主体性要发展成为公民主体性，公民的利益与权利外壳的展开与发展还必须有法治话语理解网络发挥其影响力与支配力。因为社会自主性是在公共领域中形成与表现的，是建立在社会组织之上的，而公民的利益与权利外壳则是这种组织化的社会的起点与基础。当然，从个体性的利益与权利外壳走向社会组织自主性的形成也不是必然的，法治话语理解网络就在这里起着相当关键的作用。

社会自主性不过是公民主体性的结果与保障，公民自主性是社会自主性的目的与归宿。社会自主性并不是公民主体性的目的，社会自主性不过是公民主体性的一个发挥空间，一个中介，一个工具，公民主体性才是根本和归宿。一个国家当中，当公民之外的团体、集团、阶层或社群成为目的与归宿时，专制主义与极权主义的威胁将因此而到来。

---

① 《毛泽东文集》第3卷，人民出版社1996年版，第384页。

二 自主社会与国家

在现代社会，如果没有自主社会便没有法治国家，有的可能只是宫廷政治、密室政治与流血政治，社会内部只有盲目的、冲动的与无组织化的利益与权利，而国家的权力平衡完全依赖于权力之间的力量对比。当社会内部发生大规模的利益与权利的冲突时，国家权力系统内部将失衡，更大规模的冲突就会形成。为了进一步分析自主社会与国家的关系，这里将国家与社会的不同关系以简单的图表列示如下：

关系形态	国家完全控制社会（集权国家）	国家与社会对抗（威权国家）	社会支配国家（法治国家）
成本与风险	以权力、资源控制与价值动员对社会进行控制，成本与风险巨大	以权力、资源与弱价值动员对社会进行控制，成本较小，风险较大	以契约式权力对社会提供管理与服务，成本小，风险小
国家	国家集权：权力一体化并层级向上高度集中	威权国家：权力开始分立与分化，但与社会之间的纵向关系断裂，公民权利的联结与集合不足	法治国家：权力分立与分化，依赖组织化的社会并通过公民权利与之形成纵向联结与依赖关系
社会	社会一体化并被纳入行政权力金字塔体系的最底端，一元化与极端主义话语理解网络	社会分化、非组织化、公民权利获得起点与基础、法治话语理解网络开始生发	社会分化、公民权利扩展、社会组织化、法治话语理解网络形成

从上表可以看出，（1）在这一种关系形态中，当国家以权力、资源与价值动员控制社会，通过行政权力将社会纳入其体系的最底端时，这种"国家—社会模式"的秩序价值最为重要。因为没有秩序，这种模式便易于趋向崩溃。但是，维持这种国家——社会模式的社会成本与风险巨大。因为它只不过是以现代性的话语来包装与表达了传统社会一元化及极端主义的实质，在国家与社会的关系上它与传统社会并无本质的不同。（2）在这一种关系形态中，国家与社会的对抗过程是一个充满了痛苦、危机与希望的过程。因为此时社会出现分化但是组织化仍未形成，公民权利也不过是获得了一个基本法的起点，法治话语理解网络开始生发，由于社会与国家分离，公民的利益与权利不断呈扩展趋势，各种竞争的利益开始充分博弈，痛苦、危机与希望便会充斥其中。这时，社会内部的矛盾与冲突开始生成发展，国家权力系统相应地也开始

发生分立与分化，国家与社会之间呈现博弈关系，社会风险较大。在这一阶段，一方面，社会希望国家权力按照法治的方式来进行配置；但另一方面，由于社会分化呈现一种非组织化的状态，公民权利供给不足，法治话语理解网络尚未形成，所以，这一阶段即使国家权力实现了法治配置，但频频发生的社会运动很可能将这种权力的配置异化乃至颠覆。在一个民族、民生生态复杂而脆弱的国家，灾难性的后果可能会发生。

（三）在这一关系形态中，当公民主体性得到比较充分的发展时，公民社会内部开始逐渐组织化并且习惯了利益与价值观的多元竞争。此时，公民社会在组织性、资本、人才与信息等诸多方面的独立性必将迫使公权力的矛盾运动所需的平衡对其形成依赖，公权力的法治配置条件已经成熟，社会支配国家的生态必将形成。

总之，在现代社会，公民社会是结果与中介，国家是工具，只有公民个人才是终极意义的主体。他自命不凡、桀骜不驯，具有理性与批判精神；他自我定义、自我塑造，不偏执不激进，且具有理解并实施宽容与妥协的能力与智慧。社会发展到这一阶段，法治必然会确立并具有可持续发展性。

第五章 儒家文化均衡与法治现代化模式演化

第一节 儒家文化演化与儒家"活法"

一 儒家"活法"的界定

前面几章分析了法治均衡及法治均衡衍生和发展所需的公民主体性，将公民主体性主要置于国家与社会公共领域的层面中来进行论述，这一部分则主要将公民主体性置于传统文化领域中来进行论述。在法学领域中，基于研究对象的特定化，文化几乎等同于规则，这些规则往往就是博弈论中均衡的表现：它既是均衡的结果，也是均衡维持自身惯性的重要知识与信念。就本章内容而言，儒家"活法"就是儒学义理长期均衡演化的结果。

奥地利法学家埃利希认为，"法律社会学必须从探明活法开始"[①]。埃利希的所谓"活法"是指"当事人在生活中实际遵守的（规则的）部分"[②]，他甚至将"活法"的内涵延伸至"社会秩序本身"[③]，并认为"它构成了人类社会法律秩序的基础"[④]。因而，若不研究一个社会的"活法"，制定法则可能丧失对社会"生活的控制或它从未取得过（对

---

① ［奥］尤根·埃利希：《法律社会学基本原理》（三），叶名怡、袁震译，九州出版社 2006 年版，第 1095 页。

② 同上书，第 1087 页。

③ 张宏生、谷春德：《西方法律思想史》，北京大学出版社 1990 年版，第 396 页。

④ ［奥］尤根·埃利希：《法律社会学基本原理》（三），叶名怡、袁震译，九州出版社 2006 年版，第 1097 页。

生活的）控制"；而且，"如果法学仅仅提出制定法规定了什么，而没有指出实际上发生了什么，则法学实现其作为法律与权利之功能的状况也是十分糟糕的"①。实际上，法律秩序只是社会秩序的一种，社会中的其他秩序与法律秩序之间往往形成同属于一个整体秩序系统的关系。而且，特定的社会秩序应是法律秩序的目的，但在受传统儒家影响深刻的国家，社会秩序与法律秩序之间的关系到底为何，其未来会呈现怎样的发展状态、结构构造与可欲目标，学界目前并未有系统、周延与细密的研究。

以博弈论的观点很容易看出，埃利希实际上是用了一个修辞手法来表述了一个国家的正式法律均衡和社会生活中的实际均衡的不同：根据无名氏定理，"存在外部强制时，理性的参与者能够达成的任何契约，在无限重复博弈总，都是一个可行的均衡结果"②。也就是说，埃利希所指的国家法不过是存在外部强制的均衡，而他所指的活法则是指社会生活中自发演化的均衡。埃利希认为，这部分均衡更为重要。用博弈论的观点来说，埃利希的"活法"是指现实生活中的均衡在控制着实际的社会秩序。

为了对中国法治现代化的目标与规范体系构建一个检视平台，本文以法社会学的视角引入一个新概念并力图以其指称中国社会生活中的柔性规范及其构造的事实与秩序，这个概念即为儒家"活法"。基于论述中心及方法论的需要，本文将儒家"活法"界定为一种由传统儒家所倡导并内化为人们所广泛践行的柔性社会规范及其构造的事实与秩序，它一般性地构成中国社会人际联合通行的原则、规则、方式与生态。中国传统儒家所倡导的是儒学义理，虽然当代诸多新儒家在对儒学义理进行新的诠释与发挥时更多地运用了西方哲学与政治学上的方法与范畴，但总的来看，他们的研究中心多拘于儒学义理的文本层面而对儒学义理在现实社会生活中衍生的规范、事实与秩序的关注经常处于次要甚至是罔顾的地位。本文则重视传统儒学义理已内化为现实社会层面人们的心

---

① ［奥］尤根·埃利希：《法律社会学基本原理》（三），叶名怡、袁震译，九州出版社2006年版，第1075页。

② ［英］肯·宾默尔：《自然正义》，李晋译，上海财经大学出版社2010年版，第139页。

理与行为模式的事实，因而其分析重点不在于传统儒学义理之阐发，而在于这种义理构建与型塑之下现代中国社会人际联合①中的规范、事实与秩序对中国法治现代化的影响。

要奠定儒家"活法"这一范畴，须对中国既有相关法社会学研究作一番简要检视与梳理。（1）在20世纪90年代，朱苏力教授以《法治及其本土资源》一书及村妇秋菊的困惑将人们从法治叙事的狂飙突进中拉回现实。显然，朱教授的论述方法论意义巨大，但缺憾亦很明显：首先，朱教授虽提出了问题，但他并没有对"本土资源"作可规范化的具体阐述，自然也就难以深入规范层面研究②。其次，他的例证局限于农村，这体现了其研究与论述对象不周延，没能以"本土资源"这一概念贯穿整个中国社会，他的例子似乎更适合解释中国乡土社会的人际联合规则。（2）许章润教授则提出了一个重要概念，即"世道人心"③，这颇能反映其法社会学的分析视角。然而，许教授偏爱以一种文本分析的漫笔手法来表达他的"世道人心"之论，这不仅使其法社会学方法贯彻不够彻底，而且规范层面的研究也甚缺失。（3）梁治平、范忠信等教授也基于其法史家的身份，对传统法伦理进行了深入的研究并以此反思现实，但他们同样缺少规范层面的转化研究。④（4）尽管如此，上述学者的法社会学研究为"民间法"这一范畴的提出奠定了扎实的论述基础：谢晖教授将法社会学方法推入规范层面，他极力倡推的民间法研究大大拓展了法理学的研究视野。然而，穷于追寻乡野的民间法毕竟是处于中国人主流社会生活规则与秩序中的边缘，它缺少对中国人主流社会生活规范、事实与秩序即儒家"活法"的应有观照，且国家法与民间法的二元分立模式似乎并非是周延的法社会学分类，而本书所论述的儒家"活法"既普遍性地存于民间却又不限于乡土社会并极力向公

①　此章中交替使用人际联合与人际关系两个概念，前者是从宏观上来观察并指称社会组织的基础构造方式与状态，后者是从微观上来观察并指称社会组织中原子式个体之间的关联与共处方式。

②　许章润：《〈法治及其本土资源〉随谈》，《比较法研究》1997年第1期。

③　许章润：《世道人心是法律的魂魄》，《行政与法制》2006年第2期。

④　如梁治平教授《沉重的"关系"》（《教师博览》2005年第8期）一文就体现了这种法社会学的路径；范忠信教授似乎更重视研究传统法伦理的义理，至于这种法伦理与当今社会日常生活中的"活法"之间是一种什么样的关系，则很少研究。

权与公共领域中渗透。

综上所述，本书试图奠定一个儒家"活法"范畴：第一，它对应了中国人与中国社会的经验——即儒家"活法"是中国人人际联合的普遍之道，须臾未离；第二，儒家"活法"这一范畴具体而精准地统摄了中国社会最基础性的"本土资源"——由传统儒家倡导的儒学义理衍生的儒家"活法"规范、事实与秩序，这廓清了"本土资源"的笼统性与模糊性；再次，儒家"活法"是基于法社会学的方法，把研究的触角放到最普遍的生活规范、事实与秩序中，以避免法治宏大叙事与现代法律规范机械移植之弊；第三，以本土化的概念来对儒家"活法"的构成要素、类型、运行机理与社会功能等进行精细的分析，以奠定法治之法回应儒家"活法"的论述基础；第四，由于儒家文化的含义太泛，加之本文的研究目的与范围决定了本文是要将儒家文化的范围限制在最常影响人们行为的儒家文化构造的规则上，儒家"活法"则能非常好的指代这些规则。

为什么儒家在现当代史上屡被批判与否定而而儒家"活法"仍被人们所广泛践行并深刻地影响中国人的人际关系、社会资源配置、冲突化解与日常生活模式呢？为什么国家法力图全面整合与重构儒家"活法"，却反过来被儒家"活法"所渗透、解构甚至是颠覆呢？为什么法治之法绕不开儒家"活法"？要回答上述问题，必须对儒家"活法"的传承性与变迁性进行法理层面的分析。

日常生活中经常充满这样的悖论，一个人可能基于现代法治的理念与规范而反对儒家与儒学，然而这并不妨碍践行儒家"活法"。这种个人理念与规范层面上的认同与实践之间的断裂必然会给现代法治带来更多的混乱与成本。一个人如何超越儒家"活法"去选择他认同的理念与规范呢？以现代法治之法去整合日常生活领域中的儒家"活法"可不可能？如果可能，这种法治之法需要什么样的条件？实际上，上述问题就显现了公民主体性在儒家文化面前的局限性。由于儒家文化构成的均衡对人们思想与行为构成的收敛力量，使得现实生活中，人们往往显示出双重人格的现象：法治的规则与精神虽然获得认同，但是，儒家文化构成的均衡对人们的思想与行为收敛力量巨大，理性的人可能就出现了双重顺从——在主观思想上认同法治规则与精神，但在行为上却无法抵抗儒家文化构造的均衡的收敛力量而顺应它。

因而，作为新均衡的现代法治之法要整合传统均衡的儒家"活法"应该具有以下条件：（1）有一套法治之法可供选择；（2）这一套法治之法具有普世或特定社群认同的价值优势；（3）最重要的是这一套法治之法具有法经济学逻辑上的优势：行为人的行为成本普遍更小，收益更大，效益更高，又便利；（4）遵守法治之法带来的利益或违反法治之法带来的不利超过了遵从儒家"活法"的利益或违反儒家"活法"的不利；（5）法治之法必须得到普遍认同与践行，否则搭便车的行为将导致劣币驱逐良币，使得法治之法的履行者因成本更高而不愿践行。（6）鉴于儒家"活法"中内含着传统的情感因素，法治之法还要能对行为人的情感、精神与心理有所安顿。简言之，现代法治之法普遍性地整合儒家"活法"至少须具备三个价值标准，即人权价值、效率价值、秩序价值尤其是效率上的优势，否则传统儒家"活法"便具有稳固的传承性，难以改变。

从宏观上来看，现代法治之法虽具人权价值上的优势，然而这种人权价值的优势对于微观人际关系来说却是义务的承担者的一种耗费：从世界人权发展史来看，人权的保障与享受虽能彰显人性的尊严并激发更大的生产力，但短期来看它却是耗费，它不仅需要公权与社会付出资源，①而且需要个人担负某种自限或他限来承担人权主张带来的义务；因而，一种规范体系仅有人权的价值追求很难促使整个社会规范及个体行为的变迁。不仅如此，由于传统儒家"活法"构建的是一种"特权—义务"关系模式的差序人际格局，②人权的理念与规范在这种模式中不存在法社会学上的空间，在一种法文化的意义上，义务承担者在特权享有者面前不存在人权。处于儒家"活法"，"特权—义务"关系中的特权者往往是特定人际格局中基于长期义务的承担而拥有特权地位的

---

① 参见秦晖《低人力成本与低人权"优势"的惊人竞争力》，资料来源：http：//www. ce. cn/cysc/ztpd/zt/yl/bs/201003/01/t20100301_ 20176351. shtml。

② 实际上，费孝通先生所论中国社会的差序格局就是社会人际联合中的"特权—义务"关系格局，这种"特权—义务"关系格局虽非受到法律保护，却在生活中被广泛遵从。社会学学者翟学伟也有类似的表述，"中国人在这种关系中首先被潜在地安排为每个人都是权威者，同时也是被统治者，其次一个人被权威者压制的感受可以在其他场合和关系中得到释放"。翟学伟：《中国社会中的日常权威：关系与权力的历史社会学研究》，社会科学文献出版社2004年，第97页。

人，因而延续这种模式对他们来说具有更大的收益。而义务的承担者若要改变这种差序的人际格局，必然要承担秩序破坏者的压力与额外惩罚性义务的风险。最终，从秩序层面来看，儒家"活法"构建的人际关系、社会资源配置、冲突化解乃至是日常生活模式的规范体系与秩序，往往能获得人们移情式的理解。

论述至此，本书可能会逻辑性地产生一些问题：如，既有的儒家"活法"真的需要有所变迁吗？是整体还是部分变迁？如果是部分则在变迁的量上有什么模式吗？法治之法与儒家"活法"之间的关系到底如何？可能整合吗？要回答这些问题，必须回溯儒家"活法"的流变逻辑。

二　儒家"活法"的基本均衡

对儒家"活法"流变逻辑进行深入研究必须从儒家"活法"的义理渊源、基本概念与基本关系等三个层面对其进行立体把握。

汉代独尊儒术后，儒家就围绕着儒学义理进行不断地阐释与发挥，形成了浩如烟海的儒家学说。儒家学说的基本义理构成可图示如下：

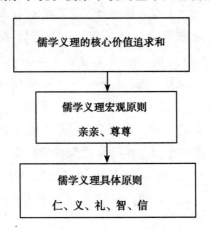

由于上图所示儒学义理在学界的研究已经比较成熟，限于行文篇幅，其内涵只在下文分析其属性必要时才略带述及。

儒学义理能如此深刻地型塑中国社会，这与其内涵及体系所具有的特定属性密切相关：

1. 宗血性与私域性。儒学义理"和"价值实现的逻辑起点在于"家"，家是一个宗血与情感单位；紧接着，儒学义理以宗血为核心连接点，以亲亲、尊尊为宏观原则，以仁义礼智信为具体原则，上推下衍，通过类比与移情将散落在社会中的个人联结成一个国家层面上的共同体。① 又由于中国传统社会是一个自然经济社会，公域不发达，而公域规则不过是私域规则的延伸与扩大。因而私域规则充斥并侵蚀公域规则不仅不被否定，反而被儒学义理所支持。②

2. 差序性与义务性。差序性是儒学义理构造人际联合的核心与支点。这种差序表现在：第一，以血缘关系为基础的人际关系存在亲疏的差序；第二，人际关系中地位高低的差序，这种差序可以现代法学概念表述为法文化上的"特权—义务"关系。在这种"特权—义务"的人际关系构造中，个人不存在独立的人格，因为个人人格的形成需要他人的义务给付，这正是中国社会人际联合中广泛存在的"面子"的社会学基础；相应地，中国传统社会中个人也不存在独立的法律人格：只有义务主体完成特定义务的给付时，特权主体的法律人格才能形成，而纯粹的义务主体当然不存在完整的法律人格。既然在儒学义理的"特权—义务"关系中，每个人的人格完整有赖于其他义务主体的义务给付，这种差序性就必然构造了一种人际之间的相互依赖关系，而这种依赖关系造就了社会联合的组织性。儒学义理构造人际差序格局的一个基础性特点是，每个人都要承担特定义务却不一定获得相应权利，有义务承担产生的利益目标为特权者的特权享有，义务是整个人际联合与法律体系中的支撑点及核心。

上述内容可以图简示推衍如下：

学　　理	人际关系型	人际关系内容	个体存在	法律人格	社会联合性质
儒学义理	差序型	特权—义务	人身依附	依附残缺型	臣民社会
现代法学	等序型	权利—义务	独立自主	独立完整型	公民社会

---

① 类比与移情是本文为了论述需要而引入的，所谓类比移情，即儒学义理将家庭以外的社会中人通过类比与移情的方式进行联结，比如，同学类比为学兄学弟学姐学妹，因而应移情为以兄弟姐妹般之情来对待；而师生与长官则被类比为父辈而移情以孝敬之情来对待。

② 这一点在孔子论"直"（见《论语·子路》："父为子隐，子为父隐，直在其中矣。"），孟子论"孝"（见《孟子·尽心上》："舜视弃天下犹如弃敝蹝也。窃负而逃，遵海滨而处，终身诉然，乐而忘天下。"）中皆有体现，当私域规范与公域规范相冲突，孔孟皆倡导弃公域规范而从私域规范，因为儒家认为，后者是根本与源泉。

3. 经济性与实践性。儒学义理构造人际关系还暗合人际交换的经济学逻辑：亲亲尊尊不仅被理解为人之常情，而且也符合社会资源配置与交易的逻辑：父母养育子女有所付出，所以要求子女以孝道回应就合乎人际交换的经济学逻辑。接着，儒学义理将这种私人关系逻辑放大延伸至国家层面，整个国家被类比为一个宏大的私人家庭，君即父，臣民即子。因而，无论是对个人、社会还是国家，儒学义理的内在经济逻辑是支撑它长盛不衰的基本原因。又由于儒学义理是一种此世的、情感的、直观的、合乎人际交换逻辑又日常且简易的学说，它没有抽象的玄思与来世的承诺或诅咒，因而具有极强的实践性：一旦它与日常实践结合起来，便获得了"活的"生命力并作为一种"活法"与中国传统社会中的国家法同构性地发展下去。

正是因为儒学义理具有上述特征，当其在社会实践中被法社会学、法经济学与社会心理学的逻辑地过滤后便必然演变为中国人日常生活中的儒家"活法"。

台湾学者黄光国教授曾以人情、面子、关系、报这四个概念来阐释中国人的社会权力游戏。① 本书主要基于以下两个理由采用这四个概念：第一，概念的本土性。概念的本土性使它能够精准地指称本土的社会心理、行为与现象，防止西方概念与本土心理、行为与现象之间存在偏差、错位甚至脱节。第二，概念的相对周延性与诠释力。人情、面子、关系、报这几个本土概念能够较为周延地描述、解读与阐释中国人的行为意义，且这几个概念之间有着内在的逻辑关系，这使得它们能够形成有机的概念链条。

如前所述，由于我国港台地区新儒家多为哲学家，其对儒学的研究多疏于华人社会的日常生活秩序而沉溺于哲学层面的解释与阐发，因而往往没有回答下述重要问题：传统的儒学义理有维持自身不发生变异的逻辑吗？包含传统儒家道德理想的儒学义理为何流变为华人社会里日常碎片化的世俗人际联合规则人情、面子、关系、报呢？这种流变又存在着怎样的内在机理呢？

---

① 黄光国：《儒家关系主义：文化反思与典范重构》，北京大学出版社 2006 年版，第 3 页。

要回答上述问题，必须对中国人的人际关系进行微观层面的以法经济学逻辑——中国人社会生活中的交易逻辑——为中心来分析，借此来梳理儒家义理流变为儒家"活法"的内在机理。当然，对这种流变机理进行分析时必须注意四点：第一，必须将其与儒学义理结合起来诠释，因为儒家"活法"不是凭空发展而来，而是儒学义理在法社会学、法经济学与社会心理学逻辑作用下生发的。第二，必须放在差序人际格局中去分析，差序人际关系既是儒学义理又是诠释中国人人际联合的核心密码；第三，必须放在中国社会的世俗性中去诠释，即既立足于中国社会的交易逻辑，又要看到这种交易里不纯粹是社会资源的交换，还有情感因素的极大渗入。第四，必须解释人情、面子、关系、报何以构造了一个关系紧密的逻辑体与行为模式。

为了更清楚地表述儒学义理在法社会、法经济学与社会心理学逻辑作用下的流变机理，这里先以图简示如下：

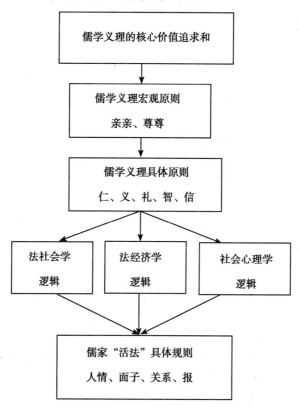

　　基于上图，本文回过头来看人情、面子、关系、报是如何产生的。
（1）儒学义理为了实现儒家的道德理想，通过亲亲、尊尊来构造并通过仁义礼智信来具体化为一种"特权—义务"关系的差序人际模式；然而，现实社会生活中仍有相对等序的人际关系，仅有差序模式无法应对这种等序的人际关系，但等序人际关系之间的资源往来受到两方面逻辑的制约，即儒学义理的逻辑与法经济学的逻辑。在非市场经济场域，等序的人际关系之间的资源往来常常因为情感的参与甚至是只有情感存在的情况下才发生，这种往来就表现为人情；不仅如此，这种人情常常会深刻渗透到市场经济场域的交换行为。而人情的实质是一种特定熟人圈子内的信用与舆论担保的资源与情感给付；也就是说，与现代法治上的权利与义务关系不同的是，人情具有资源与情感上的双重给付内涵。
（2）同时，儒家的道德理想是一种愿望的道德理想，在它构造的"特权—义务"的差序人际模式中，由于法社会学、法经济学与社会心理学的逻辑的过滤，这种愿望的理想必然会遭到削弱而更贴近现实。承担义务的一方因承担这种义务而要担负较大的给付，而这种给付却一般性地缺乏来自特权方的对等给付。因而，在法社会学、法经济学与社会心理学的逻辑过滤下，一种既要维持"特权—义务"关系形式的同时又受法社会学、法经济学与社会心理学的逻辑过滤的反应便生发出来，这就是面子。与人情不同，面子则典型地反映了儒家社会"特权—义务"关系格局中人格不独立的特征，一个人维持儒学义理上的尊严与良好社会评价即信用是建立在其义务人的义务即面子给付的基础上的。虽然在现代日常生活中，面子也经常被用在平等的人际关系之间，然而，这种平等的人际关系之间的给付指称同样源自儒学义理构造的差序格局：由于个人的社会人格是不完整不独立的，它必须依赖于他人的给付；如缺乏这种给付，个人的尊严与信用将被降低，从而导致他在社会交换中需承担更大的成本。由上述内容可见，人情与面子是人际交易的给付载体，它的本质是一种具有特别信用的资源或情感给付。（3）同人情、面子一样，关系主要也是一种私人关系，它是包含了人情与面子关系的社会生活中各种各样关系的一般性指称。陌生人之间如果要建立关系往往需要熟人进行担保，这样陌生人之间的信任才容易产生，若发生导致信任破裂的事，中间人则要承担一定的担保责任。（4）报即回报，是

当事人在人情、面子与关系中进行交易的规则。实际上，儒学义理中的
"孝"德规范本身就是报的最好体现，《论语》中孔子多处论"孝"，其
中"父母唯其疾之忧"之论中报的意思最明显。① 报也是社会上实际通
行的人际联合中的"活法"规则。

　　进一步分析可见，儒家"活法"虽然是由儒学义理流变而来，但是
它与后者有着非常类似的属性，即世俗性、私域性、情感性、义务本位
性，同时它又内含交易性的逻辑。儒家"活法"与儒学义理的关系用
博弈论解释更为明晰：儒学义理是中国儒家经典论述的学理，它意图通
过训导社会中人按照这些学理来构建社会规范与国家规范。然而，现实
社会中的人们都是理性人，他们在交往博弈中都企图将自己的效用收益
最大化，通过历史长期的博弈，理性人逐渐通过试错将自己的行为调整
到儒家"活法"均衡而非儒学义理的要求上来。换言之，儒家"活法"
的均衡是中国社会中的理性人经过非常漫长的试验调整过程而筛选出来
的，它确实是特定文化条件下的人们理性选择的产物。

三　儒家"活法"均衡的属性

　　正如法治均衡是由无数的均衡构成的均衡的总和一样，我们一般所
说的儒家文化构造的均衡实际上是对一系列的均衡的总称。在儒家文化
构造的均衡中，有几个均衡对中国社会中人们的行为收敛力量巨大。

　　如上所述，人情、面子、关系、报构建的是一个微观的、私人的与
交易性的关系，但这种私人之间的关系何以能联结起一个国家层面上的
共同体呢？这就必然引出了人情、面子、关系、报所存在的关系型，即
血缘、地缘、学缘与人缘，儒家"活法"广泛地存在于这些人际关系
类型之中。首先，儒学义理以血缘为基础，以情感为联结纽带，以亲
亲、尊尊为原则构建起了自然人最为初始与基础的家庭人际联合；接
着，儒学义理以血缘关系为类比以尊长的权力为保障推衍开来，建构起
整个社会的联合。在此基础上，儒学义理再次基于血缘关系进行类比与
推衍构建起地域上的人际松散的认同关系。费孝通对此有精辟的论述，

---

　　① 《论语·为政》中，孟武伯问孔子什么是孝，孔子答，"父母唯其疾之忧"，意为，孝
就是要以父母对待子女生病时那样的心情与态度去回报父母。

"生，也就是血，决定了他的地"①。而"地域上的靠近可以说是血缘上亲疏的一种反映，区位是社会化了的空间"②。虽然"空间本身是混然的，但是我们却用了血缘的坐标把空间划分了方向和位置"③。费孝通进一步明确了他的判断，"地缘不过是血缘的投影"④。实际上，地缘在一种不精确的意义上反映了血缘关系的亲疏远近；不仅如此，地缘关系人之间还可能会因为地缘而享有共同的信息、经验、情感甚至是信仰进而产生某种程度的信用，并且因地缘关系而发生的交易能给资源支配方带来面子，而这种面子能增加资源支配方的信用，降低他在相关社会交易中的成本。再次，在现代社会，学缘本来是一种非常社会化与公域化的关系，但在儒家"活法"影响下，它被一种血缘关系所类比的差序文化私域化，这使得学缘也演化成具有共同的信息、经验、情感与特别信用的一种关系。最后，作为一般化概念的人缘是泛指其他一般性的共享特定的信息、经验、情感甚至是信仰等并因此拥有某种信用的关系类型。

既然儒家"活法"中的四种关系型是深受儒家传统所影响的社会的社会组织与社会生活的重要联结类，那这些联结类的属性为何呢？

1. 私域性：传统儒学义理有一个修身→齐家→治国→平天下的逻辑，亦即，儒学义理将治国平天下的逻辑看成与修身、齐家同构并由其延伸的。换个角度看，儒学义理将本应是国与天下这样的公域以私域的逻辑来治理，亦即，儒学义理倾向将公域治理以私域的精神与逻辑来处理，因而在传统儒教社会，公域关系与空间实际上是私域关系与空间的机械推衍与累加：只要修好了身齐好了家，以齐家的精神、规则与逻辑就能治国平天下。而非亲属关系，如学缘与地缘关系，则通过类比与移情以私域的人际逻辑与道德要素来维持；其他人际关系也以这种私域的人际关系逻辑推衍开去，构成一个"天下为私"的社会治理结构。因而，治大国如齐小家，公权尽可能地把社会中的人通过血缘、地缘、学缘、人缘等人际关系方式构造在各种不同的私人关系链条上，即可形成

① 费孝通：《乡土中国 生育制度》，北京大学出版社 1998 年版，第 70 页。

② 同上。

③ 同上。

④ 同上。

天下大治的基本人际联合了。

2. 情感性：正如前文所述，由于儒学义理中没有来世的承诺或诅咒，情感不仅是私人关系的联结纽带，还是儒家"活法"中人的人生价值与情感归宿所在。对儒家"活法"中人的诸多行为而言，纯粹的规则经济学逻辑的解释力是不够的，中国社会中发生的许多交易行为也难以用纯粹的经济学逻辑来解释。然而，这并不意味着这种情感和规则经济学的逻辑绝对无关，因为私人关系中的情感是人际资源往来中的信用和可持续交易的重要担保，它是一种虽然难以量化确定但又非常重要的社会资源。

3. 信任性：在血缘关系中，信任一般是基于血缘而来。虽然血缘关系中也有竞争或冲突，但信任首先并基础性地发生在血缘关系之间。俗谚所谓"家鸡打得团团转，野鸡打得满山飞"显示出"家鸡"之间并非不存在"打"，然而，作为同样的"打"也会因为情感与信任的不同，有血缘关系与无血缘关系的表现与后果大不相同。在地缘、学缘与人缘中也存在类似的信任，这种信任往往高于来自公域规则构造的信任，这也是私人关系在现实社会的公域中大行其道的重要原因。

4. 低风险性：正因为有前述私域性、情感性与信任性的担保，在前述几种人际关系型中，交易的风险程度相对较低，因而，利用私人关系进行交易的成本将大大减少而收益也相应增加，以私域关系规避与排除现代法治之法的情形就合乎规则经济学的逻辑了。儒家代表人物孔子与孟子将国之大事以家之私事的逻辑来处置，其中就有着类似的逻辑。

5. 交易的可持续性：同样因为私人交易中有私域性、情感性、信任性与低风险性，所以，交易的可持续性成为可欲与可能。由于公开合法的竞争对私人而言成本与结果的不确定性往往会大大增加，因而这种交易往往不是发生在一般性的公开竞争中，在私域性、情感性、信任度高与低风险性的状态下，交易的成本会大大降低，规避与排除现代法治之法的交易则容易发生。

正因为深受儒家传统影响的社会私人关系发达，当公域规则本身不理性、不周延、不充足并缺乏可靠的社会学基础时，儒家"活法"支配下的私人关系则必然大行其道，以"活法"规避与排除公域规则与法治之法的情形就会大量产生。同样因为有上述关系型，中国社会若不能由理性的权力配置关系构造一个公共领域，那么强韧的私人关系必然充斥松散的公共空间进而阻碍中国社会的宪政、法治与法制的发展。

第二节　儒家"活法"与中国社会团结模式

一　涂尔干的启发与局限

作为舶来的理念、原则、规范系统与社会团结（social solidarity）生态，① 现代法治要成为本土秩序的有机构造者，它必须面对并回应中国既有的社会团结生态。人是社会团结的动物。亚里士多德称，"城邦出于自然的演化，而人类自然是趋向于城邦生活的动物（人类在本性上，也正是一个政治动物）。凡人由于本性或由于偶然而不归属于任何城邦的，他如果不是一个鄙夫，那就是一位超人"②。亚里士多德这一论断实际上道出了人是社会团结的动物这一实质：人无法独立于社会而生存，他必然要与他人团结在一起而活下去。因而，对于法治后发国家而言，研究法治，必须返身更为基础性地研究本土社会中的散落个人何以团结成社会，也就是必须研究社会团结问题。

社会团结这一范畴是由法国社会学家涂尔干奠定的。涂尔干则在其《社会分工论》中称，"我们研究的起点，就是要考察个人人格与社会团结的关系问题"③。

涂尔干在《社会分工论》中认为自己所处的时代处于前所未有的失范、病态与混乱的状态中，而存在这种状态是因为旧有的各种社会"纽带都渐渐地松弛了"④，而新的社会团结生态没有建成，"社会没有凝聚力与调节力"，而"要想治愈失范状态，就必须首先建立一个群体，然

---

① 涂尔干在《社会分工论》奠定了 social solidarity 这一范畴，国内学界对其有多种对译，如社会团结、社会连带、社会关联，等等。鉴于学界多用社会团结这一概念，本文从之。
② ［古希腊］亚里士多德：《政治学》，吴寿彭译，商务印书馆 1965 年版，第 7 页。
③ ［法］埃米尔·涂尔干：《社会分工论》，渠东译，生活·读书·新知三联书店 2005 年版，第一版序言第 11 页。
④ 同上书，第 385 页。

后建立一套我们现在所匮乏的规范体系"①。《社会分工论》就是涂尔干基于这一思考的结果。结合涂尔干的后期作品，可以发现涂尔干给人的启发至少存在以下三个方面：一是研究视角独特。涂尔干对社会失范提出了自己的应对，他不是一般性地求助于道德与法律规范，而是深入研究更为基础性的奠定道德与法律规范的社会事实——社会团结——并对其进行反思性检视："一般而言，我们认为道德规范的特性在于它阐明了社会团结的基本条件。法律和道德就是能够把我们自身和我们与社会联系起来的所有纽带，它能够将一群乌合之众变成一个具有凝聚力的团结。"②　这里的社会团结及其基本条件，实际上就是涂尔干所述的"乌合之众"联合成社会共同体及其社会分工条件。涂尔干认为，"道德……伴随着群体团结的变化而变化"③；而"法律表现了社会团结的主要形式"④，所以，只有将研究视角放在社会团结上，才能去"思考所能做到和应该做到的"⑤——治愈社会失范状态。二是研究方法实证。涂尔干贯彻了一种实证科学的方法，并以之来研究社会事实。所谓社会事实，涂尔干将其界定为，"一切行为方式，无论它是固定的还是不固定的，凡是能从外部给予个人以约束的，或者换一句话说，普遍存在于该社会各处并具有其固有存在的，不管其在个人身上的表现如何，都叫社会事实"⑥。涂尔干批判所谓理想主义者的研究方法时称，"理想主义者只是用一种好奇心来打量现实……他们常常满足于自己某种感觉的冲动，某种由衷而发的强烈欲望——这绝对不是事实——接下来，它就会变成一种能让理性俯首帖耳的命令，并责令我们也要照此行事"⑦。涂尔干的这种实证态度对中国学界应有着明显的启发意义。中国当代法

---

① ［法］埃米尔·涂尔干：《社会分工论》，渠东译，生活·读书·新知三联书店2005年版，第二版序言第17页。

② 同上书，第358页。

③ 同上书，第357页。

④ 同上书，第31页。

⑤ 同上书，第367页。

⑥ ［法］E. 迪尔凯姆：《社会学方法的准则》，狄玉明译，商务印书馆2009年版，第3页。

⑦ ［法］埃米尔·涂尔干：《社会分工论》，渠东译，生活·读书·新知三联书店2005年版，第8页。

治研究与构建中的实证态度与方法明显不足，法治建设对既有的社会事实——儒家属性的社会团结——没有给予充分的回应。三是涂尔干理论的奠基性范畴——社会团结。社会团结这一范畴使我们注意到道德与法律背后的人际联结纽带：到底是什么样的纽带使得散落的个人团结成一个社会，而这种纽带与现代法治构造的社会团结之间的关系又如何？未来发展趋向何往，关系如何塑造？对中国的法治而言，这是必须研究的问题。

相对于本书的研究对象而言，涂尔干的局限主要存在以下三个方面：（1）在研究对象上，涂尔干所研究的社会团结实际上是有着基督教文化背景的社会团结，对于中国这样传统与世俗的儒家社会，人们之间的社会团结为何，涂尔干并没有进行直接与明确的研究。（2）在研究方法上，涂尔干对社会团结内部构成要素的关系与逻辑的经济分析不够。涂尔干批判了"古典经济学和古典法学把分工研究完全建立在'私利'与'公益'，或者是'私法'与'公法'基础上的研究取向，并反其道而行之，深刻揭示了分工形成的社会根源以及分工特有的社会功能"[①]。这种批判却也隐藏着对社会团结内部构成要素的关系与逻辑的经济分析不够的局限，他将工业社会团结的存在与发展变化主要归因于外在的社会分工，即"社会分工即使不是社会团结的惟一根源，也至少是主要根源"[②]。而特定社会文化构造的社会团结生态内部的要素之间也存在着经济学逻辑，这种社会团结外部的逻辑与内部的逻辑之间的关系为何，涂尔干也没有明确的表述。涂尔干称，"总而言之，分工不仅变成了社会团结的主要源泉，同时也变成了道德秩序的基础"[③]。这实际上是以社会团结外部的经济学逻辑遮蔽了内部的经济学逻辑。（3）正是因为前述两个局限，导致了涂尔干社会团结的分工说解释不充分。实际上，涂尔干的理论很难解释，为什么东亚儒家文化圈内，社会分工较之传统社会发生了翻天覆地的变化，而传统儒家构造的社会团结——也即涂尔干之低级社会的机械团结——的生态与逻辑仍然这样

---

① ［法］埃米尔·涂尔干：《社会分工论》，渠东译，生活·读书·新知三联书店2005年版，第2—3页。

② 同上书，第2页。

③ 同上书，第359页。

牢固。

涂尔干的启发与局限正是这里论述的重要支点，本书试图通过分析中国传统儒家构造的社会团结内部的经济学逻辑来论述中国传统社会团结——儒家"活法"的强韧传承性，[①] 进而为现代法治之法必须回应儒家"活法"提供论述基础。

二　儒家"活法"与中国社会团结的模式

虽然涂尔干在其《社会分工论》之后的作品中"突出强调宗教在社会构成和运作过程中的作用"[②]，但社会分工是社会团结与道德及法律秩序的主要源泉与基础是其思想的基本点。然而，这一基本点无法解释为什么在当今全球化时代，东西方共享同质现代社会分工的情况下，不同文化之下的社会团结生态有着那么大的差别；同时，这一基本点还难以解释，为什么构建在传统简单分工中的社会团结在当今现代而又复杂的社会分工条件下仍然延续着其强韧的社会秩序构造作用。

基于儒家思想在构建中国社会团结中的基础作用，可以把中国社会团结的属性判定为儒家属性[③]：这种社会团结立基于儒家思想，儒家思想的价值追求、基本原则与规范为其奠定了演绎与发展的基本架构，它使得中国社会乃至是整个华人社会的社会团结生态与其他非儒家文化圈内的社会团结生态明显地区分开来。在这一社会团结的属性问题上，引用率极高的《华人资本主义精神》一书的作者，英国社会学家 S. 戈登·雷丁通过对香港、台湾地区及新加坡和其他东南亚国家的华人社会进行实证研究发现，"儒家的理念，尤其是以家庭主义为核心的原则，仍然深深植根于大部分海外华人的意识当中。这使得儒家思想一词成为

---

①　儒家"活法"这一范畴在《儒家"活法"初论》（涂少彬：《儒家"活法"初论》，《法学评论》2010 年第 5 期）中有完整的论述，基于行文逻辑，下文也将简要论述。

②　［法］埃米尔·涂尔干：《社会分工论》，渠东译，生活·读书·新知三联书店 2005 年版，译者前言第 2 页。

③　这里的"中国社会团结"中的"社会"是相对国家而言的社会，即不掌控国家公权力的个人、家庭、企业与社群等组成的社会。国家层面的社会团结即公权力的组织与构造虽然受到社会层面的社会团结的极大影响，但是，不能够判定国家即公权力领域的团结也是儒家属性。本文中社会团结中的社会一词，也皆属此义。

涵盖主导人们社会行为的价值观念的最恰当标签"。① 即使是长期浸淫于殖民或东南亚国家本土文化之中，华人仍然保持着儒家属性的社会团结。"普通百姓无须花费多年时间研习《论语》，他们往往是通过家庭生活的基本准则领会儒家思想的精髓。"② 实际上，这种家庭生活基本准则的传习正是儒家属性社会团结的元素与生态内容的重要传承。由于这种传习，华人即使不认为自己是儒家学派的一员，也会因儒家思想渗透广泛、影响巨大而多按儒家思想观念行事。③ 而儒家属性的社会团结正是在这种家庭传习中得到延续与扩张，社会分工对其核心属性似乎并没有直接的影响，甚至在国内外学界，这种社会团结还被视为东亚儒家文化圈"二战"后高速发展的文化与组织支撑。长期直接面对其他文化之下海外华人都自觉不自觉地传习了儒家属性的社会团结，对中国人自己而言，儒家思想构造的中国社会的儒家属性的社会团结应是可以确定的。

　　尽管国际学术界判定包括中国在内的东亚社会的儒家属性，且国内的李泽厚、费孝通，台湾地区的黄光国，英国的 S. 戈登·雷丁也在其引证率较高的著作中分别判定中国大陆社会、中国台湾社会、香港及东南亚华人社会的儒家属性。④ 但是，对当代中国大陆社会而言，现代化程度不同的地区、不同的社会阶层、城市与乡村、公域与公权构造中，儒家属性的社会团结的测量数据为何，未来发展趋势为何，对法治的影响为何，法治可回应性的规范如何构造，这些对中国法治目标影响重大的问题缺乏相关的研究。尤其是针对不同社会层面与领域中的儒家属性的社会团结的测量数据为何，相关资料更是少见。

　　以博弈论的观点来看，社会团结方式实际上就是一系列的均衡的集合。费孝通认为，中国社会的传统结构是一种差序格局。实际上，这种

---

　　① ［英］S. 戈登·雷丁：《华人资本主义精神》，谢婉莹译，上海人民出版社 2009 年版，第 2 页。

　　② 同上书，第 46 页。

　　③ 同上。

　　④ 李泽厚的《中国古代思想史论》、费孝通的《乡土中国 生育制度》、黄光国的《儒家关系主义》、S. 戈登·雷丁的《华人资本主义精神》，这些引证率较高的著作或在叙事层面，或在实证层面判定了中国社会的儒家属性。

差序格局就是由一系列的均衡构成。比如中国社会非常重视的"孝"就是一种均衡的结果：偏离孝在当代社会极少上升到法律制裁层面，但是社会均衡的力量通过奖惩机制将人们行为收敛于孝这一均衡的结果之中，其强大的社会团结功能便由此产生。而当一系列儒家文化性质的均衡构成整个社会团结模式，其对社会中人行为的强大收敛力量使得这种团结模式极难改变。

第三节　儒家"活法"与儒式公民社会

一　公民社会的两种文化与团结模式

本文之所以强调公民社会研究要面对儒家"活法"，主要是因为源自西方的公民社会范式在社会文化及其影响的社会团结模式这两个层面与中国的实际存在着疏离。

对于社会文化，这里结合美国学者杰弗里·亚历山大的论述来分析。与我国学界一些学者简单地用公民社会范式生硬地切割与分析中国的事实与秩序不同，亚氏非常重视公民社会构成的文化因素。亚氏认为，"公民社会并非只是一个制度性领域，它还是一个有结构、由社会确立的意识领域，是一个在明确的制度和精英们自我意识到的利益之下和之上起作用的理解网络"[①]。根据亚氏的解释，他所称的"理解网络"是指西方社会的公民所存在于其中的主观维度上的话语体系，它主要由影响公民行为的理念、原则与规则构成。按照亚氏的意思，公民社会、公民社会的规则体系、支撑公民社会规则体系的文化形态是有着一套一致性的对应关系的。进而言之，亚氏的公民及公民社会与相应的社会话语体系的逻辑关系可以简化为：公民⟷规则体系⟷公民社会⟷话语

---

①　［美］杰弗里·亚历山大：《作为符号性分类的公民与敌人》，载《国家与市民社会：一种社会理论的研究路径》，上海人民出版社2006年版，第198页。另外，这里所引的"市民社会"（civil society）实际上就是公民社会，这里的区别是因翻译不同所致。参见俞可平《中国公民社会：概念、分类与制度环境》，《中国社会科学》2006年第1期。

体系←→社会文化。①

　　实际上，亚氏的所谓公民社会话语体系可分为三个层次，即话语的学理层次、法政制度层次与日常生活层次。② 在西方成熟的公民社会中，这种话语体系的三个层次处于一致而协调的关系中，相互支撑与协调。而我国学界引入的公民社会范式实际上只是属于亚氏公民社会学理层次的话语而已，这种范式不仅缺乏法政制度层次的话语对应，更缺乏本文所论之社会层面的话语——社会文化——的对应。

　　分析至此可以发现：我们引入了公民社会范式，还主张引入相应的规则体系，但问题是，源于西方的公民社会范式只是"公民←→规则体系←→公民社会←→话语体系←→社会文化"这个逻辑链条中的一部分，引入的公民社会范式能在中国社会找到对应的社会文化吗？如果不能，我们可能建立起怎样的公民社会？如果把源自西方的公民社会的相关法律制度看作是一种宏观制度的话，那么，本土社会文化型塑的规范就可看作是一种微观制度——具体某一行为领域的均衡的表现，因而，中国公民社会能否拥有学界期待的独立性与权力制约功能不仅仅依赖于移植于西方的法律制度，还要看这种宏观制度与本土儒家文化型塑的微观制度——儒家"活法"——之间的竞争结果而定。

　　由上述分析可见，公民社会研究不能忽视作为微观制度存在的儒家"活法"而将复杂的问题简单化。总体而言，对于公民社会范式而言，学界关注的多是舶来的学理与制度，往往忽略了本土儒家文化及其构造的话语体系。而亚氏的话语体系并非仅仅存在法政话语中，还存在于日常社会生活中，这种日常社会生活中的话语体系一般又受社会文化所构造。因而，如果法政话语与社会文化及相应的日常生活话语相冲突，二者之间就存在竞争、摩擦与损耗，对应的公民社会制度的效能必然大打折扣。

　　由上述分析可见，仅仅靠舶来的公民社会范式来分析中国的公民社会及其制度建构是有失偏颇的。

---

　　① ［美］杰弗里·亚历山大：《作为符号性分类的公民与敌人》，载《国家与市民社会：一种社会理论的研究路径》，上海人民出版社 2006 年版，第 197—202 页。

　　② 同上书，第 201—202 页。

我们知道，社会文化的功能之一在于构造对特定社会柔性规范与刚性规范的认同。与此同时，"文化一旦被创造，一系列的机制将帮助其巩固价值的接受并保证文化被保持与加强"①；而这种文化又反过来支撑特有的社会团结模式，二者进而形成"文化——社会团结模式"的联动逻辑，相互促进，极难解构。

为了论述的方便，结合本书的中心论题，这里对中国儒家文化影响下的社会团结模式以图简示意之：

为了说明上述问题，这里再次引入涂尔干的社会团结论。涂尔干把社会团结界定为人与人之间由散落的自然个人协调与结合进而组成一个群体的关系。在其代表作《社会分工论》中，涂尔干把社会团结的模式及变迁归因于社会分工所致，这个观点对学术界影响非常大。不过，依照涂尔干的理论仍难解释，为什么东亚儒家社会自近代到当代的社会分工发生了质的变化，而传统的社会团结方式仍然那么强韧？② 即使加上其后期作品中强调宗教与伦理对社会团结影响的解释，也仍不具有足够的说服力。实际上，涂尔干忽略了一个问题，即他所强调的社会分工对社会团结的影响实际上是一种外在的经济逻辑对社会团结的影响，而社会团结还受到其内在规则之间的经济逻辑的影响。

由此可见，儒学义理的核心价值与原则在法社会学、法经济学与社会心理学逻辑的作用下流变为儒家"活法"——广泛存在于血缘、学缘、地缘与人缘等中的人情、面子、关系、回报。③ 也就是说，中国的公民社会有着与西方不同的文化与社会规范条件，既然如此，仿效西方制度构建的中国公民社会能产生预期的社会功能吗？

进而言之，源于西方的公民社会范式是建立在西方的社会经验之上的，这种经验与相应的社会团结、人际组织与动员的模式都是建立在西方的文化传统与现实之上，而这种文化传统与现实与中国社会的儒家文

---

① Jeong – Kyu Lee: Impact of Confucian Concepts of Feelings on Organization Culture in Korean Higher Education, Radical Pedagogy , 2001.

② 梁治平、许章润、苏力等通过不同的文章表明了这一点。

③ 由于图示内容较为直观，且这一流变机理在《儒家"活法"初论》有详细论述，此不赘述。

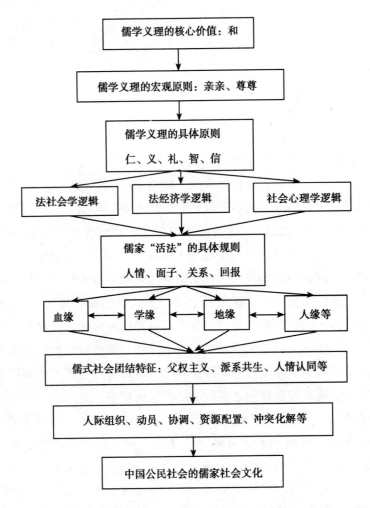

化传统与现实很不相同①，因而二者相应的社会团结、人际组织与动员模式也有很多不同。实际上，中国社会存在着一个从学理到日常社会生活规范领域的儒家文化逻辑体：儒学义理：和、亲亲尊尊、仁义礼智信等←→日常文化：人情、面子、关系、回报←→团结纽带：血缘、学缘、地缘与人缘等←→团结性质：人际团结、组织、动员与协调儒家属性。可以看出，这个逻辑体从头到尾都体现了儒家文化在不同领域中的不同

---

① 中国儒家的祖先崇拜相异于西方文化的基督崇拜，作为各自文化逻辑的重要源头，这二者的差异一路走下来，型塑了不同的现世人际关系、人际组织与动员模式。不过，基于文章的篇幅所限，此一内容另辟文论述。

形态，它的强韧不仅在理论而且在实证与常识层面很容易得到印证。

综上所述，源自西方的公民社会范式，面对儒家文化与社会团结模式，存在社会文化与团结模式这两个层面的疏离，这两种疏离决定了中国的公民社会必然具有其独特的逻辑。

二 国家法与"活法"共构儒式公民社会

虽然中国社会拥有与西方不同的儒家文化及相应的社会团结模式，但无论这种文化与团结模式在现代社会有多么的强韧，一个不争的事实是，它极少在规范层面上被纳入了中国法的体系。就中国大陆而言，无论是 1949—1978 年还是改革开放之后，社会团结至少在法政话语与纸面上的制度层面是与西方的模式有关，1949—1978 是阶级斗争范式，而 1978 至今是改革开放及晚近的法治范式。

尽管"在十多年前的中国，'公民社会'还是一个十分敏感的话题"[1]，但经过这些年的发展，公权与民间在公民社会需要法治化这一点上达成了更多的共识。所不同的是，公权希望对公民社会拥有更多的主导权，以期引导公民社会对社会管理的有序参与；而学界则希望公民社会拥有更多的独立性，以期以社会权利制约公权，达到法治社会的目的。

由于"公民社会是相对独立于政治国家的民间公共领域，其基础和主体是各种各样的民间组织"[2]。因而对公民社会的研究，国内学界多强调公民社会的基本架构——民间组织的法律制度构建。这种研究方向固然有其合理性，然而也存在两个方面的问题：一是在理论上，以民间组织的法律制度构建为研究中心，易造成公民、公民之间的关系及儒家文化构造的"微观制度"——儒家"活法"——被边缘化甚至是被遮蔽，使我国的公民社会研究有可能与社会事实之间出现错位、断裂与龃龉现象，而研究的说服力、解释力与干预力也会大打折扣。二是在实践上，过度聚焦于民间组织制度性的独立研究，易引起公权不必要的担忧，进而引发决策的相对滞后，造成所谓监管的相关"制度过盛"而

---

① 俞可平：《中国公民社会若干问题研究》，《中共中央党校学报》2007 年第 6 期。
② 同上。

放权的相关"制度匮乏"的现象。① 尽管如此，有一点却是重要的，即国家法必须为公民社会奠定一个良好的基本框架，而儒家"活法"对公民社会的影响要规制在这个基本框架之内。

实际上，学界将"国家—公民社会"作为一种二元范式引入，意在研究并定位二者之间的理性关系，并力图以公民社会限制国家权力的扩张，以期待公民社会在社会管理上能有效发挥更大的作用。然而，学界却没有对中国公民社会内部深受儒家文化影响的人际组织与动员模式给予应有的关注与研究，以至于认为只要国家制度供给足够，就能收获西式的公民社会功能，这是一种认识上的误区。

由于民间组织是公民社会的结构性基础②，因而对于公民社会，学界多注重民间组织的法律制度研究。这种法律制度往往是指民间组织的外部法律制度条件与内部组织制度，而且，学界一般注重研究西方的民间组织制度，少有关注儒家文化构造的组织文化对民间组织的影响与意义，似乎中国社会除了公权主导的组织与动员模式之外，民间就不存在传统的组织与动员机制。这种认识上的误区或许是学界对儒家文化构造的社会组织与动员模式少有研究的原因。但问题是，这种传统而又现实的组织与动员模式仍然具有强韧的生命力，这使得我们难以回避它们的存在。

事实上，只要我们回顾本书第二部分的图表分析就可以发现，以内部的法经济学逻辑为主导，加之法社会学、社会心理学的逻辑的作用，儒家"活法"在日常生活层面基础性地影响着人们的价值取向、精神认同与归宿及人际联结纽带，同时影响着人们的日常行为。这种影响从私域渗透到公域，从人们的日常行为中衍生到人际组织与动员的模式中，这种基础性与社会化的影响对儒家社会而言，无论是从理论还是从实践，从国内还是国外来看，都具有强韧的生命力。换言之，儒家"活法"作为一种微观制度，一种社会化的儒家文化，它有着自生自发的原生性、普适的基础性、强韧的抗解构性与适应性，仿自西方的公民社会

---

① 俞可平：《中国公民社会：概念、分类与制度环境》，《中国社会科学》2006 年第 1 期。

② 许章润：《无社团，则无公民》，《南方周末》电子版（http://www.infzm.com/content/13795）。

相关制度，不得能不受它的影响。

进而言之，对于儒家"活法"，或许是我们转换价值预设，更实证地看待问题的时候了——我们可能要面对这样一种事实，即，受儒家文化影响的公民社会是一种儒式公民社会。这种公民社会除了国家法构造的基本法律框架外，内部极难避免存在于血缘、学缘、地缘与人缘等人际关系纽带中的人情、面子、关系与回报等这些柔性社会规范的影响，这种人际组织与动员规则的存在使得中国民间组织内部的组织与动员方式存在着强烈的儒家文化特征。

基于前文所述，中国公民社会中的民间组织一般主要具有以下特征：

（1）父权控制：由于儒家"活法"的强韧逻辑及其对人际关系构造的影响，中国民间组织多呈现父权控制的特点。由儒学义理中的亲亲尊尊原则构造的差序文化，使儒家文化下的民间组织内部的正式与非正式的人际关系都呈现一种强烈的纵向组织属性，这种纵向组织属性有助于形成父权控制式的组织。一方面，中国社会民间组织的这种纵向组织属性有助于民间组织的有效组织，它甚至还是民间组织的基本价值，使得民间组织具有较强的动员力；但另一方面，父权控制在一定程度上也会压制民间组织的活力，容易形成民间组织中魅力人物治理的人治管理模式。

（2）派系共生：由于儒家"活法"的影响，民间组织的内部结构中易生成派系组织。实际上，由于社会化的儒家文化本身就是一种具有人际组织与动员功能的"活法"，因而，它容易在民间组织中的正式制度外形成另外与之平行的非正式制度，这种正式制度与制度之外的非正式制度极易催生正式组织之外的派系。从某种意义上来说，派系文化甚至是儒家集体文化的一个必然产物。经常地，在民间组织内部，除了父权控制外，父权之下又有多个纵向的非正式的人际组织链条。由于儒家文化特有的价值追求及儒家社会的人际组织模式，个人的主体性受到抑制，团体主义特征明显。

（3）结构脆弱：民间组织内部不同派系之间的竞争往往间接抬高了父权的权威，但同时也强化了组织内部的张力。父权控制与派系共生这两大组织特征往往会维持一个既稳定又脆弱的组织结构。稳定是从外在特征与表现上来看的，而脆弱则是从其内在构造与属性上来看的。父权之下的派系竞争强化了父权的地位与控制，同时，由于这种构造是一种父权控制之下的构造，缺乏一种平衡理性的父权交接机制，因而，一旦父权丧失失去控制，极易导致组织的溃散。我国学界对民间组织进行的诸多研究发现，许多民间组织一旦失去魅力型领导，它的诸多运作便难以进行，甚至导致该民间组织的解体。①

　　综观上文可见，中国的公民社会处于下列语境之中：（1）在话语体系上，中国公民社会长期存在着双重话语体系，即受西方影响的法政层面的现代性话语体系与社会层面社会化的儒家文化话语体系。这种双重的话语体系对应着人际组织与动员的二元化并存模式：法政层面的人际组织与动员模式和儒家属性的本土人际组织与动员模式；（2）在公权与公民社会的关系上，儒家文化提供了交流与合作的文化基础。受儒家"活法"的影响，中国社会拥有更多的文化资源使得公权与公民社会之间能进行更多的沟通与合作，西方社会的那种更具独立性的公民社会在中国可能比较稀缺；（3）学界期待的公民社会的权力制约功能可能大打折扣，公权与公民社会之间的关系会更多地体现传统中国社会的治理特征：在公权的主导与规约下，公民社会拥有一定的社会管理空间，同时与公权配合，进行自治与管理。

　　行文至此，仍要回答最后一个问题：既然儒家"活法"影响着中国公民社会与民间组织的属性与功能，那国家法有可能再造中国本土的组织文化吗？有西方学者认为，一种新组织文化的产生需三个条件：（1）新的组织，（2）既有组织的危机，（3）既有组织的渐进开放。②当前，东亚儒家文化圈的经济发展一片欣欣向荣，国内外都有学者将这种繁荣归功于儒家文化③。在此情形下，学界一般认为，儒家文化在20

---

①　王名：《中国民间组织的"2003 现象"》，《学海》2004 年第 4 期。

②　Jeong—Kyu Lee：Impact of Confucian Concepts of Feelings on Organization Culture in Korean Higher Education，Radical Pedagogy，2001.

③　持此种观点且在国际上影响较大的是哈佛的华人学者杜维明，他在 20 世纪后期发表了一系列的文章来表达这种观点，其中影响较大的有《儒家东亚崛起的意涵》（载 Daedalus，Vol. 129，No. 1，Winter，2000）、《东亚发展模式的儒家维度》（载 Philippine Journal of Third World Studies，Vol 5，No 4（1990））、《工业东亚的崛起：儒家价值的角色》（载 Copenhagen Journal Asian Studies，Vol 4（1989））。

世纪初遇到的危机已经不存在了，而其相应组织文化的危机也缓解了。当然，国家法代表的组织文化与儒家文化构造的组织文化之间的竞争仍然长期存在。正是基于上述判断，本文推论，中国的公民社会必然是儒式公民社会，我国通过构建民间组织的法律制度进而促进公民社会发展的模式必须考虑到这一点。

三　公民主体性与儒家文化的和解？

正如前所述，如果要在中国构建法治均衡，法治中的社会人需要采取新的策略，而这种策略需要获得更大的利益。也就是说，法治通过特定的制度与理念建构，使得法治社会的公民采取新的符合法治精神的策略能够获得利益，而这种利益至少能够抵消偏离曾经有的儒家文化的均衡所失去的利益，这样的话，公民主体性方有可能建立起来。因为人是理性的人，人们很难基于一个空洞的公民呼吁而放弃原有的均衡模式，因为偏离原有的儒家文化构造的均衡意味着要受到惩罚并丧失利益，这样，人们偏离原有的儒家文化的均衡没有相应正面的激励，而"人们会对激励做出反应"，没有正面的激励，仅仅有价值与话语上的鼓励，是很难取得正面的作用的。

不仅如此，现代科学研究表明，人是有限理性的（bounded rational）人，人们并不会在每一个生活中的选择中都去做仔细思考，理性选择。人们在很多问题上，是通过模仿，根据传统与习惯来做出行为选择。如果没有明显的激励，这种传统的惯性就会仍然起着巨大的作用，人们仍然会按照传统儒家文化的均衡来对自己的行为做出指引。

在这种情况下，公民主体性与儒家文化如何共处呢？公民主体性完全替代儒家文化中的相关元素，还是儒家文化替代公民主体性，抑或二者实现折中及和解长期共存？

公民主体性作为一种新的与法治相适应的均衡模式的属性、能力与理念，一旦进入人们的视野，在全球社会普遍进入公民社会的环境下，很难说会无端消失，相反，它最可能日趋扩大。在此种情形下，公民主体性作为一种均衡模式的理念这一层次，应该来说是日趋扩张。而相应的，由于儒家文化联系着中国人的社会认同，且有着较为经济的传承模式，在社会生活的方方面面深度嵌入，它是构成中国人之所以为中国人的元素，从文化、精神、理念、原则、组织与制度等各社会生活的重要方面深度嵌入中国社会，而当代东亚儒家社会，在社会生产力的发展上，表现出了强劲的竞争力，因而，对于儒家文化，要不要完全以法治主义来置换，能不能够完全以法治主义来置换，都是未定之数。之所以说是未定之数，不仅仅指客观上是如此，而且，要否置换，在科学上都是目前无法做出准确判断的问题。因而，与其盲目作出判断，不如交由社会的发展，由社会的发展演化自己作出选择。

由上述分析可见，公民主体性与儒家文化，唯有和解一途。和解在博弈论中是指构建不同的均衡，不同的均衡对应人们不同的社会选择。尽管如此，由于儒家文化构造的均衡中公域与私域并非那么泾渭分明，比如，人情，它应是私域之内的事，然而，它可能引起人们公域内的不当判断；由于儒家社会强调私人之间的关系，强调血缘、学缘、地缘与人缘，这些"缘"体现的反应儒家文化的关系广泛地存在于现代社会，它本质上是一种私人关系，然而，它又渗透于公域之中，如何在法治领域与儒家文化领域构建不同的均衡，将二者明晰的区分开，是一个很大的难题。或者说，很难将二者区分开，法治社会的法律只能尽可能地将二者区分开，并构造不同的均衡，以满足更公正与公平的社会的需要，又满足人们的传统人际关系均衡的需要。

或者来讲，我们根本无法完全通过不同的均衡将二者区分开，因为儒家文化中的一些核心理念是既包括公域也包括私域的，法治即使通过构造一些公域的法治均衡，同时留待一些空间给私域均衡以满足人们依赖并保留传统文化资源的需要，但是，与其他文化中的尤其是西方法治文化的中的一些相对单一的均衡模式相比较，这种二元的均衡模式可能更容易引发随机策略，引发更多的社会碰撞，从而需要社会付出更多的成本，这一点似乎是毫无疑问的。

尽管如此，也许，这种因二元均衡留下的成本可能由二元均衡的效率来填补，海外的一些学者研究发现，儒家文化在构造社会组织方面确有其特有的效率，这就是各种关系之间的信任降低了人际交往的风险与成本。这似乎印证了中国的一个成语，叫"失之东隅，收之桑榆"，尽管如此，这仅仅是一种经验上的推测，目前并设有一种精准的数据上的证明。

四　儒家"活法"与中国法治模式

显然，法治是现代社会公域上的人际联合方式，这种联合与深受儒家传统影响的社会普遍存在的儒家"活法"这种私域联合的柔性社会规范及其构建的秩序并存，它们之间必然发生相互关联的影响，而其未来的发展态势、结构构造与可欲状态是难以回避的问题。

一般而言，法治的发展与稳定依赖于国家与社会这两个层面的构造及运行状态，一是权力与权利之间的理性安排与平衡状态，二是权力自身的理性构造及稳定运行，这两个层面皆为公域，而儒家"活法"仅存于社会中的人际私域，因而表面上二者不存在构造上的矛盾与冲突，儒家"活法"的存在对法治似乎没有实质的影响。然而，实际并非如此，在法治后发国家，存在于私域的儒家"活法"可能在以下几个方面影响公域的法治。

第一，在法治生发、发展与稳定运行的理念与价值层面。法治的基本理念在于对现代国家权力的矛盾运动予以限制和控制以使其理性运行，其基本价值追求在于人权、正义、自由、平等、效率与秩序等；而儒家"活法"则是维护一个以"和"为核心价值追求的差序人际格局，"和"的关键是要求人们在"特权—义务"的差序格局中各司其职，各守本分。虽然儒家"活法"并不必然地肯定或否定权力制约，但其构造的差序格局必然是有利于强化权力而非制约权力，这或许是中国传统专制权力极力推崇儒学义理的内在逻辑。虽然传统儒家倡导的这种差序格局有助于形成秩序与一定程度上的效率，但人权、正义、自由、平等与基于这些价值之上的效率难以找到其生发的社会空间。

第二，儒家"活法"对公权力运行的影响。虽然儒家"活法"存在于社会生活的私域而公权力运行存在于公域中，但公域权力行使的主体同时也是社会私域中的行为主体，公私域的逻辑划分并不等于决然的物理空间与人际联合空间的区分。正如前所述，儒家"活法"所表现的四种经典关系中的特殊信任与联系内含着深刻的人际交易的经济学逻辑，发生于这些关系中的交易因风险较小而发生可能与频率大大增加，因而，人际联合中以儒家"活法"规避与排除法治之法的情形就会大大增加。这种社会心理结构与规则经济学逻辑结合在一起就会形成一种强大的规则力量，相应的，如果没有外在的规则力量削减这种心理与经济学的逻辑力量的话，国家法的规范力量根本不存在管控这种关系的逻辑与社会学基础。在现有的法政架构下，社会联合与公权力架构的形式都趋向权力更加集中，这使得儒家"活法"具有扩散开来的权力与社会基础，而国家法只有以零散的技术性制度而非结构性的系统功能来制约公权领域里的儒家"活法"中的小风险的交易关系。

第三，无论是法治生发、发展还是稳定运行，它都需要成熟的公民社会。现代成熟的公民社会需要有主体性的公民及拥有社会学根基上的公共领域规则，而缺乏主体性公民，成熟的公民社会也无法形成。在差序社会格局中，儒家"活法"构造的个体人格特征为依赖型而非独立型，在许多重要的社会公域关系中，人与人之间的关系常呈现为依附形态。法治需要的主体性公民难以形成，因为公民精神要求公民有自由意志且对儒家传统保持一定距离与批判的态度，而儒家"活法"的差序格局必然会对其施加制约进而制约成熟公民社会的形成。成熟公民社会无法形成，法治便易成为空中楼阁。尽管公权力的理性配置有助于成熟公民社会的形成，然而从最终的意义上来说，法治对成熟公民社会依赖甚深。

中国传统社会是一个人治社会，当代中国提出依法治国可被解读为基于对历史人治逻辑拨乱反正的现实选择。自 1999 年依法治国入宪至今，相关法学研究历经了价值分析与规范构建两个方面的同时，学界也出现了以法社会学的方法对法治方略提出质疑。① 限于行文篇幅，这里对既往的法治论述及其方法论做出简要检视与梳理，同时基于本书的论述中心提出新问题。

中国既有的法治模式论述缺乏对儒家"活法"存在的充分认识与回应，因此有必要在充分考虑儒家"活法"存在的语境下对学界既有的法治模式进行检讨与反思。正如前文所述，儒家"活法"有着极强的稳固传承性，不会仅仅因为社会发生市场经济基础与价值观的变化而迅速变化，它的存在是一种事实与秩序，而现代中国的法治构建需要面对这个事实与秩序并作出相应回应。在这种语境下，现代中国的法治必然

---

① 朱苏力是以法社会学的方法质疑法治方略的代表人物，前文已有简述，此不赘述。

是对儒家"活法"进行回应的法治，也应该是东亚儒家文化圈内的回应性法治。除中国外，东亚儒家文化圈内的法治存在日韩与新加坡两类典型模式：前者是建立在权力分立制衡架构下的法治，权力的分立制衡使得公权力受到极大限制，这构造了权力在法律之下运行的可能，而后者是一种权力集中的法治模式；前者法治在于使权力不能乱法，后者在于使权力不敢乱法。而中国的"一府两院由人大产生对人大负责"的权力架构使得权力相对集中，这种集中的权力需要规范在法治的轨道之中；又由于权力的分立制衡在中国当前语境下没有权力运行层次的社会学基础，因而，除了既有的权力监督体系之外，必须有专门针对儒家"活法"存在的法治制度与规范，同时加大违法成本，以确立法治之法的权威与实效性。

一般而言，官方与学界对人治与法治的价值分野应是有着共识的。基于价值方面的共识，中国在不违背既有公权力设置逻辑的基础上大量移植西方法律规范。也就是说，在价值与规范领域，法治取得了叙事优势并构建了规范上的庞大体系。然而，仅有宏大叙事与规范体系是不够的，畅行法治的动力及相应研究是非常重要的。有学者提出要"让写在纸上的法律真正融入我们的生活"①，但实际上儒家"活法"才是真正的日常生活中的法，没有前文所述的效率优势，法治进入日常生活这一目标就难以实现。日常生活中的法治动力学需要引入法治的规则经济学方法来分析法治与人们日常生活之间的关系。如果日常生活领域无法引入法治的元素来调整人际关系，那它对公共领域的人际关系会有着怎样的功能与影响呢？这里有着前文所述的信任与寄托两个层面的问题：如果公共领域的信任与精神寄托是稀缺的，这就易导致儒家"活法"成为维系人际联合的实际规则，人们为了寻求信任往往在公共领域引入私人关系，这使得儒家"活法"关系易成为公共领域关系的联结点，进而公共领域易成为"由无数私人关系搭成的网络"②。这样，离开了儒家"活法"构造的关系，虽然不能说公共领域就无法运行，但是这种

① 周叶中：《让法律走向公民生活》，载《百姓与政府的交往规则》，武汉大学出版社2007年版，第3页。

② 费孝通：《乡土中国生育制度》，北京大学出版社1998年版，第36页。

公共领域中的关系似乎充满了更多的风险。如果公共领域中复杂的私人之间的线性联系组成不规则的网状结构普遍存在，那它十分显著的私域性则不可避免。

在公共领域由私人之间的线性关系累加组成不规则网状结构的情况下，儒家"活法"之下的私人间信任可能大于公共领域中基于公共关系的信任，私人间交易的风险相对较小，加之私人之间的交易存在一种情感的积累并以之为连续交易的担保，这样公共法律规范往往因此而被虚置，法治之法就很难真正成为社会联合中的实际人际关系规则，因而，儒家"活法"就可能成为违反法治之法的源头。因而要行法治，必然要造就公共领域的信任与精神寄托，而公共领域的信任与精神寄托必须由公权力来构造，同时赋权社会；同时，还应加大儒家"活法"关系中的风险与成本。

埃利希在批判那些脱离社会秩序与事实的法典时认为，"现代法典的编纂者经常没有对有关表述他们自身所处时代、所处社会之法律的任何东西给予丝毫的关注"[1]。这样经常会导致"民间法而非仅仅是法学家法的古老法律，在薄薄的一层现代制定法的表层下继续存在着，并支配着民众的行为和法律意识"[2]。由于中国既有的法制体系只考虑了中国的权力构造系统及相应的权利形式与范围，没有考虑中国的广泛存在的儒家"活法"，这必然造成中国的法律制度上存在较大的法文化与法规范漏洞，同时也会引起舶来的法制体系功能紊乱与效率低下。中国法制体系要回应儒家"活法"就要认真考虑，构建法制体系是否要认真回应儒家"活法"的存在。

基于儒家"活法"的存在，中国立法权应认真对待法律制度中的创新问题。中国改革开放以来大规模地学习、借鉴与移植西方的法律制度，并力图在2010年建设成比较完善的社会主义法律体系。这种学习、借鉴与移植往往只观照了一种国情，即国家权力构造及其运行模式。显然，这是非常不够的，因为它没有观照到另外一种国情，即中国的社会

---

① ［奥］尤根·埃利希：《法律社会学基本原理》（三），叶名怡、袁震译，九州出版社2006年版，第1065页。

② 同上书，第1089页。

生活是一种儒家"活法"构造的社会生活，既有的法制建设对这种社会生活方式施加在公权力运行中的影响缺乏明确的认识与充分回应；加之，目前中国公权力运行缺乏足够成熟的监督体系，这使得其法制中存在着较大的文化与规范上的漏洞。换言之，中国的法制建设缺乏对儒家"活法"与法治之法关系的精细分析、实证调研、建模与评估，这使得其建设存在着较大漏洞，而这种漏洞与对公权力监督的不足结合起来，就形成了制度上的极大漏洞。这种漏洞既表现在宏观的制度层面，也表现在微观的规范层面。限于行文篇幅，此不赘述。

　　法治规范是一种构造现代人际关系的规范，这种人际关系是以法律上的权利与义务理性配置来构造的，而这种配置又是基于现代法律价值来进行的。虽然这些价值在中国的社会生活中越来越普及，但正如前文所述，其未必具有微观的法经济学上的优势：在现实生活中，一个人即使信奉这种现代的法律价值观，在其日常行为中，传统儒家"活法"仍可能是实际支配他行为的规则，这使得一个人的价值观与他的日常行为常常发生断裂与分离。正因为如此，儒家"活法"构造的社会盛行这样的逻辑：一个人的行为在国家法层面是合法的，但是在社会生活中却可能是非"法"的，即它违反了社会生活秩序中的柔性规范——儒家"活法"。

　　可见，中国法制现代化不能仅仅回应中国当前的权力配置与运作模式这一国情，还应回应中国特殊社会生活的国情，即儒家"活法"在构造人际关系、资源分配与冲突解决模式中的深刻影响。正如前文所析，对于中国社会生活中的儒家"活法"，现代化的法制到底如何应对，这是一个问题，但有一点必须明确，那就是现代化的法制不可以忽视它。因此，中国法制现代化回应儒家"活法"的逻辑应是，法律移植的过程中不仅仅要回应中国权力构造的关系与运作模式，也同样要回应中国社会生活中的儒家"活法"；这种回应不仅仅是一种性质上的认定，更要基于一种实证的调研与法经济学上的精确量化分析，将近代以来的简单废"儒"或弘"儒"论争转入法律规范层面的技术性处理。具体而言，无论是公法、私法还是社会法领域，均应以儒家"活法"来检视既有的法律规范，以期填补舶来的法制上的漏洞或强化本土传统的法制规范。

致　谢

中央高校基金基本科研业务费专项资金资助项目（CSY10019）资助

中国法学会 2011 年度部级法学研究自选课题项目（CLS（2011）D04）支持

本书系中南民族大学法学院系列出版物

后　记

我的第一本书，终于出版了，然而心中并无喜悦。

博士毕业几年了，越来越发现，过去从一本书到另外一本书，从书中激发火花，然后将之组织起来的写作方式的不足。这种方式，逞能于个人的阅读、感受、领悟与分析，虽然也可能有一些歪打正着的亮点，但仍难逃脱自说自话，讲大故事的嫌疑。

而这种嫌疑，却正是我写作时，主观力图避免的东西。在主观上，我力图要破除一个巨大的迷思，这个迷思自我读高中以来就一直让我困扰：欧陆的那些宏大的法政理论，对于其读者而言，一方面，高高在上，不容置喙，而另一方面，当人们真的在具体问题上企图利用它们来寻找答案时，它们却又是那么的空洞与模糊。

这是为什么呢？

当阅读了较多的英美理论时，我才发现，我们经常所讲的西方，并非是铁板一块。在理论领域，西方内部有着两个相互看着不舒服，甚至是相互蔑视的传统。偏好从某一不易的教条出发，高高在上，高屋建瓴，经常看了半天不知道它在说什么的欧陆理论只是其中一派。而英美传统内部，其理论往往通俗而平易近人：它的写作内容，遣词造句，表达方式，虽然也可能让你感觉不一样，但至少，你通常知道它在说什么。

正是这种比较，让我更为自觉地寻找欧陆与英美的不同。理性主义与经验主义的写作风格，常常差距很大。与其不明就里地被理性主义征服，不明就里却又虔诚地拜服在其脚下，不如重视自己的常识与经验，试图写一些自己懂，别人也懂的东西。因为常识与经验，很多时候是人所共有的，正如古人所讲，"己亦人也，故察己则可以知人，察今则可以知古，古今一也，人与我同耳"。从常识与经验出发并对之进行加工的产品，读者判之，也易见其高下。为什么要以别人的分析取代自己的分析，为什么要轻视自己的常识与经验呢？学习英美的经验主义，掌握其以问题为核心，重视常识与经验的分析与写作方法，就可以摆脱理性主义宏大叙事的教条桎梏与苦累。如果要论主体性，这也算是学术写作的主体性吧！

毕竟，欧陆自其近代革命以来，虽有许多的东西令人称道，但直到"二战"以前，它们仍然在法政发展的泥泞道路上彷徨犹疑，还常常在专横的意志中乱打乱摸；而即使到了当代，英美的法政之道对人类法政文明进步的导向性启发与引导，仍是欧陆所不及的。

正是基于以上所思，我在写作本书时，才力图讲述自己的常识与经验，展示自己的分析。然而，说自己的事，讲自己的话，谈自己的理，委实不易。弄到最后，还是难免走从书中激发火花，然后连缀成文之路。

这，让人满怀失败感！

要减少这种失败的感觉，可能要待以后写作中的努力了。

尽管如此，怀揣敝帚而自珍，上述写作体验也算是本书写作的一种收获了。

虽然驽钝，本书从写作到出版，我得到了老师、领导、同事及朋友的许多启发与帮助，在此表示感谢！

业师汪习根教授学力深厚，持教甚严，点滴教诲无不浓缩精华；业师徐亚文教授，著述丰厚，机智从容，言传身教无不灌顶醍醐！从硕士到博士，点点滴滴，跟两位老师在校学习的 6 年是我人生中非常值得回味的时光！

及至中南民族大学法学院工作，院领导非常重视与支持教师的科研创作，院长王瑞龙教授对本书的出版多次过问，并大力支持！中南民族大学"本土资源视域下当代中国法治的理论与实践"科研团队在邓红蕾教授的领导下，大力支持团队成员创作，对本书的出版也是大力支持！而与刘之雄教授就本书写作的相关话题进行的交流，给了我很大的启发。

与朋友日常的交流，其间的观点碰撞也给我不少启发。在写作过程中，与廖奕、肖登辉、黄启辉、江河等朋友的交流给了我很多的启发；

在研究生的课堂上，与学生进行对等的交流也补充了我写作中没有关注到的一些问题。

最后，妻子朱静操持家务，给了我相对自由支配的时间，而儿子涂致衡小朋友的聪明可爱，也让枯燥的写作期间增添了不少乐趣！

是为记。

涂少彬

2012 年 3 月武汉南湖